中国与拉美

软实力视域下的人文交流

张凡 等 / 著

朝華出版社
BLOSSOM PRESS

目 录
CONTENTS

前 言

Preface

　　进入 21 世纪以来，伴随着中国崛起的步伐，中国与拉丁美洲的关系迅猛发展，这也是崛起进程的组成部分。双方在政治、经济、社会、文化等方面的交往日益密切和频繁，两个遥远的大陆间的距离正在拉近。在拉美社会生活中的中国元素和中国社会生活中的拉美元素同步彰显之际，我们可以明显感觉到其中所包含的物质生活内容和蕴藏的精神生活意义。我们将中拉双方在思想、文化和精神方面对对方的影响宽泛地称之为"软实力"。

　　在 21 世纪第二个十年，中拉关系进入了"全面合作"的新阶段。在以经贸联系为主线的务实合作中，人们更为关注的是具有物质实体和物理形式的相互交往；而在以社会文化为基础的人文交流中，精神内容和心理影响才是彼此互动的核心和真谛。如果说，在 20 世纪下半叶以来的中拉关系发展进程中，政治或经济关系曾在不同历史阶段是统领双方交往的主要内容，那么社会文化关系现在以及未来可能会成为双方关系发展"更上一层楼"的突破口和新平台。这既有助于发挥推进政治、经济联系的工具性作用，其本身也将引领双方关系发展的方向，并构成这一关系演进的中心目标之一和最为本质的内涵。我们将后者称为构建软实力的人文进路，即在构成软实力的诸多要素中，有别于政治（如政治价值或制度）、经济（如经济绩效或发展模式）、外交（如国际道义或组织）等资源。我们这里突出强调社会文化方面的交往所具有的价值和意义，及其产生的长远且深层次的后果和影响。

20世纪90年代初，约瑟夫·奈（Joseph S. Nye）在行为学意义上将软实力界定为吸引力，并指出构成软实力的资源为文化、价值和政策。其后近三十年间，有关软实力的概念和理论出现了多种解读和阐释，中国人接受这一概念后曾有不同程度的发挥，并杂糅了中国传统文化的诸多内容。从战略角度观之，我们在综合国力的讨论中列入了软实力的要素和内容。我们在经济腾飞的进程中，随着经济规模的扩大、结构的优化以及体制的改革，逐步总结出中国特色的发展经验，对于发展中世界产生着广泛的影响，其中一些内容已溢出经济范围，拓展到治国理政的高度。我们讨论中华人民共和国成立以来特别是改革开放之后的中国外交，也会归纳出若干具有国际影响的政策理念，包括21世纪以来正式提出的"和平发展""和谐世界""人类命运共同体""一带一路"倡议等诸多原则性、规范性的主张。上述内容及其伴随的实践旨在实现从"争取中国发展的良好环境"到"获得国际规则制定的话语权"等一系列战略目标。从研究角度观之，我们有必要区分作为政策手段的软实力和作为目的本身的软实力，并据此评估构建软实力战略的成效。

那么，我们今天如何认识和理解中国与拉丁美洲关系中的软实力因素呢？中国在与拉美国家发展关系和促进合作的过程中，在哪些领域和层次上能够构建出可以称之为"软实力"的内容？原则上讲，如果从软实力最初的界定出发，双方交往的所有领域和渠道都可以成为软实力生成的源泉，甚至包括那些被视为硬实力资源的领域也同样可以产生吸引力（或排斥力）这样的行为后果。本书遵循构建软实力的人文进路，着重从认知和实践两个方面考察中拉关系中的软实力要素。

就认知而言，我们将探讨中国与拉丁美洲之间的相互认知，以及对于中拉关系"人文进路"这一双方软实力生成渠道的认知。前者着眼于中国的拉丁美洲研究和拉丁美洲的中国研究，后者则关注中拉双方在社会、文化领域的交往。我们反复强调的重点在于，社会文化的交往构成了文明间的对话、互鉴的主要内容、主要渠道和本质内涵，即所谓软实力建构之目的本身。这里软实力的含义包含但不限于约瑟夫·奈的最初界定，且远远超出其行为学含义，中国传统文化中有关思想文化因素的中心作用，以及社会科学和人文学科中有关精神因素的各种学说，均可纳入我们对软实力概念的认知范畴。我们着重从国际关系理论、传播学、社会文化分析等视角出发，探讨中拉交往中主体、内容、渠道、环境、方式、动机、效果、反馈等方面的议题。

就实践而言，我们将探讨近年来中拉双方在社会、文化交流中所推出的各种政策举措，涉及政府、企业和民间在官方对话机制、专业论坛、党际交往、人民团体、文化产业、媒体、教育、青年、艺术、体育、旅游、出版、学术等诸多方面的活动，同时追溯和考察数十年乃至上百年间的跨国跨地区的交流史。由此生成的软实力，不仅直接地通过创造良好氛围，助力中拉互利共赢合作，而且间接地以潜移默化的方式为双方长远的和谐共处奠定了基础。我们希望这种探讨和考察既有学术性的梳理和分析，也兼及历史和现实的实际交往和政策实践。我们的出发点是国家、族群、文明间的和谐共处有赖于相互认识和接纳对方的文化和价值，这既取决于每一方的主动呈现，也需要各方在长期交往中逐渐形成好感和信任。而这一切的前提在于频繁的"互动"，特别是直接面对面的"接触"。我们把与人文交流相关的互动和政策举措，包括那些无论是否纳入政府间交流项目的不同国家、社会间人们的日常交往，均视为构建这种好感和信任（也即所谓软实力）的互动和接触，无数这样的互动和接触就形成了构建软实力的人文进路。

我们特选出如下几个方面作为设定的议题：中拉关系中的软实力要素，中拉文化价值观的比较，中拉关系与文化外交，中国与拉美的相互认知，中拉文明对话，文学译介与中拉交往等。在每一个议题的考察中，我们将呈现中拉交往的历史和21世纪第二个十年的即时状况，并提出我们对这一状况的认知角度或框架，以期对该领域研究的深入和知识的积累有所贡献。希望有关方家不吝赐教。

本书为中国社会科学院创新工程项目"中国在拉美的软实力构建战略研究"成果之一，撰稿人为张凡、林华、赵重阳、郭存海和楼宇。

全书结构和主要内容如下。

第一章讨论中拉关系与软实力的意义。我们从中拉关系的问题领域和特征出发，将软实力的构建问题置于中拉关系"五位一体"新格局和历史演变的框架中，即软实力是中拉全方位合作的有机组成部分，并且在21世纪第二个十年间成为统领双方关系发展的关键因素。我们将归纳和提炼软实力的概念及其与中拉关系的关联，追溯外交政策分析和国际关系理论研究中有关软实力的思想资源，为软实力成为中国对拉战略的核心内容做出合理性的说明。本章最后阐述软实力在中拉关系中的工具性和目的性价值，及其在中国国际话语权建设中的意义。

第二章讨论中拉关系与文化外交。文化是软实力的基础和核心要素。文化外交是一国构建软实力的重要渠道。自中华人民共和国成立以来，我们一直十分注重通过文化外交推进对外交往、塑造有利的外部环境、提升自身的国际影响力和吸引力，亦即构建自身的软实力。拉美地区作为中国整体对外战略不可或缺的重要组成部分，一直是中国开展文化外交、推动软实力构建的主要对象地区之一。本章根据"文化"不同宽度的内涵，将"文化外交"划分为"文艺外交""文明外交"和"思想外交"三个层级，并据此对中拉文化外交的发展历程进行划分和分析。由此认为，随着中拉关系从自发发展到自主发展再到当前构建发展的新阶段，塑造中拉共识将成为保障双方关系未来可持续发展的关键，中拉文化外交也进入"思想外交"的新层级。

第三章讨论中国与拉美国家的文化价值观及其对相互交往的影响。两种不同文化之间缺乏了解和理解，必然会使跨文化交际变得复杂且困难。价值观是文化最深层次的表现。对中拉文化价值观的对比并非为了揭示和强调中拉文化有多么不同，文化距离多么遥远，而是为中拉经贸和人文交流过程中客观存在的跨文化冲突提供一种具有说服力的解读，以促进中拉文化之间的相互了解，推动中国和拉美国家克服文化差异，跨越文化障碍，将文化隔阂转化为建立在相互理解、尊重和包容基础上的文明互鉴。本章的第三部分通过探讨文化价值观如何影响拉美地区的华人华侨实现社会融入，旨在从一个侧面论证中国在拉美地区构建"软实力"，特别是"文化软实力"过程中可能遇到的价值观差异所带来的挑战，从而为中拉在经贸、人文等领域克服文化隔阂、寻找共同语言、实现跨文化理解提供现实依据和借鉴。

第四章讨论中拉相互认知，如何超越模糊印象。中国在拉丁美洲的形象如何，是吸引我们开展中拉关系人文进路研究的起点和追寻的根本动力。通过美国"皮尤全球态度调查"（Pew Global Attitudes）和"拉美晴雨表"公司（Latinobarómetro）有关拉美对华认知的连续长周期调查和具体议题上的认识，我们研究发现：拉美对中国的形象认知虽好于西方世界，但远逊于非洲地区。其背后的原因可归结为四点：中国对拉美的认知赤字、拉美对外来者的怀疑传统、中拉文化的巨大差异，以及西方媒体对拉美媒体的主导性影响。这些因素导致中国在拉美的形象构建尤其困难。鉴于国家形象已经成为国家利益的构成要素，本章最后认为，统筹提升中国在拉美的国家形象的关键抓手是推动构建中拉人文交流机制，激发人文交流活力，并为此提出了一些可操作性的具体建议。

第五章讨论如何通过构建中拉文明对话机制，推动发展互鉴。随着中拉全面合作伙伴关系的建立，中国和拉美日益成为利益共同体、责任共同体和命运共同体。正因如此，双方亟须加强相互认知、理解和信任，而文明对话正是实现这一目标的关键路径。我们着力探讨了中拉文明对话多层次的对话目标、多元化和广泛化的对话主体、多元化以及多样化的对话路径。同时，我们还以近年来连续举办的"中拉文明对话研讨会"作为特别案例，探索可能的中拉文明对话机制的生成。我们认为，当前构建中拉文明对话机制的时机已经成熟，亟待将"中拉文明对话研讨会"升级为"中拉文明对话论坛"，并作为子论坛纳入"中拉论坛"轨道。

第六章以中拉文学作品译介为例，讨论中拉文化的交互传播。中华人民共和国成立七十多年来，中拉文化交流见证了中拉关系从筚路蓝缕到跨越式发展的历程，而中拉文学作品的译介与交互传播则从一个侧面反映了中拉文化交流的特点与变化。文学是文化最重要的载体之一，文学领域的交流对增强中国与拉美国家的相互认知具有不可或缺的作用，同时也是提升中国在拉美的文化软实力的有效途径之一。本章旨在阐述文化软实力和文学交流的关系，并在此基础上，系统梳理了中拉文学作品译介的历史与现状，分析了当前中拉文学作品交互传播面临的一系列问题，并就如何通过文化传播促进中拉民心相通、增强中拉相互认知提出建议。

第七章讨论通过学术共同体建设，推动中国的拉美研究和拉美的中国研究。学术研究被认为是最具深度和使命感的人文交流和文明对话方式，这是因为学术研究的过程也是知识生产的过程。它不仅以其深刻的思想和智慧同另一种文明或社会的同行交流，更重要的是它还以其知识生产为其他领域的交流与合作提供认知基础和服务。中国的拉美研究和拉美的中国研究，同中拉关系的发展紧密相连，既应中拉关系的发展需要而生，又为中拉关系的高质量发展提供知识保障。基于此，我们从平行视角梳理和分析了1949年中华人民共和国成立以来中国的拉美研究和拉美的中国研究的发展阶段、发展特点和面临的挑战，并尝试寻找推动中国的拉美研究和拉美的中国研究的融合发展之道，使之真正成为增进中拉相互认知的内容提供者和传播媒介。

第八章讨论中拉整体合作与软实力。中拉整体合作是21世纪第二个十年间中拉关系发展的重要阶段性成果和里程碑，其潜力和价值仍有待进一步发掘。本章在介绍中拉整体合作概况的基础上，提出运用国际关系研究中有关区域间主义和跨区域交流的视角，来观察和解析中拉整体合作的定位、功能和特征，并根据制度主义和文化分析，为中拉整体合作的持续拓展提供一种认知基础。人文交流和软实力构建可以成为新时期中拉整体合作的驱动源泉，而整体合作也可以为人文交流和软实力构建搭建适宜的平台，其基础在于中拉关系的历史演变、世界局势的深刻变化、人文交流的独特价值以及拉美区域合作和一体化进程的最新动态。

第一章

中拉关系的新视野：软实力构建

在 21 世纪第二个十年，中国与拉丁美洲的关系已经进入全方位合作的历史新时期。软实力的地位和作用成为这一时期双方关系发展中的关键因素，它不仅是"五位一体"合作框架中的有机组成部分，也将对未来互利合作关系的发展以及文明对话、构建命运共同体产生至关重要的独特影响。我们将软实力议题的讨论置于中拉关系历史发展和全面合作框架之中，并就软实力的基本概念及其与外交政策分析和国际关系理论等思想资源的关联做一探讨，说明软实力在中拉关系发展及中国国际话语权建设中的价值和意义。

第一节　中拉关系：问题领域、阶段性特征与软实力

一、中拉关系问题领域

中华人民共和国成立以后，中国与拉美国家关系的发展已走过了七十余年的历程。这是中国、拉丁美洲和整个世界都发生了巨大变化的七十年。对于中国人来说，拉丁美洲从一个陌生、遥远的大陆逐渐变得熟悉、亲近；拉丁美洲的革命、拉丁美洲的文学艺术等曾是中国人了解和认识拉丁美洲的窗口；而 20 世纪末叶当中国和拉丁美洲各自内部的政治、经济生活以及世界格局发生根本性的变化时，中国与拉丁美洲的关系也相应地不断呈现出新的内容。

如果我们从双方经贸关系入手来观察，可以发现，伴随着中国改革开放进程和拉美国家发展模式的转型，经贸交往逐渐成为双方关系的主要内

容。21 世纪伊始，双方经济关系发展"突然"加速。以贸易为例，双方贸易额在 20 世纪八九十年代长期维持在几十亿美元，2000 年首次突破 100 亿美元。令人意外的是，贸易额"量级"的跃升如此之快：2007 年双方贸易额超过 1000 亿美元，而四年之后即 2011 年，双方贸易额又进一步超过 2000 亿美元。在 21 世纪第二个十年，中拉贸易额在稳居 2000 亿 ~3000 亿美元"量级"发展的同时，投资、金融等方面的合作也迅速跟进，基于产业链、价值链重组的相互依存格局逐步形成。与此同时，政治、外交、社会、文化等领域的互动日益频繁，双方将这种交往的定位正式确定为"全面合作"关系。

纵观七十多年的历程，可以发现中拉关系在不同历史时期往往由一个或几个居于中心地位的"大问题"所主导，例如冷战时期涉及政治承认的国家间关系问题，或冷战终结后的经贸交流问题。在中国与拉美国家的交往过程中，各国政府要将复杂多样的事项列入国家对外政策议程，这些事项可以按其性质归入不同的领域，例如政治领域、经济领域、外交领域等。我们将这种"大问题"和相应的领域相结合，将双方关系中居于支柱、统领地位，且长期影响关系发展的各类政策议程称为中拉关系的"问题领域"，目前相对稳定的六个问题领域如下。

第一，经贸合作。这是中拉关系最重要的内容，其要点在中方推动的双方合作方案中有清晰的表述，例如："1+3+6"合作方案，其中"1"即中拉五年合作规划，"3"即贸易、投资、金融，"6"即能源、基础设施、农业、制造业、科技和信息技术；"3×3"方案，其中第一个"3"即企业、社会、政府互动，第二个"3"为基金、信贷、保险融资，第三个"3"是物流、电力、信息通道整合为一体；以及"一带一路"倡议，其中设施、贸易、资金等合作与中拉经贸合作一脉相承。

第二，台湾问题。这是直接与主权相关的问题。在中国一方，这涉及谁在国际舞台上代表中国的政治合法性问题，也是中国国家统一、反对分裂的核心国家利益问题。在拉美一方，则涉及部分国家国内政治势力和利益集团的利益算计，如经贸方面的利弊得失、援助相对数量和力度，等等。

第三，地缘政治。在发展关系的过程中，中拉双方都要考虑外部因素的影响和制约，例如所谓"美国因素"，以及欧盟、俄罗斯、日本、印度等其他力量，由此形成若干个微妙的"三角关系"。

第四，全球治理。中国与拉美部分国家建交伊始，就已经在国际舞台上一些专门领域相互呼应和借重。随着中国与拉美大多数国家关系的正常化，双方越来越关注全球及区域治理中与各自利益攸关的各个领域并相互协调。21世纪以来，双方的合作重心主要为联合国及其专门机构改革、国际贸易和金融管理体制以及气候变化谈判等事项。

第五，发展模式。中拉双方的经贸合作正在逐步形成"物质上"的相互依存局面，双方在发展理念、道路或模式方面的共享与交流也开始成为世人热议的话题。这无疑对解决双方各自面临的历史任务大有帮助，不仅有助于双方经济的发展、进步，也涉及各自国家的社会治理和政治进程，是对全球发展议程的一大贡献。

第六，文明对话。中国与拉美两大文明对话是开启文明交流与互鉴的关键环节，不同文明间在物质、制度和文化各层次上持续地接触和互动，既是为应对和解决人类共同面临之挑战和难题所必需，也是走向和构建融共通性和普遍性人类理想为一体的未来世界唯一可行的途径。

二、中拉关系阶段性特征与软实力

在国际关系和外交政策研究中，对国家间关系特征的归纳是相关研究中的一项常规任务，即通过略显泛化的表述来抓住并传递具有研究对象特质的一些认知。中拉关系的特征可以有不同表述，本节强调这一关系发展进程中的综合性与阶段性。

综合性，顾名思义指中拉关系涉及各个问题领域，即强调中拉间相互依存关系的复合、多样性质，意在表明问题领域间的固有联系，以及各种问题在不同条件下均有可能成为双边关系需要处理的急迫事务。在特定历史阶段，中拉各自政策"目标"和"手段"之间的关系灵活多变，时常互有换位。例如双边交往中的政治、外交、经济、文化等领域之间就是相互关联、彼此支撑的关系。如果将中拉关系的实质概括为经济利益的互换，也只能视为一种简单化的概括，无法说明中拉关系的丰富内涵。更为准确的说法应该是，政治和外交为经济建设服务，同时经贸交往也往往是达成政治和外交目标的工具。

与此同时，在不同历史时期，中拉双方各有其不尽相同的政策目标和中心任务，使中拉关系呈现明显的阶段性特征。一方面，国际格局变迁使中拉双方面临的机遇、约束和压力始终处于变动不居状态，而中国与拉美各国对国家安全、经济社会发展的追求和渴望也在不同时期有着截然不同的内容；另一方面，中拉关系七十余年的历史经验提供了这种纵向区隔时段的合理性。回顾和对比 20 世纪最后一个十年和 21 世纪第一个十年，就会发现这种分段记忆的历史意义；如若进一步思考 21 世纪第二个十年乃至展望第三个十年，更有助于我们认识其现实的政策含义，为过去的十年总结经验并为未来的十年未雨绸缪。

就中拉关系七十年的历史而言，大约每十年都会呈现出不同的特点，以十年为一周期进行叙述和分析，不失为一种简洁、方便的分期方法。[A] 我们一般将 20 世纪 50 年代理解为民间外交时期，20 世纪 60 年代为官方关系的突破和曲折发展时期，20 世纪 70 年代为中美关系缓和以及中国恢复在联合国的合法席位后的中拉建交高潮时期，20 世纪 80 年代为中国改革开放和对外政策调整后的稳步发展时期，20 世纪 90 年代为冷战终结之后的双方相互借重时期，21 世纪第一个十年为双边经贸合作的迅猛发展时期，21 世纪第二个十年双边关系进入"五位一体"新格局的全面合作阶段。

在 21 世纪第三个十年来临之际，中拉关系中软实力的地位和作用将日益突出。我们不妨以目前中拉关系最主要的问题领域"经贸合作"为例，中拉贸易从仅仅互通有无到形成相互依存的格局也是有一个过程的。双方各自

A 贺双荣主编《中国与拉丁美洲和加勒比国家关系史》，中国社会科学出版社，2016。

生活中对方元素的累积渐行成"你中有我，我中有你"的局面，也即相互依存理论所谓的敏感性与脆弱性交织的局面。敏感性指的是任何一方的政策行为均会对另外一方产生影响，而脆弱性则是说任何交往中断的情况均会造成一方或双方或大或小的损失。21世纪初，中拉双方这种跨国跨地区的商品链、价值链已经接近常态化、常规化，商品、资本、服务、人员等的交流以及伴随这种交流的规范、制度，已经成为双方经济运行、社会生活中的有机组成部分。与此同时，双方交往中的合作、竞争，乃至摩擦、冲突，也已成为这种相互依存状况中的"正常"现象。对于这种合作与竞争共存关系的管理，往往会沿用历史上屡试不爽、理论上业已奏效的一些交往模式，包括冲突解决模式。如果说，在这一过程中还存在无法摆脱的困境或无法解决的难题，那么最大的可能往往在于当今国际关系各种行为体，包括国家、企业和个人的认知和意愿是否相容。这就需要所谓"务实"领域以外的因素介入，也就是我们所说的软实力要素。以中国"一带一路"倡议所推崇的"五通三同"为例，"五通"即政策沟通、设施联通、贸易畅通、资金融通、民心相通，"三同"即利益共同体、责任共同体和命运共同体，其中政策沟通与民心相通如果滞后，其他领域的合作也必然难以行稳致远。在这里，情感与认知，以及身份与认同的建构往往是决定性的。

"两手都要硬"，是20世纪80年代中国在推进国内物质文明和精神文明建设时提出的。我们借用这种说法，认为在中拉关系进入21世纪第二个十年以后，"软实力"构建的问题应该从战略高度上加以强调。它不仅是继续推进务实合作的帮手和突破口，有助于解决双方交往已经或即将面临的一系列实际的、具体的问题，而且还应该发挥统领中拉关系走向并迈向更高境界，推动两大文明对话交流，共同面对全球挑战，构建人类命运共同体的作用。

从纵向看，历史上中华民族历来具有重视精神因素的传统，只不过在21世纪之初我们所处的环境大为不同而已。我们认定当下是一个强调软实力的历史关头，这也是基于我们对物质力量与精神力量之间"辩证法"的认识。借用卡尔·马克思的名言就是，"批判的武器当然不能代替武器的批判，物质力量只能用物质力量来摧毁；但是理论一经掌握群众，也会变成物质力量。理论只要说服人（ad hominem），就能掌握群众；而理论只要彻底，就能说服人。所谓彻底，就是抓住事物的根本。但人的根本就是人本身"。[A]

第二节 软实力概念与中拉关系

关于软实力的概念，我们一般会追溯到美国学者约瑟夫·奈。从 20 世纪 90 年代初开始，约瑟夫·奈在多种场合提到软实力的问题。约瑟夫·奈在阐述软实力概念时，首先将国际政治议程比作一个三维棋局，即传统的国家间军事安全、国家间的经济关系以及跨国交往问题等三个维度。其中，跨国问题的解决常常要使用软实力资源。[B]用行为学的术语来说，软实力就是吸引力。根据行为的性质和资源的类型，一国可以通过威胁和利诱改变他国行为，这是一种命令式的强制权力；一国也可以通过其文化和价值等资源的吸引力来塑造他国的诉求，这是一种吸纳式的同化权力。软实力资源往往与吸纳行为相联系，而硬实力资源则与命令式行为相联系。[C]

约瑟夫·奈进一步指出，软实力资源发挥效力取决于环境条件。例如，就他所限定的软实力资源（即文化、政治价值和外交政策）而言，文化的效力基于对他人具有吸引力，政治价值的效力离不开这些价值的实践，外交政策的效力则与合法性和道义权威相联系。[D]软实力比硬实力更有赖于受力一方的认知和

A 卡尔·马克思：《〈黑格尔法哲学批判〉导言》，《马克思恩格斯全集》第三卷，中共中央马克思恩格斯列宁斯大林著作编译局编译，人民出版社，2002，第 207 页。

B Joseph S. Nye, Jr., *Soft Power: The Means to Success in World Politics* (New York: Public Affairs, 2004), pp. 4–5.

C 同上书，第 6—8 页。

D Joseph S. Nye, Jr., "Foreword," in Watanabe Yasushi and David L. McConnell (eds.), *Soft Power Superpowers: Cultural and National Assets of Japan and the United States* (New York: M. E. Sharpe, 2008), pp. x–xi.

接受，"吸引力"是施受双方共同决定的，说服力也是一种"社会建构"。[A] 将软实力纳入国家战略，涉及软实力受力方的反应、软实力发挥效力的长期性、软实力工具的控制以及软实力作用场景的界定等问题。各国政府在实施软实力战略时可使用公共外交、双边或多边外交等政策工具，但公共外交要关注其他文化的特性，其效力最重要的发力点往往在"最后三英尺面对面的互动"。[B]

国内学者对于软实力问题的研究，一般会在约瑟夫·奈提出的概念的基础上将软实力的范畴扩大化，倾向于更多地讨论软实力"资源"，并关注软实力构成要素的量化问题。[C] 例如，与约瑟夫·奈集中讨论美国流行文化和政治价值与制度不同，中国学者往往会将中国传统文化、国家形象、经济增长、发展模式、意识形态、观念变迁、举国体制、外交战略、动员能力等均纳入分析范围。与此同时，一些学者选择避开约瑟夫·奈关于软、硬实力划分在理论上的模糊之处，直接将软实力视为精神的、无形的力量，而将硬实力视为物质的、有形的力量。值得注意的是，中国学者既注意到软

A   Joseph S. Nye, Jr., *Soft Power: The Means to Success in World Politics* (New York: Public Affairs, 2004), p. 16; Joseph S. Nye, Jr., "Foreword," in Watanabe Yasushi and David L. McConnell (eds.), *Soft Power Superpowers: Cultural and National Assets of Japan and the United States* (New York: M. E. Sharpe, 2008), p. x.

B   Joseph S. Nye, Jr., "Foreword," in Watanabe Yasushi and David L. McConnell (eds.), *Soft Power Superpowers: Cultural and National Assets of Japan and the United States* (New York: M. E. Sharpe, 2008), pp. xiii-xiv; Joseph S. Nye, Jr., "The future of soft power in US foreign policy," in Inderjeet Parmar and Michael Cox (eds.), *Soft Power and US Foreign Policy* (New York: Routledge), 2010, p.7.

C   国内学者对软实力问题的研究主要集中在以下作者及其作品中。黄三生：《约瑟夫·奈中国软实力研究评析》，载《国外社会科学》，2016 年第 2 期，第 45—53 页；杨开煌：《"中国软实力"讨论方法之分析》，载《文化软实力》，2016 年第 3 期，第 46—49 页；崔玉军：《近年来海外中国软实力研究述评》，载《国外社会科学》，2016 年第 51 期，第 24—37 页；黄金辉、丁忠毅：《论中国软实力建设的比较优势与约束因素》，载《教学与研究》，2011 年第 10 期，第 66—73 页；游国龙：《软实力的评估路径与中国软实力的吸引力》，载《现代国际关系》，2017 年第 9 期，第 18—26 页；孙霞：《西方"中国观"的变迁与中国软实力》，载《当代世界与社会主义》，2009 年第 6 期，第 4—8 页；郑永年、张弛：《国际政治中的软力量以及对中国软力量的观察》，载《世界经济与政治》，2007 年第 7 期，第 6—12 页；胡键：《软实力新论：构成、功能和发展规律——兼论中美软实力的比较》，载《社会科学》，2009 年第 2 期，第 3—11 页；阎学通、徐进：《中美软实力比较》，载《现代国际关系》，2008 年第 1 期，第 24—29 页；等。

实力创造良好环境、打造良好形象以促进国家发展的意义，也开始更加关注提升文化自信、强调文化自觉的问题。例如，越来越多的人在讨论文化走出去的问题，涉及软实力战略的途径和机制，以及文化外交、公共外交、对外宣传和诸如孔子学院、媒体交流等渠道的成败得失等问题。更有学者开始整理和反思中国与外部世界关系新阶段的经验，并对中国国际行为包括民间对外交往背后的理念进行必要的检讨，以帮助国人调整关于自我和他者的认知。[A]

20世纪90年代，美国学者塞缪尔·亨廷顿（Samuel P. Huntington）提出，冷战终结后全球冲突的根源在于文明之间的矛盾，曾激起强烈反响和广泛争论。亨廷顿关心的是西方文明与所谓儒家文明和伊斯兰文明的关系，但对于其焦点之外的其他文明，亨廷顿的观点却也值得玩味。例如，对于他所单列的拉丁美洲文明，亨廷顿认为，为了西方文明的存续，美国和欧洲国家应尽可能鼓励拉丁美洲的"西方化"，以及拉美国家与西方之间的紧密联盟。[B] 亨廷顿没有在通过何种方式鼓励拉美"西方化"及双方联盟这一问题上过多着墨，但他不仅将文明或文化作为一种关键变量纳入世界政治的分析之中，而且在实质上赋予其最高权重。并且亨廷顿认为，世界上文化的分布反映着权力的分布。[C] 而约瑟夫·奈却有意强调运用软实力来实现美国的战略目标。他曾借用皮尤公司的调查结果说明美国对拉美国家的吸引力，并认为在20世纪30年代，作为软实力的应用，富兰克林·罗斯福总统的"睦邻政策"帮助美国强化了在拉美的势力范围。[D] 学者的论述会有立场和主张的不同，有时其着重点会发生转换，但在现实政策行为中，恐怕无法否认下述三点：1）文化的权力基础，或至少与权力无法分离的关系；2）权力的文化内涵，或至少是其隐

A 贺照田：《当中国开始深入世界……——南迪与中国历史的关键时刻》，载《开放时代》，2014年第3期，第211—223页。

B Samuel P. Huntington, *The Clash of Civilizations and the Remaking of World Order* (New York: Simon and Schuster, 1996), p. 91.

C 同上书，第91页。

D Joseph S. Nye, Jr., *Soft Power: The Means to Success in World Politics* (New York: Public Affairs, 2004), p.72, p. 9.

性的辐射力；3）软实力可以成为有效的政策手段，有时会达到硬实力无法达到的效果。

中国在拉美软实力的构建要考虑中国和中拉关系的具体情况。原则上讲，各种力量的运用均可能在特定情况下产生相吸或相斥两种可能，相吸即软实力发挥了作用。那么，中国作为国家、社会、经济体或文明（文化），在何种环境条件下会与拉美国家、社会、经济体或文明（文化）互动并产生吸引力？我们尝试归纳下列几点，作为探讨问题最基本的出发点：1）中国和拉美国家分属不同的文明，文化特点存在明显差异，但中拉双方历史经历和现实诉求具有相似性；2）中拉交往过程中双方相互吸引的例子可以罗列诸多，双方存在隔膜、排斥的案例亦可举出若干；3）双方对对方的吸引力既有可能产生于各自社会的成就所激发的对对方的钦慕、模仿，也有可能是一方基于自身经验有意识地推广传播的结果；4）在对外传播过程中，自身的良好状态有时是决定性的，环境条件和交往技巧也有可能是决定性的；5）双方交往过程中，有关普适性和相对性的争议取决于各自在世界文明体系（或国际体系）中的地位和作用，也将伴随双方交往过程的始终；6）交往过程会体现为不同的层次，比如物质技术、组织制度、观念意识、社会心理等。

作为中国学者，我们应该在反躬自省的基础上展现一种全球视野。例如，我们可以提出中拉交往中的一个重要问题是，在全球化已经如此深入的今天，中国是否重复历史上其他大国的行为模式，或展示一种带有自身特色的全新的替代方式。与此同时，由于国际交往中彼此的"认知"对于决策和行为的影响往往与所谓的"事实"同样重要，中国在拉美行为所激发和唤起的感受和反应，无论是钦羡或是疑虑，都可能会对双方互动所展开的相互理解、塑造、构建过程产生深远的影响。拉方的解读、认知及其调整、变化也是一个值得深入探讨的问题。

在21世纪最初二十年间，最能打动拉美并构成中国软实力核心内容的，莫过于有关中国经济发展及其伴随的巨大商机和未来影响的认知，其中包括中国市场、投资，中国在拉美的企业和基础设施建设的影响，中国发展模式，中国文化和工作伦理的亲和力，中国的未来影响以及对中国平衡欧美传统势力的期待，等等，正是通过在这些方面与拉美各国的政界、商界、学界及青年和广大民众的互动，中国软实力得以展示。[A] 值得注意的是，在拉美与在世界其他地区类似，有关中国经济发展和中国模式的认知和理解与中国自己的总结和概括有时相去甚远。我们要保持清醒，以有效地应对认知、理念差异给中国的软实力构建带来的巨大挑战和机遇。

第三节　外交、国际关系研究与拉丁美洲认知

一、外交政策的目标与手段

约瑟夫·奈在论及国家追求所谓普遍价值目标时，认为运用软实力常常优于运用硬实力。约瑟夫·奈特别提及国际关系学者阿诺德·沃尔弗斯（Arnold Wolfers）曾经描述过的所谓"环境型目标"。[B]

早在 20 世纪 60 年代，沃尔弗斯在分析外交政策目标时，就曾根据不同标准做出过不同的分类，其中一种分类就是所谓"拥有型目标"和"环境型目标"的区分。[C] 拥有型目标是指国家外交政策目的在于获得、加强和保持该国认为具有价值的事物，如领土、关税优惠或联合国安理会成员国身份等。环境型目标则是指塑造国家活动的环境，它不是指向保护和增加国家拥有的且排他性的事物，而是谋划和改善国家外部的环境条件。例如，和平和国际法都不可能是单独一国的拥有物，必须在至少两国的共同努力下才可能达成。环境型目标常常

A　Evan Ellis, "Chinese Soft Power in Latin America: A Case Study," *Joint Force Quarterly*, Issue 60, 1st quarter（2011）：85-91.

B　Joseph S. Nye, Jr., "Foreword," in Watanabe Yasushi and David L. McConnell (eds.), *Soft Power Superpowers: Cultural and National Assets of Japan and the United States* (New York and London: M. E. Sharpe, 2008), p. xiv.

C　Arnold Wolfers, *Discord and Collaboration: Essays on International Politics* (Baltimore: The Johns Hopkins Press, 1962), pp.73-74.

是拥有型目标的手段，但它本身也会影响甚至决定拥有型目标的质量。环境型目标可能会多国共享，表明共同利益的存在。[A] 沃尔弗斯的论述触及的一个重要问题是，国家政策目标有时要在与他国的关系中加以界定。那么，政策目标的合理性以及政策手段的有效性就只能在与他国的关系中进行验证。

与我们的讨论关联更为密切的一点是，沃尔弗斯将权力与影响力做了区分，即权力是通过威胁或实施剥夺的方式迫使他人采取行动的能力，而影响力则是通过承诺或给予利益的方式促使他人采取行动。我们应该将国家在实施外交政策过程中所实际采取的手段，置于"纯然强制"和"完全说服"两端之间的某点来加以认识。权力和影响力都是外交政策工具，目的的不同决定了追求权力和影响力的范围和力度，不同国家以及同一国家不同时期均呈现巨大差异。[B]

如果我们继续向前追溯，20 世纪 40 年代初，时值第二次世界大战战火正酣之际，美国学者尼古拉斯·斯皮克曼（Nicholas J. Spykman）在其《美国在世界政治中的战略》一书中写道："人类发明了大量赢得朋友、影响别人的技术，这些不同的方法可分为四类：说服、收买、交易和强制。"[C] 追求"相对权力地位"是国家政策的首要目标。而达成这一目标除了军事力量外，还有赖于幅员规模、边疆状态、人口规模、原料多寡、经济和技术发展、金融实力、民族同一性、社会整合、政治稳定以及民族精神等诸多因素。讲到战争，斯皮克曼指出，在现代条件下，军事斗争不仅伴随着政治战，而且还与经济战和意识形态战密不可分。[D]

作为一位地缘政治学家，斯皮克曼特别关注美国所处的西半球的各种动态，尤其是盎格鲁—撒克逊美洲与拉丁美洲的关系。斯皮克曼提到了欧

A Arnold Wolfers, *Discord and Collaboration: Essays on International Politics* (Baltimore: The Johns Hopkins Press, 1962), pp.74–77.

B 同上书，第 103—104 页。

C Nicholas J. Spykman, *America's Strategy in World Politics: The US and the Balance of Power* (New Brunswick and London: Transaction Publishers, 2007, originally published in 1942 by Harcourt, Brace and Company, Inc.), p.12.

D 同上书，第 17—40 页。

洲列强如何通过文化纽带加强在拉美存在的历史实践，例如，失去殖民地的西班牙在 19 世纪末发起了西属美洲运动，并在西班牙和拉美知识界引起了积极的反响。但西班牙国力已衰，经济交流缺乏基础和动力，政治上也无法与后期的列强抗衡，西属美洲运动的影响未能溢出文化与情感的范围。在文化上比西班牙更具影响力的国家是法国，这是西属和葡属美洲知识界文化和艺术灵感的主要来源，巴黎时尚和法式奢侈品在拉美可以说是独领风骚。而作为"非拉丁"国家的英国和德国，在与拉美的文化交流中具有天然的劣势，但这两个国家却通过商业文化特别是在其出口商品质量、大规模投资或长期信贷、先进的科技，以及侨民的社会经济地位等方面发挥着重要影响。[A]

作为一个后起的大国，美国在 19 世纪后半叶通过泛美运动加强了在拉美的存在和影响，其主要驱动力是经济和商业需求。这一时期美国抓住了一个很冠冕堂皇的理由，以此作为美、拉之间强化思想文化纽带的主要根据，即新世界（美洲）与旧世界（欧洲）从根本上是截然不同的两个世界，西半球国家在精神和意识形态上具有共性，彼此之间的相似超过各自与欧洲国家的相似。事实上，在斯皮克曼等美国学者看来，这与西半球南北两种类型文明的现实完全不符。如果说西属美洲运动有文化内涵无经济基础，那么泛美运动就是有经济基础无文化内涵。当然，秉持着对文化交流正面效果的信念，泛美运动的推动者们仍在文化和艺术交流中做出了不懈的努力。第一次世界大战后，泛美联盟设立了文化交流的专门机构，人文交流持续不断，但其政治上的效应却有待 20 世纪 30 年代美国政府"睦邻政策"的实施。

20 世纪 30 年代以后，美国政府专门成立了有关机构，如美国国务院教育与文化事务局、总统领导的"美洲国家事务协调办公室"等。政府和私人团体以"宗教般热情"投入到文化交流活动中，"拉美"成为时尚甚至使命，

A　Nicholas J. Spykman, *America's Strategy in World Politics: The US and the Balance of Power* (New Brunswick and London: Transaction Publishers, 2007, originally published in 1942 by Harcourt, Brace and Company, Inc.), pp.231−234.

广播、新闻机构、《时代》周刊、《读者文摘》、电影等都是这一时尚大潮的组成部分，大众文化和消费中双方元素日益交融，美国大学和研究机构中有关拉美的课程和项目开始遍地开花。斯皮克曼强调，大规模的交流客观上促成了美国人关于拉美知识的增长和理解的加深，美国文化则由于融入拉美元素而更为丰富多彩。至于拉美文化中是否接纳了美国元素（如务实精神），则似乎有待来日。文化交流的意义在于其自身，即其本身就是目的，作为政治工具其价值会大打折扣。[A]

与上述讨论相关联的另一个问题是公共外交。讨论公共外交与软实力的问题，我们着重考察公共外交的主体与客体、目标与手段以及具体的事项等几个因素。施动者与受动者之间的互动是软实力能否产生效力的关键，因为吸引力毕竟是受动者一方的感受，并且最终要落实到受动者的行动上。换言之，受动者的认知和主观意图的强弱往往会成为软实力是否发挥作用的决定性因素。我们以 18 世纪中国儒学在欧洲和亚洲的影响为例：在几乎相同的历史时期，两地对儒学的解读大相径庭。在欧洲被理解为反封建的精神力量，在亚洲的日本却被视为巩固封建制度、确保专制统治的意识形态。如此说来，儒学文化在特定时空中的社会意义，有时并不主要取决于儒学本体的价值，而是取决于异文化思想家们的"阐释"和"重构"。[B] 因此，我们必须关注软实力在具体对象上所发生的与我们的想象可能并不吻合的影响。

当 21 世纪初期"中国崛起"成为国际舞台上一个"问题"之际，国外学界注意到中国公共外交领域的两个问题。其一，中国文化的影响及其潜力，举出的例子包括电影、绘画与书法、文学、传统医药、武术和烹饪等，其巨

A   Nicholas J. Spykman, *America's Strategy in World Politics: The US and the Balance of Power* (New Brunswick and London: Transaction Publishers, 2007, originally published in 1942 by Harcourt, Brace and Company, Inc.), pp. 235-236，246-248，and 253-257.

B   严绍璗：《文化的阐释与不正确理解的形态——18 世纪中国儒学与欧亚文化关系的解析》，载孙康宜、孟华主编《比较视野中的传统与现代》，北京大学出版社，2007，第 208—218 页。

大影响并不是或不取决于政府的刻意推动；其二，作为一个共产党领导的社会主义国家，中国既具备一整套公共外交政策工具，又拥有悠久的政治宣传传统。就中国所面临的公共外交任务而言，上述特征既是优势，又不乏面临进行调整和改进的挑战。[A] 由此引出两个方面的具体问题，需要我们认真加以应对：第一，外交工作所要处理的问题复杂多变，不同时期不同对象要具体问题具体分析；第二，我们要考虑工作对象的环境条件、认知情感，包括对我们文化政策的误解误读，因为他们的反应、"阐释"和"重构"才是关键环节。

这种情况也可以借助传播学一些模式加以认识。例如，哈罗德·拉斯韦尔（Harold D. Lasswell）提出的传播过程的五种基本要素，即所谓"5W 模式"（谁、说了什么、通过什么渠道、向谁说、有什么效果），以及其他传播模式强调或补充的要素，诸如传播过程中的外部环境、"噪声"、反馈、动机、互动、循环等环节或功能，以及这些论述所揭示的社会传播过程及其相互连接、相互交织的特征，都有可能从多种角度说明软实力及其作用效果的复杂性、潜在性或开放性。[B]

二、中国国际关系研究

我们现在要处理的问题离不开改革开放以来中国国际关系研究演变这一学术背景。回顾中国国际关系学界的重大争鸣，进而理解国际关系学科的发展和学界曾经关注的问题，观察中国的重大外交政策转型，可以帮助我们更好地把握这一背景。中国国际关系学界的学术争鸣涉及众多方面和议题，其中关于"中国学派"的争鸣长期持续、历久不衰。[C] 对于"中国学派"的执着，

A Ingrid d' Hooghe, "Public Diplomacy in the People's Republic of China," in Jan Melissen (ed.) *New Public Diplomacy* (Basingstoke and New York: Palgrave Mcmillan, 2005) , pp.88–89.

B 哈罗德·拉斯韦尔：《社会传播的结构与功能》，中国传媒大学出版社，2013；丹尼斯·麦奎尔、斯文·温德尔：《大众传播模式论》，上海译文出版社，2008。

C 徐进、李巍：《改革开放以来中国对外政策变迁研究》，社会科学文献出版社，2017，第2—4页。

也许并非仅仅体现了学者的职业特色，更深层次的原因可能要涉及中国的历史、文化和思想传统。

在关于构建"中国学派"的争鸣中，秦亚青以其"过程建构主义"的理论模式成为学界理论创新尝试的代表人物之一。根据两对标量即"物质与理念"和"结构与过程"对国际关系理论进行分类，秦亚青理论的定位偏重于理念与过程。[A] 秦亚青认为，就创建理论学派而言，中国国际关系学虽然有了学科和学派的自觉，但却长期未能形成原创性理论和理论学派，一个重要原因就是理论"核心"问题的缺失。[B] 理论的核心问题涉及了时间特征、空间特征和文化特征。同样的问题在不同的文化中则可能产生不同的意义。与此同时，核心问题的提出与理论的合目的性特征相关，理论总是为某些人或某种目的服务的。秦亚青据此提出美国国际关系理论的核心问题是霸权护持，英国国际关系理论的核心问题是国际社会的形成和发展，而中国国际关系研究的一个核心问题是中国和平融入国际社会。中国和平融入的可能性、条件以及国际社会成员之于中国的含义等具体问题因而也就构成了中国国际关系研究议程的重要部分。

秦亚青指出，有三个方面的问题尤为重要：第一，上升的中国与国际体系结构和进程的关系；第二，行为体的国内特征及其"嵌入国际体系"的方式；第三，国际国内两个层次上哪些结构与进程因素会促进集体身份的形成，也即中华民族特性与人类共性的关系。[C] 秦亚青理论的出发点是"观念论"的。如果我们尝试从中析出政策含义，是否可以说，他所提出的问题和强调的重心是"通过关系的流动孕化权力、孕育规范和建构行为体身份"，[D] 而他所认定的三个重要方面无一不最终归于"关系""社会化""嵌入方

A 秦亚青：《关系本位与过程建构：将中国理念植入国际关系理论》，载《中国社会科学》，2009 年第 3 期，第 69—86 页。

B 秦亚青：《国际关系理论的核心问题与中国学派的生成》，载《中国社会科学》，2005 年第 3 期，第 165—176 页。

C 同上。

D 秦亚青：《关系本位与过程建构：将中国理念植入国际关系理论》，载《中国社会科学》，2009 年第 3 期，第 69—86 页。

式""战略文化类型""集体身份"等"柔性"内容，因而其归宿便不言自明地偏于软实力的构建。从我们的视角观之，答案是肯定的。

"中国学派"争鸣中的另一代表人物阎学通提出了自己的"道义现实主义"理论。道义现实主义理论研究设定的核心问题是，崛起国如何取代现行世界主导国地位，即"世界权力中心"转移原理。阎学通给出的解释是，崛起国的成功在于其政治领导力强于现行世界主导国。在阎学通的公式中，国家综合实力由操作性实力要素和资源性实力要素两类构成。前者即政府的领导能力，后者指军事、经济和文化等社会资源。其中，军事、经济实力为硬实力，文化和政治实力则为软实力。政治实力是其他实力要素能否发挥作用的基础，也是实力发展不平衡的原因所在。用公式表示，即综合国力等于军事、经济、文化实力之和乘以政治实力，显然，这样的理解意味着，如果政治实力为零，其他资源性实力就失去了意义。

道义现实主义引入了政治领导力和国际战略信誉两个重要变量，且将政治领导力视为崛起国战略选择以及崛起成败的核心因素。阎学通的理论是一种政治决定论，即在肯定物质实力基础的同时，提出政治领导力是国际实力对比变化的根本。阎学通认为，国家政治领导力差别决定国家综合国力能否持续增长及其增长快慢，而这一思想来源于中国先秦时期的哲学思想。中国传统政治文化中的王道思想为崛起后建立王道国际规范提供了思想条件。21世纪第二个十年中国政府外交政策的重大调整，可以说体现了王道思想，但在多大程度上付诸实践尚需历史检验。

道义现实主义所推崇的战略思路，突出了王道的政治理念，特别强调确立王权即以实现民族复兴为国家最高目标，而非发展经济或增加物质财富。民族复兴是要建立一个令世界羡慕的社会和赢得国际尊严，这需要综合国力的提高，并且提倡公平、正义、文明的价值观，坚持民富国强的政治路线。[A]如果我们接受阎学通关于软硬实力的界定，那么道义现实主义的战略思路无

A 阎学通：《世界权力的转移：政治领导与战略竞争》，北京大学出版社，2015，第5、21、29—34、239—254 页。

疑是偏于软实力的构建。问题在于，哪一种软实力的概念更为适用？就中国而言，政治决定论自有其道理，但经济或社会文化在不同时空条件下可能会发挥更为突出的作用，关键在于如何强调和把握各自领域软实力或精神因素的内涵。

概言之，在中国学者对国际关系理论建设的贡献中，软实力（无论具体强调理念本身，还是突出相对于军事和经济力量的政治与文化因素）比人们一般认为的更为重要，同时不同的理论家对于各自所主张的论点均有成体系的逻辑阐述。虽然就国际关系整体而言，无人否认其多种因素作用的综合性，但软实力已然是一个非常重要的概念和政策诉求。

三、对拉丁美洲的基本认知与中拉关系

拉美和加勒比国家之于中国的特殊意义在于，这一地区长期处于世界资本主义经济体系和国际政治体系的边缘地带，同时深受发达国家的经济与政治的深刻影响乃至支配。与亚洲和非洲广大发展中国家有所不同，拉丁美洲在政治上较早脱离殖民体系，在经济上曾尝试过各种发展模式，进而在发展中世界里率先进入新兴工业化国家和新兴经济体行列。这样一种历史背景、国际地位和发展经历，塑造了拉美国家人民看待自己和世界的独特视角，其中尤以 20 世纪下半叶产生的依附论及其各种变体最为突出。这种视角是数百年间与欧洲列强和世界大国长期交往的产物，即拉美国家的国际经验和视野可以说是与生俱来的，这是我们首先要注意的问题。

从中国自身的角度出发，当中国作为新兴力量与拉美之间的关系日益紧密之际，双方务实、有效处理各领域合作的理念、政策实践及其逐步形成的制度框架和组织机制，就中方而言呈现的是中国针对特定地区历史和现实的认知和交往智慧。面对拉美地区不断变迁和翻新的发展实验，政治舞台上各种政治力量的博弈与沉浮，以及异质文明呈现出来的丰富多样的历史、文化、宗教、社会生活内容，中国的对外政策实践和认知也在不断调适中积累着经验并表现出历史性的进步与跨越。

　　如何在政治、历史和文化意义上定位拉丁美洲，长期以来一直是一个众说纷纭的问题。本书各章将从不同角度，围绕不同议题呈现有关这一问题的认知和框架，这里仅提供较为宏观的一种讨论。从 19 世纪文明与野蛮对峙的言说，到 20 世纪下半叶有关现代化的议论，拉丁美洲都是作为"西方"世界的一部分被呈现于世人视野的。但 20 世纪中叶以后，拉丁美洲越来越多地被置于与非洲和亚洲等"第三世界"相同的"非西方"的"分类架"上。[A]基于拉美同时具有西方和"非西方"的某些特征，政治、历史、社会、文化各方面都交织着传统与现代因素，其身份认同与文化版图混杂多样，既不具固定性也不具同质性，一种在西方与"非西方"两者之间可以灵活位移的"第三空间"的身份界定——"文化梅斯蒂索"也成为我们认识拉美的出发点。[B]这是观察欧洲殖民者与西半球土著居民相遇后，双方互动历史中身份不断变迁的一种视角，也是我们理解拉美特异性的基本前提。

　　基于上述定位，我们还可以注意到，殖民经历、经济结构、政治体制等与世界体系"中心"相异的特征，引出了"边缘地带""后发国家"等称谓以及文化研究中的"后殖民"等术语。我们可以用最一般性的概括来指明这些地区和国家所面临的根本挑战和历史任务，那就是"发展"。除其经济含义外，还包括伴随的政治、社会变迁等内容，以及作为国家或国家集团在国际体系中位置的变化，以逐步摆脱自西班牙、葡萄牙征服时期开始就一直受制于所谓"殖民权力模式"[C]的宿命。

　　1992 年，适逢哥伦布航行美洲 500 周年，墨西哥作家卡洛斯·富恩特斯（Carlos Fuentes）在其《被埋葬的镜子》中再度审视了拉丁美洲历史，他将该

A　20 世纪下半叶以来，中国人对拉美的定位是循着中间地带—第三世界—发展中国家（或南方国家）以及新兴经济体等概念来加以认知的。

B　Ronaldo Munck, *Rethinking Latin America: Development, Hegemony, and Social Transformation* (New York: Palgrave Macmillan, 2013), pp.17–43.

C　即在经济、政治、社会和文化四个活动领域的支配与控制，而经济、政治和社会的殖民统治有赖于"知识的控制"，一种排他性的主导"知识类型"使殖民统治成为可能。参见 Ronaldo Munck, *Rethinking Latin America: Development, Hegemony, and Social Transformation* (New York: Palgrave Macmillan, 2013), pp. 194–195。

地区充满波折的过去比作墨西哥城一座无法完工的建筑。[A] 二十年后，当拉美国家纪念独立 200 周年的时候，未完成建筑的形象仍是拉美现实最准确的刻画。拉美困境的表征一如既往：无力实现计划目标，难以完成工作任务，即兴表演司空见惯，习惯于寻求坦途而非筹划长久之计。拉美经济发展并非没有亮点，世纪之交前后其宏观经济向好，财政状况改善，大宗商品出口繁荣，经济增长，收入增加，在世界经济中的份额提升。但这一势头却在 21 世纪第二个十年戛然而止，不可控的外部因素当然是初级产品的需求和价格下降，以及外部融资条件的收紧。但深层次的原因却在于地区经济长期低下的生产力和竞争力水平。应对这一挑战需要做的工作可以开列如下：改进教育质量，提高工作技能，加大研发力度，加大基础设施及物流建设，加强互联互通，降低能源成本，提供融资便利，改进调控体制，改善营商环境，促进和完善公私伙伴关系，吸引高附加值产业，融入全球价值链，促进产业持续升级换代……[B] 而 21 世纪的拉美首次在美国的地缘政治和经济控制之外找到了一个替代选择——中国。中拉之间的贸易、投资和金融联系是 21 世纪初期影响拉美增长的重要因素。但与此同时，伴随这一替代选择的则是对于再度陷入对外依附关系风险的担忧。拉美国家目前并没有找到摆脱这一难题的方案。在某种意义上，这同时也是中国必须面对的一道难题。

上述情况引出如下三个层次的问题：第一，务实的经济合作领域能否在自身范围内找到克服周期性和结构性难题的方法，突破双方合作的瓶颈并在现有平台上更上一层楼？或通过经济领域之外的动议助力经济合作继续前行，同时缓解其困难、冲突、摩擦？

第二，实质上，上述问题也是在设问，我们能否在脚踏实地维护中拉关系

A Laura Chinchilla, "Introduction: Latin America, A Pending Assignment," in Michael Shifter and Bruno Binetti (eds.), *Unfulfilled Promises* (Washington DC: Inter-American Dialogue, 2019), pp. 3–9.

B Augusto de la Torre and Alain Iza, "Latin American Economic Growth: Hopes, Disappointments, and Prospects," in Michael Shifter and Bruno Binetti (eds.), *Unfulfilled Promises* (Washington DC: Inter-American Dialogue, 2019), pp. 77–100.

发展大局、稳住务实合作压舱石的同时，在其他领域为中拉合作寻求新的增长点或开发合作的新引擎？如果答案倾向于肯定，社会与文化就是一个选项。在这里，人文交流可以理解为目的本身，而非仅仅发挥工具性作用。对于同样具有丰富的历史文化资源且对自身文化自信的两大文明体而言，社会文化方面的互动应该是最具有活动空间而少有物理羁绊的领域，但却可能需要克服文化差异或自外心态造成的无形心理障碍，使"遥远的他乡"不再遥远。

第三，基于上述两点，拉丁美洲是否可以成为一个特殊的战略方向和舞台，助推中国话语成为国际舆论场的重要力量，进而使中国国际话语权建设跃上新台阶？伴随着改革和发展所释放的外溢效应更加显著，中国与世界的关系正在发生根本性变化。一方面，外部世界对中国成就背后的制度力量、社会规范、文化因素和具体叙事的敏感度大幅提高；另一方面，中国认识和把握对外关系历史性变迁的水平、能力有了很大改观，突出地体现为对于国际趋势、对外合作、力量运用的主动调适和引导。因此，研究中拉关系和确立对拉战略的基点首先必须落在中国的主体性之上，从大国责任和全球发展与治理的必然逻辑出发，来建构中拉命运共同体的理论价值及其实现路径。与此同时，我们应该认真地了解拉美国家和人民对于外部力量进入本地区后带来的一系列效应所产生的各种回应，分析拉美国家和人民如何确立自身的发展理念和道路及其与外来模式的互动，适应拉美国家和人民对于自己国际角色的定位及其处理世界事务和国家间关系的习惯。据此，上述问题的思考可以提供一个观察当代中国走向世界包括走进拉美的观念框架，为搭建中华文明与其他文明间的对话平台贡献一份力量，使我们能够自觉地站在人类命运共同体的立场上，寻求人类面临共同问题的解决之道。

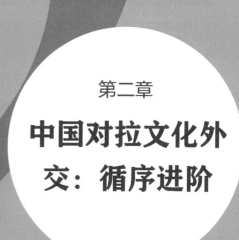

第二章

中国对拉文化外交：循序进阶

文化是软实力构建的基础和核心要素。文化外交是一个国家构建软实力的主要路径之一。中华人民共和国自成立以来一直十分注重通过文化外交推进对外交往、塑造有利的外部环境、增强外部世界的理解和认同，进而提升自身的国际影响力和吸引力，也即构建自身的软实力。拉丁美洲和加勒比地区作为中国整体对外战略不可或缺的重要组成部分，一直是中国开展文化外交、推动软实力构建的主要对象地区之一。本章根据"文化"不同宽度的内涵，将"文化外交"划分为"文艺外交""文明外交"和"思想外交"三个层级，并据此对中拉文化外交的发展历程进行划分和分析。由此认为，随着中拉关系从自发发展到自主发展再到当前构建发展的新阶段，塑造中拉共识将成为保障双方关系未来可持续发展的关键，中拉文化外交也进入到"思想外交"的新层级。

第一节　文化和文化外交

文化是当今国际学术界最为广泛流行的概念之一，在美学、社会和政治理论以及社会学话语中有着悠久而复杂的历史。到目前为止，关于"文化"的定义千差万别，有数百种之多。英国人类学家爱德华·泰勒（Edward. B. Tylor）是最早提出文化定义的学者。他于1871年提出文化的"复合整体说"，认为文化是"包括全部的知识、信仰、艺术、道德、法律、风俗以及作为社会成员的人所掌握和接受的任何其他的才能和习惯的复合体"，即文化是一个"复合整体"。[A] 美国人类学家克利福德·格尔茨（Clifford Geertz）则从

A　爱德华·泰勒：《原始文化》，连树声译，上海文艺出版社，1992，第1页。

"文化是如何被阐释的"这一角度定义文化，认为文化概念"实质上是一个符号学的概念"，文化就是"一些由人自己编织的意义之网"，并认为对文化的分析不是一种寻求规律的实验科学，而是一种探求意义的解释科学。[A]1999年版的《辞海》对"文化"的定义是，"广义指人类在社会实践过程中所获得的物质、精神的生产能力和创造的物质、精神财富的总和。狭义指精神生产能力和精神产品，包括一切社会意识形式：自然科学、技术科学、社会意识形态。有时又专指教育、科学、文学、艺术、卫生、体育等方面的知识与设施"。[B]

从这些定义可以看出，人类一切精神、物质活动及相关设施与器物都属于文化的范畴和载体。根据不同的宽度，文化的内涵可划分为三个层次：通过人们制作的各种实物产品表现出来的物质文化，通过人们共同遵守的社会规范和行为准则表现出来的制度、习俗文化，以及通过人们思维活动所形成的方式和产品表现出来的精神文化。[C]由于文化是人类因共同生活的需要创造出来的，因此也可以说，文化是被人类社会共享的知识和被普遍认可的行为准则，是具有共通性的。

在国际关系领域，随着世界经济全球化和政治多极化趋势的加剧，文化因素对国际体系的影响受到越来越多的关注，出现各种从文化和文明的角度解读国际关系的理论。虽然这些理论进行阐释的角度各不相同，但都认为文化因素对国际关系的影响是深层次和持久的。文化不仅从政治、经济、军事等各个层面影响和塑造着国家对世界体系的认知和行为方式，文化的受认同度或吸引力还决定着一个国家在国际体系中的权力和地位。也就是说，文化对一个国家软实力的构建有着基础性的、深层次的影响。

鉴于文化对国际政治的战略意义，以及对一个国家软实力构建的深刻影

A 克利福德·格尔茨：《文化的解释》，韩莉译，译林出版社，2014，第9—10页。
B 《辞海》（1999年版缩印本），上海辞书出版社，2000，第1858页。本书所引《辞海》均为该版本，下文从略。
C 戚雨村：《语文·文化·对比》，载《外语研究》，1992年第2期，第1页。

响，文化自然与外交结合到一起，形成以文化为内容的外交形式，也就是文化外交。对于"文化外交"的定义，学界也未形成具有普遍共识的概念。一般而言，文化外交指以文化传播、交流与沟通为内容所展开的外交，是主权国家利用文化手段达到特定政治目的或对外战略意图的一种外交活动。[A] 在全球化和国家间相互依赖不断深化的今天，军事等硬权力手段已不再是国家获取国际权力时的主要选择，而文化外交则因其柔和性、灵活性、潜移默化性和效果的持久性成为各国维护本国主权、扩大国际影响力的主要手段。

由于文化的内涵十分宽泛，文化外交的表现形式和涉及的领域也应灵活而广泛。依据文化内涵的不同宽度，可将文化外交分为文艺外交、文明外交和思想外交三个层次。[B] 文艺是文学与艺术的统称。[C] 文艺外交是以文艺交流为主要形式的文化外交活动，是文化外交的初级阶段。由于人类的基本需求是相同的，因而不同的文化之间具有共通性，这些共通性通过文艺作品等载体得到体现。当不同国家、不同文化之间需要建立联系、进行沟通时，文艺外交往往成为最优先、最自然的选择。文明是文化的一部分，是衡量社会发展的尺度，是相对于野蛮的"人类社会进步状态"。[D] 文明表现为一种社会成果和发展水平，诸如"物质文明""精神文明"和"政治文明"等。文明外交是文化外交的中级阶段，是在文艺外交的基础上，通过文教、新闻、传媒合作等方式加强双方对相互文明的认知，树立彼此积极、正面的形象，以达到进一步加深了解、密切关系的效果。思想亦称"观念"，是思维活动的结果。[E] 思想是文化在精神层面的表现，影响着人的世界观、思维方式和价值立场。思想的传播与竞争会产生话语权，因而是国际关系中争夺的核心利益。思想外交是"传播一个国家对世界根本问题的系统性知识"，是文化外交的高级阶段，因为"如果他国人民接受了这种知识，便会产生观念上的认同感，进而有可

A 李智：《文化外交：一种传播学的解读》，北京大学出版社，2005，第 24 页。
B 范勇鹏：《论文化外交》，载《国际安全研究》，2013 年第 3 期，第 28 页。
C 《辞海》，第 1858 页。
D 《辞海》，第 1859 页。
E 《辞海》，第 2027 页。

能不知不觉地按照这种知识生产者的指引来行动"。[A] 文化外交的这三个阶段并非全然割裂，而是相互包含、层层递进的关系，并在不同阶段达到与外交对象建立联系、密切关系、塑造共识的效果。

文化外交一直是中国外交工作的重要组成部分，伴随着中国对外战略的调整经历了以上三个发展阶段，并在不同阶段发挥了独特而重要的作用。例如，在中华人民共和国成立初期，文化外交因其柔性特质成为中国与国际社会建立联系、融入国际体系的主要方式。此后，文化外交又成为中国树立积极、负责任的大国形象，增强国际社会对中国了解的主要路径。当前，随着中国特色大国外交进入新时代，文化外交又将成为实现推动建设新型国际关系，推动构建人类命运共同体这一总目标[B]的重要战略手段。对于日益多元化和差异性巨大的国际社会而言，"构建"人类命运共同体不仅意味着人类社会的共同发展，更意味着对人类社会合作性共有知识的建构和塑造。只有这样，人类社会才有可能克服千差万别的"不同性"，找到和构建彼此间的"共通性"。

第二节　中拉文化外交历史回顾

中国与拉丁美洲和加勒比地区关系是中国对外关系的重要组成部分。自中华人民共和国成立以来，中拉关系从无到有、从局部到全面，先后经历了自发发展和自主发展时期，并进入当前构建发展的新阶段。[C] 经历了文艺外交、文明外交和思想外交三个阶段，中拉文化外交也随着中拉关系不断发展而提质升级。

A　范勇鹏：《论文化外交》，载《国际安全研究》，2013 年第 3 期，第 30 页。

B　《王毅谈新时代中国特色大国外交总目标：推动构建人类命运共同体》，中国外交部网站，http://www.fmprc.gov.cn/web/wjbzhd/t1503111.shtml，访问日期：2017 年 10 月 19 日。

C　赵重阳、谌园庭：《进入"构建发展"阶段的中拉关系》，载《拉丁美洲研究》，2017 年第 5 期，第 18 页。

一、文艺外交阶段

从 1949 年中华人民共和国成立，到 20 世纪 80 年代末 90 年代初冷战结束之前，中国从相对孤立到逐渐融入国际社会，并向国际社会逐步开放。在这段时期，主要受冷战和意识形态的影响，先是西方敌视、封锁中国，后来以苏联为首的社会主义阵营也与中国分裂，中国在国际上处于相对孤立的境地。虽然 20 世纪 70 年代末中国开始实行改革开放，但意识形态因素仍然对中国的对外关系有很大影响，美国等西方国家也对中国发起明确的意识形态攻势，并在 20 世纪 80 年代末达到了一个高峰。在这一背景下，文化外交因其所特有的柔和性和灵活性，成为中国寻求与世界上更多国家特别是资本主义阵营国家加强联系并建立外交关系的主要途径之一。例如，1956 年周恩来总理在第二次驻外使节会议上做报告，谈到外交工作时就指出："我们的外交包含政治、经济、文化三个方面，而且往往是经济、文化打先锋，然后外交跟上来……各驻外使馆应重视贸易和文化工作。"[A] 这一时期中国文化外交的方式主要体现为派遣文化艺术代表团出国访问。通过各种形式的文艺交流，中国建立并加强了与交往国家的联系，促进了这些国家对中国的了解，对于最终与这些国家建立正式外交关系并扩大中国在国际舞台上的影响起到了重要作用。

中国和拉美国家在这一时期总体上分属社会主义和资本主义两大对立的阵营。尽管双方都意识到应该发展相互关系，但当时的国际大背景和各自国内政局等因素制约了这一可能。此外，由于相距遥远、历史上直接交往甚少等原因，中拉之间缺乏相互了解，一些拉美国家政府出于意识形态等方面的原因甚至敌视中国。这些都导致中拉关系在这一时期发展缓慢，直至 20 世纪 80 年代末才基本实现双方关系的正常化。在这一背景下，中国对拉美开展了民间外交，以求在建交之前"相互发展文化和贸易方面的交流，互派代

A 宋恩繁等主编《中华人民共和国外交大事记》，第一卷，世界知识出版社，1997，第255 页。

表团访问，建立非正式的关系"；[A] 以"民"促"官"，最后寻求对拉美外交的政治突破。文艺外交是当时中国对拉民间外交的主要内容之一，主要做法有四种，一是派各种文化和艺术团体访问拉美国家[B]。如 1953 年，中国文化代表团访问智利，这是中华人民共和国成立后最早访问拉美的代表团。[C]1956 年由楚图南任团长的中国艺术团访问了智利、乌拉圭、巴西、阿根廷，这是中华人民共和国第一个访问拉美的艺术团。二是有选择地邀请拉美各种民间和半官方代表团和代表人物来华访问或举办展览。如拉美著名诗人、诺贝尔文学奖获得者巴勃罗·聂鲁达（Pablo Neruda）及画家何塞·万徒勒里（José Venturelli）等知名人士都曾访问中国。三是通过各种方式推动拉美各国建立对华文化协会等友好组织，并逐步开始友协工作。自 20 世纪 50 年代起，智利、巴西、阿根廷和秘鲁等拉美主要国家陆续建立了对华文化协会。一些国家的友好组织虽然是以"友好协会"命名，但其宗旨都是促进两国间文化、艺术、科学交流及相互了解。还有一些友好组织在成立之初就把推动两国建交作为首要任务，如 1977 年成立的哥伦比亚—中国友好协会。[D]四是通过加强对拉美的外宣工作，包括西班牙语电影、书刊的发行，互换留学生，以及加快相关语言类人才队伍的培养等方式促进与拉美国家的文化交流。

可以看出，这一时期中国对拉美的文化外交以文艺外交为主，属于文艺外交的阶段。虽然文艺演出、艺术交流等可能传播非常高端、先进的产品和品位，但却无法影响深层的动机。让别国人民欣赏中国悠久、精深的艺术形式"并不必然使其在文明竞争和国际关系中变得更加善意、更加合作"。[E]因此，在

A　中国外交部档案馆：《陈毅副总理接见墨西哥〈永恒报〉记者罗德里格斯谈话记录》（1956年 9 月 17 日），档案号：111-00174-02（1）。转引自贺双荣主编《中国与拉丁美洲和加勒比国家关系史》，中国社会科学出版社，2016，第 75 页。

B　贺双荣主编《中国与拉丁美洲和加勒比国家关系史》，中国社会科学出版社，2016，第77 页。

C　同上书，第 87 页。

D　王宏强：《中国对外友协在推动中拉关系方面的作用》，载《拉丁美洲研究》，2002 年第 5期，第 14 页。

E　范勇鹏：《论文化外交》，载《国际安全研究》，2013 年第 3 期，第 30 页。

当时的背景下，文艺外交虽然对建立并加强双方的联系起到独特的作用，但并不能对建立正式外交关系起到决定性作用，真正促使双方迈出实质性建交步伐的，是对对方的国际力量和潜力的认知，以及国际形势的变化。

二、文明外交阶段

20 世纪 80 年代末 90 年代初到 2012 年，是中国快速发展的时期。在这段时期，中国冷静应对冷战结束后国际格局发生的剧烈变化，做出"和平与发展仍是时代主流"的判断，进一步深化改革开放，集中精力发展自身，国内生产总值以平均每年约 10% 的速度增长，[A] 并在 2010 年成为全球第二大经济体。此外，中国还更加积极地融入国际体系。特别是 2001 年加入世界贸易组织后，中国无论是在政治、经济，还是文艺、体育活动等各个方面都融入了世界体系，并成为一些新兴国际机制的创建者，在国际事务中的影响力日渐增大，国际地位不断提升。与中国快速发展不符的是，一些地区和国家的人民对中国的认识还停留在中华人民共和国成立前积贫积弱的时期，不仅对中国悠久的文明不了解，对当代中国的社会精神风貌也没有认知。此外，为了遏制中国的影响力，一些西方政治势力和媒体竭力渲染"中国威胁论"，从意识形态和发展模式等各个角度诋毁中国。为了使世界了解真正的中国，在国际上树立积极、正面的国家形象，中国扩大了文化外交的内涵与范围，侧重点也从以往的文艺交流转向文明交流。例如，中国在国际上提倡建立更加公正、有效的国际新闻秩序。1993 年 10 月，中国代表在联大会议发言中指出，"建立一个更加公正合理，更加有效的国际新闻和传播新秩序是与建立国际政治经济新秩序的努力分不开的"。[B] 此外，中国还通过建立孔子学院和海外文化中心，主办"文化年""文化节"等对外文化活动，筹办北京奥运会、

A　根据中国统计局网站 1990—2012 年数据整理。http://www.stats.gov.cn/tjsj/ndsj/2013/indexch.htm，访问日期：2020 年 4 月 26 日。

B　何洪泽：《我代表在联大四委发言指出　应建立国际新闻和传播新秩序》，载《人民日报》，1993 年 10 月 29 日 06 版。

上海世博会等重大活动为平台和契机，大力开展多层次多领域的文化外交活动，增进了国外公众对中国的了解和友好感情，树立我国和平、民主、文明、进步的国家形象。[A]

这一时期的中拉关系也经历了类似的过程。在中国进一步深化改革开放并更加积极地融入国际社会的同时，拉美国家为了摆脱 20 世纪七八十年代以来的经济停滞，也开始积极发展经济，奉行多元化外交，外交政策日趋独立。在这一背景下，中拉双方无论在国家经济发展目标还是外交战略方面都有更多契合点，合作的意愿、自主性和独立性都大大增强，合作的领域和程度也更加全面深入。中拉经济的互补性尤其得到充分显现，特别是进入 21 世纪后，中拉贸易额呈现跨越式增长。然而，随着双方联系特别是经贸联系的日益紧密，拉美出现了一股质疑中国意图的声音。之所以出现这样的质疑，主要有几方面的原因：一是因为拉美地区整个社会对中国缺乏了解；二是西方媒体对中国的负面宣传和渲染影响了拉美人民对中国的看法；三是中国企业在进入拉美市场时，由于对拉美法律法规和当地社会状况缺乏深入了解而造成一些负面影响，也使一些拉美人士对中国发展对拉关系的目的产生怀疑。

在这种情况下，中国加大了对拉美文化外交的力度，拓展了对拉文化外交的范畴。首先，继续加强对拉文艺外交。除了以往的文艺团体访问、演出等交流形式外，开始积极参加拉美国家举办的各种文化节、博览会等活动，与拉美国家互办文化节或电影周，并与拉美国家共同举办各种展示中拉历史、文化、人文、地理等宝贵遗产及知识的展览等。此外，还向拉美国家推出"春节""国庆""感知中国"等品牌活动，借此反映当代中国的现实和当代中国人的精神风貌。其次，加强与拉美国家在新闻和传媒领域的交流与合作。为了提升中国在拉美地区的国家形象，加强拉美社会对中国的正确认知，促进拉美国家对真实中国的直接了解，中国加强建立面向拉美的传播平台，加大报刊、电视、电台及互联网等大众传播媒介对拉美地区的宣传，以打破西方媒体的

A　杨洁篪：《改革开放以来的中国外交》，中国外交部网站，http://www.fmprc.gov.cn/web/ziliao_674904/zyjh_674906/t512782.shtml，访问日期：2018 年 3 月 15 日。

传播垄断、扩大中国的话语权。如设立对拉美的西班牙语广播和电视，开设中国中央电视台拉美中心记者站，成立《今日中国》杂志社拉美分社，使其成为中国第一家在拉美地区策划、编辑、制作并出版发行的西班牙文月刊等。与此同时，中国还通过邀请拉美国家主流媒体记者团访华等举措加强与拉美媒体间的交流，很多拉美知名媒体也在中国设立了机构。再次，加强文教合作。通过在拉美国家开设孔子学院、举办"汉语桥"等活动，以及相互支持翻译经典名著等方式增进拉美民众对中国的兴趣和了解。此外，中国还加强了与拉美国家的学术交流，以及文化产业和旅游业等部门的合作。

可以看出，这一时期的中拉文化外交已经超出文艺外交的范畴，进入文明外交的阶段，旨在使拉美人民更加了解中华文明的思想理念和价值体系，以及当代中国的社会精神风貌。但是，文明外交不能从根本上改变他国对中国的身份认同；其对别国决策的影响也是行为层面而非认同层面的。[A] 中拉文明交流虽然能让拉美地区人民更加深入地了解中华文明的渊源和特质，增进其对真实中国的了解和友好感情，并在一定程度上理解中国人的价值取向、思维模式和行为方式，但并不能有效增进中拉之间的身份认同。自 20 世纪 90 年代初以来，拉美大部分国家无论左翼或是右翼政府都加强与中国的关系也多是出于国家发展和应对国际体系转型的现实需要，而非出于认知和观念的认同。

三、思想外交阶段

21 世纪第二个十年伊始，国际格局转型与中国自身的发展都进入了一个新时期。随着全球化的快速、深入发展，世界比以往任何时候都更加紧密地联系在一起，成为休戚与共的命运共同体。然而美国作为冷战结束后唯一的超级大国，并没有把世界引向更加繁荣，反而因权力的滥用使自身陷入困境。以美国为首的西方社会的发展模式和消费模式，以及以其为核心建立的世界政治经济秩序并没有使国际社会取得共同的进步，反而加剧了贫富差距

A   范勇鹏：《论文化外交》，载《国际安全研究》，2013 年第 3 期，第 30 页。

和矛盾，全球气候、环境也遭受严重破坏，造成了恶劣且深远的影响。与此同时，中国不断深化改革，奉行和平发展的外交战略，于 2010 年成为世界第二大经济体，综合实力不断增长，国际影响力不断扩大，正在实现由"大国"向"强国"的转变。无论是传统欧洲发达国家还是新兴发展中国家都一致看好中国在推动全球发展和全球治理中所发挥的更大的建设性作用。在这样的背景下，中国提出推行中国特色大国外交，并将建设新型国际关系、构建人类命运共同体作为总目标。

这一时期的中拉关系经过之前两个阶段的发展，已经建立了比较全面的联系网络，并具备良好的发展态势，在各自对外关系中的战略重要性日益突出。为了应对复杂多变的国际形势和助推各自的发展战略，中拉双方都深感应将双方关系提升到更高的水平和层次，以确保在未来持续良好发展。2014年，中国国家主席习近平在访问拉美时提出构建中拉关系"五位一体"新格局，打造中拉携手共进的命运共同体的理念。这一倡议也得到拉美国家的认同。这标志着中拉关系开始进入"构建发展"的新阶段，即中拉"对双方关系发展将不仅仅满足于顺势而为，而是要有所作为，从战略和全局的高度对其未来发展加以规划和构建"。[A] 为了实现这一目标，中拉之间需要对中拉关系、中拉相互定位等问题构建共同认知，在合作理念、模式和具体实践等问题上塑造共识。这也意味着中拉文化外交应由"文艺外交"和"文明外交"进入"思想外交"的新阶段。

第三节 进入"构建发展"阶段后的中拉文化外交

自 2012 年底以来，中国开始推进中国特色大国外交，构建新型国际关系和人类命运共同体成为中国外交的总目标，中拉关系也进入"构建发展"的新

A 赵重阳、谌园庭：《进入"构建发展"阶段的中拉关系》，载《拉丁美洲研究》，2017年第5期，第21页。

阶段。此前，中拉关系虽已经过六十余年的发展，但发展模式总体而言是一种顺应国际形势变化和中拉各自发展需要的反应式发展模式。进入构建发展阶段后，中拉关系将转型成为具有前瞻性的、为确保双方关系未来可持续全面发展的"主动筹划型"发展模式。这就需要构建和塑造中拉领导人及各阶层民众对于建立"中拉命运共同体"等理念的共同认知，并将其内化为双方社会的集体共识。这也意味着继政治和经济因素之后，文化因素也将成为中拉关系发展的主要驱动因素。相应地，中拉文化外交也将进入到"思想外交"的新层级。

一、加强中国对拉美文化外交的必要性

1. 文化关系尚属中拉关系中的短板

文化外交曾经是推动中拉关系发展的关键性因素。在冷战结束前，特别是 20 世纪五六十年代，中国对拉美的文化外交是维系中拉联系、促进中拉了解的主要手段，对中拉建立政治关系起到重要作用。冷战结束后，特别是 21 世纪以来，与成就斐然的中拉政治外交和经济外交相比，中拉文化外交的发展稍显滞后。如中国政府在 2008 年发布的第一份《中国对拉丁美洲和加勒比政策文件》中，只有两句话提及"文化交流"；在文件列举的四个需要加强合作的领域中，"文化交流"是与"体育交流"合并在一起被列为"人文和社会"领域的一项合作内容。对于"文化交流"的内容也只笼统地提到执行政府间相关协议和计划、保持主管部门间的交往、加强相关机构和人员间的交流合作，以及推动和开展文化交流活动。可见此时中国对与拉美的文化外交重视不足，也欠缺实施的力度。在 2016 年发布的第二份中国对拉政策文件中，"人文领域"被列为一个单独的合作领域，包含了文化、体育、教育人力资源、新闻出版广播影视、旅游，以及学术和智库等 7 个方面的内容。虽然可以看出文化外交的实施力度明显加大，实施领域也有很大拓展，但仍主要局限于文艺外交和文明外交的范畴之内。

2. 文化因素将成为影响未来中拉关系发展的关键性"隐形"因素

文化是指社会建构的共有知识，包括语言、习俗、宗教、教育等基本

内涵，也包括规范、观念、信念和意愿等内涵。文化因素深刻影响着政治、经济和军事等国际关系中的结构性因素。中拉关系发展到目前为止，已经建立了平等互利、共同发展的全面合作伙伴关系，建立了充分的高层政治互信和较全面的经济合作网络。双方企业对对方市场的概况、风险、阻碍和注意事项等也较以往有了更全面和清醒的认知，能够更加理性地拓展相互市场。相应地，中拉关系面临的问题和挑战也由单纯的接触性碰撞转为更深层次的、观念性的认同缺乏。如双方在思想体系，相互定位、认知和希冀等方面存在不小的差异。从思想方法上而言，中国思想文化中的"无外原则"[A] 使中国更倾向于从"整体"的层次分析和解决问题，更强调与外部世界建立积极、和谐的关系，通过促进整体环境的和谐发展而实现内部个体共同、稳定的发展。而拉美国家所属的西方思想体系更倾向于从"个体"的角度看待问题，因而易于以个体间"利益冲突"为出发点分析和处理问题，从而更倾向于通过"制衡""均势"等方式谋求一种动态平衡中的发展。从相互认知的角度而言，中国视双方为发展中国家，中拉关系是互利共赢的发展状态。而拉美仍然有相当大一部分人认为中国是"北方国家"，对拉美实行的是"新殖民主义"或"资源殖民主义"，中国有义务帮助拉美实现工业化等。需要指出的是，持类似观点的人存在于拉美的各个阶层，甚至包括一些研究中拉关系的学者。对相互身份和意图的共同认知与契合是合作得以深入、持久的根基，如果不能在这一层面上形成共识，拉美对与中国的合作也将只限于形势所需。因此，文化因素将成为影响未来中拉关系发展的关键性"隐形"因素。

3. 中拉已具备进行思想外交的条件

第一，当前拉美国家主观上更加认同中国走自主发展道路的理念。拉美国家独立后大都仿效西方的政治制度，经济上也对西方国家依赖很深。20世纪80年代后，拉美国家完全照搬美国和国际货币基金组织等国际金融机构

A　赵汀阳：《天下体系》，中国人民大学出版社，2011，第9页。

提出的新自由主义发展模式，引发了严重的经济危机和政治、社会等方面的问题，给拉美国家的发展进程造成沉重打击，其负面影响持续未消。而中国坚持依据自身国情制订发展战略，走有中国特色的发展道路和发展模式，取得了巨大成功。国际形势的演进和现实的对比不仅使拉美国家对中国特色的发展模式有了更加客观的认知，也使其更加认同中国走自主发展道路的理念。

第二，中拉合作机制不断完善为思想外交提供了制度保障。机制是文化的一种载体，创建机制的目标、理念，机制设计，以及机制的运行模式等都深受文化因素的影响。对参与方而言，"通过机制会使互动中的双方产生并加强一些观念，并开始共同拥有这些观念"。[A] 也就是说，在建立和运行合作机制的过程中，参与方通过遵循共同的机制理念、遵守共同的机制规则而形成共有观念，并最终将其内化到自身的文化当中。当前，中拉已经建立了较为完善的合作机制体系，其中既有全球性的合作机制（如"一带一路"倡议、金砖国家新开发银行），也有区域间整体性的和次区域间的合作平台（如中国—拉共体论坛、中国—加勒比经贸合作论坛），更有产业、行业间的合作机制。这些合作机制不仅为中拉务实合作提供了制度保障，也为中拉思想外交提供了制度保障。因为只有在遵循机制所秉持的理念、规范和利益观的前提下，双方的合作才能平稳、持久、深入地进行。

第三，中拉已提出构建发展未来关系的先进理念。2014 年习近平主席在访问拉美期间，提出构建"中拉命运共同体"的理念，得到拉美国家的认同。中国提出的"一带一路"倡议也得到拉美国家的积极响应和关注。2018 年 1 月，中拉论坛第二届部长级会议发表《"一带一路"特别声明》成果文件，标志着"一带一路"倡议正式延伸至拉美。截至 2019 年底，已有 19 个拉美国家与中国签署了"一带一路"合作文件。在中拉建立全面合作伙伴关系，推进整体合作和"一带一路"等合作机制的过程中，双方

A 秦亚青：《权力·制度·文化》，北京大学出版社，2016，第 133 页。

就互为发展机遇达成共识，明确双方关系的战略重要性。中拉合作机制所秉持的共商共建共享、平等相待、开放包容、互学互鉴和互利共赢等战略理念确定了双方合作的原则、目标和方式。这些机制大多由中国提出并推动建立，机制所秉持的理念多带有中华文明的核心印记，同时也体现着人类谋发展的共同愿景。需要注意的是，这些理念有的蕴含于拉美文明之中，有的拉美人民对其内涵还不甚明晰。这就需要双方在进行务实合作的过程中，从各自的文化背景出发，对这些理念进行辨析理解、形成共识、加以贯彻。

第四节　中国对拉思想外交：塑造中拉共识

尽管中拉加强合作的愿望十分明确，但不可否认的是，双方的文化差异也十分明显，这体现在历史、语言、种族、宗教、社会制度和习俗，以及价值观体系和思想方法等各个方面。即便设定了共同合作的目标，但在对目标的理解、达成目标的路径等问题上也会出现分歧。基于这个原因，中拉文化外交历来注重的是加强相互了解，以求进一步促进相互理解与合作。我们面临的挑战是，相互了解如何能带来相互理解，进而促进认同与合作，避免或缓和矛盾与冲突。因此，未来中拉关系的发展应在继续加深相互了解的同时，更加注重增强相互之间的认同，塑造中拉共有观念。

一、塑造中拉共识

鉴于文化影响的持久性和全覆盖性，中拉共识应该是面向未来关系发展的共同认知，而不是试图改变双方固有的文化属性，以建立起彼此认可和包容、更加理性和长久的关系。此外，有关中拉共识的表述也应该是精练化和概念化的，以增强双方社会的接受程度。总体而言，中拉双方应就三对问题达成共识。

1. 一致性与差异性

中拉双方有很多一致性，这既是双方合作的基础，也是双方合作的良好条件。首先，中拉的一致性体现在双方的终极利益是一致的。当前，双方都处于全球相互依赖程度日益加深的历史时期，都是人类命运共同体中无法割离的一分子。也许双方的发展道路不同，但同处"地球村"，发展命运紧密相连。其次，双方各自具体的发展利益是一致的。在全球化日益扩张和深化的大背景下，中拉都面临如何发展自身的任务和挑战。而较强的经济互补性是双方实现各自发展任务的重要机遇和保障，这在以往的合作过程中已经得到证明。再次，双方推动建立新型国际关系的意愿是一致的。虽然全球相互依赖的程度不断深化，国际秩序也呈现多极化的趋势，但西方国家仍然是当前全球治理体系的规则制定者。近年来，美国等国家在国际事务中愈加呈现出反协商、反合作的行为倾向，对中国、拉美等广大发展中国家的发展诉求或打压或忽视。因此，中国与拉美国家都寻求对现有国际秩序进行改革[A]，以推动建设相互尊重、公平正义、合作共赢的新型国际关系。最后，中拉在各自文明的多样性上也是一致的。中华文明在数千年的发展历程中，不断吸收与融合周边文明、外来文明的精华，形成"多元一体、兼容并蓄、绵延不断"的总体特征，"和而不同"的理念也成为中华文明的核心印记之一。拉美文明是欧洲基督教文明、美洲印第安土著文明和非洲黑人文明等多种不同来源文化的汇合和融合，同样具有"多元性"的特点。

中拉的差异性也显而易见，而能够对中拉关系产生深层次影响的主要是源于文化上的巨大差异，以及由此形成的思想、制度、理念乃至行为的差异。从表面看来，双方都清醒地意识到了这一点，不论是国家还是个人层面在提起中拉关系时都会强调这一点，并认为加强沟通与了解是增进中拉关系的一个重要前提。但在实际合作的过程中，双方对由这些差异产生的现实问

A 王毅：《中国是当代国际秩序参与者、维护者和改革者》，中国新闻网，2015年2月24日，http://www.chinanews.com/gn/2015/02-24/7075594.shtml，访问日期：2018年3月15日。

题最初都缺乏充分的认识和心理准备。作为中拉关系发展的主要施动方，中国企业自 20 世纪 80 年代末就开始尝试进入拉美市场，并在此过程中曾因缺乏对拉美的了解而经历了很多挫折甚至失败。不过，经过三十余年的摸索和实践，中国企业已逐渐对拉美市场的特性有了足够的认知和充分的心理准备，并积极调整策略加以适应和应对。中国政府也不断提出推进中拉合作的新举措和新理念。但拉美国家和民众似乎对中拉差异性在现实中的体现仍然准备不足，也缺乏接受和适应这些差异的意识和意愿。因为对拉美社会而言，"尽管'差异化'是拉美社会的文化财富，但实际上……接受'存异'并非易事"。[A] 即使是对于拉美地区内的合作和一体化问题，拉美各界也更倾向于强调"多样性中的一致性"（Unity in Diversity），而非提倡"一致性中的多样性"。

然而，"多样性必须在某种总框架的控制中才是多样性，否则，失控的多样性就只不过是混乱"。[B] 对于拉美地区内的合作而言，或许需要更多地强调"一致性中的多样性"。对于中拉合作而言，就需要切实认识到总体利益一致前提下的具体差异，并使双方民众对这一概念从词语表述转化为思想认知，只有这样才能在合作中真正接受、适应和克服这种差异性，实现合作的可持续发展。因此，"一致性与差异性"的实质就是中拉应就"和而不同"的合作状态达成切实的认知和共识。

2. 共同发展与自主发展

发展是中拉双方都面临的首要任务。加强合作的目的是为了实现共同发展。到目前为止，中拉合作对双方经济、社会的促进作用是有目共睹的。但是，共同发展的内涵应该是双方共享和利用合作带来的机遇与资源，在各自适合自己的发展道路上共同前进。中华民族自古以来饱经忧患，"自力更生""自强不息"成为中华民族的特质之一。中华人民共和国成立以来，虽然

A 多米尼克·达瓦德：《当我们谈起中国，我们在谈论什么》，载《环球财经》，2018 年 2—3 月合刊《战略 2018》，第 98 页。
B 赵汀阳：《天下体系》，中国人民大学出版社，2011，第 9 页。

在初期得到了当时的苏联等社会主义国家的帮扶，但并没有因此而失去自主发展的意志，既不受外界胁迫，也不盲目跟随别国的发展模式，自立自强与冷静谨慎并行，才摸索出一条具有中国特色的发展道路。受殖民地时期历史的影响，"庇护主义"是拉美政治文化的特点之一，而这种情结也被拉美国家带入了国际领域。[A] 独立以后，拉美国家也一直在探索适合自身的发展道路，并转换过多种经济发展模式。但拉美国家在自主发展时意志不够坚决，借鉴西方模式时又过于激进，使国家和社会遭受重大冲击，难以实现改革的初衷。如今，中拉合作为双方发展提供了丰富的资源，涵盖原材料、资金、技术及至合作机制等方方面面。而如何根据自身实际情况对这些资源加以有效的利用、分配，并切实助力国家发展却是各自需要解决的问题。当前很多拉美人士，包括一些学者认为中国应该帮助拉美国家发展和实现工业化，并认为中拉关系的未来取决于此。事实上，中拉合作的目标是互利共赢、共同发展，而不是代替对方的自主发展。拉美不能规划中国的发展道路，中国也不可能代替拉美构建发展模式，双方都没有代替对方发展的义务。因此，"共同发展与自主发展"的实质就是中拉应就"共建共享与自立自强"的合作预期达成共识。

3. 主动性与相互性

中拉交往合作的过程，就是相互了解、适应和学习的过程。交往合作能否更加深入和富有成效，取决于双方相互学习和适应的主动性有多大。当前中拉合作的意愿都十分强烈，也意识到需要采取措施保证双方关系持续健康发展。到目前为止，中国在政治、经济各领域推动建立了多种合作机制和倡议，提出很多具体举措，力求推动中拉关系持续向前发展。这些举措既有宏观层面的，如推动建立中拉论坛、倡议共同构建"1+3+6"合作新框架、邀请拉美国家参加"一带一路"倡议等，也有微观层面的，如设立多项合作基金、推行具体的交流计划和培训计划等。中资企业也大都能够通过前期调

A Norman A. Bailey, "The United States as Caudillo," *Journal of Inter-American Studies*, Vol. 5, No.3 (Jul.1963): 315.

研、风险评估和策略调整等举措主动适应拉美市场，并取得越来越积极的成果。相较而言，大部分拉美国家在推进中拉关系方面显得过于被动，未能提出自己的可供探讨的清晰思路，在采取具体措施推进中拉务实合作方面也显得滞后。只有中拉双方都积极、主动地推进中拉关系，相互学习和借鉴对方的长处和优势，相互调整和适应合作的理念、规则和方式，才能使中拉合作更加高效、顺畅地进行。因此，"主动性与相互性"的实质就是中拉应就"互学互鉴"的合作态度和路径达成共识。

二、如何塑造中拉共识

塑造共识看起来似乎只是思想观念方面的问题，但其实并非如此。因为共识需要所有参与方的主观认同，并体现在各层面的具体实践和落实。因此，塑造中拉共识并不能只局限于政府部门的政策倡议，而应该是面向中拉整体社会的、具体的观念塑造与内化；塑造共识的路径和参与主体也应该是整体协调、多元并举的。

1. 利用合作机制促进思想外交

机制是合作制度化的体现。创立机制所秉持的理念和想要达到的目标、机制的设置和运转模式等都受到文化因素的影响。机制要得以良好运作则有赖于双方对彼此文化内涵的认可。通过设立合作机制或框架，合作方可就相关议题达成观念上的认同，并进一步将其内化。而机制内的合作过程可促进双方克服"异质性"，寻求"同质性"。长期的机制合作将使双方在特定事务上的思想观念、思维方式和行为方式都趋于一致，而这种一致将进一步内化、外溢至其他领域。中拉之间已经建立了较为完善的合作机制，涉及区域间整体合作、双边合作以及产业、行业间合作等各个层级和领域。中国通过"一带一路"倡议提出的合作共赢、互学互鉴等理念也将通过倡议的实施得到更多拉美人的了解和理解。双方应进一步完善并充分利用这些机制，通过这些机制内的合作使中拉共识在多层次、多部门得到最大限度的明确和提倡。

2. 多元化文化外交主体

由于以往中拉文化外交多局限于文学、艺术、教育和新闻等领域，政府部门、新闻和教育机构就成为主要实施者和推动者。而事实上，文化更深层的含义是社会化的共同知识和行为准则，是社会整体的认知。因此，文化外交特别是思想外交是针对整体社会的外交行为。虽然中国和拉美国家政府都认识到加强合作的重要战略意义，但由于实际合作涉及的是双方社会各个领域和不同群体，任何思想行为方面的细微差异和分歧都有可能导致合作无法顺利进行。这就需要拓展思想外交的参与者群体，将其从政府部门和相关机构扩大至与拉美存在互动的各产业部门、民间机构乃至个人，有意识地引导和动员他们在实际互动中传播、实践、塑造中拉共识，通过潜移默化、循序渐进的方式从多维度、多领域开展对拉文化外交。

3. 推进学术文化外交

学者和智库是先进思想的倡导者和社会风尚的引领者，既担负着向国家政府部门提供政策咨询的职能，也扮演着向社会大众阐释政策、思潮的角色。由于中拉在文化传统、价值体系和意识形态等方面的差异，有关中拉合作的新理念有些能在拉美文化中找到共鸣，有些则有别于拉美文化所秉持的价值理念。这就导致拉美国家虽然对这些理念十分关注，却未必能理解其思想内涵的情况的出现。拉美民众对其更是知之甚少。对此，应提倡双方学者在学术交流中对这些理念进行辨析，厘清其思想内涵，"在争论中明辨真理，在互动中凝聚共识"，并将其上传下达给中拉整体社会。

4. 完善文化传播体系，加强文化传播能力

塑造共识需要得到社会大众的认同才能产生实际效果。当前，西方媒体对拉美媒体和社会具有主导性影响，拉美民众对中国的看法尤其易受西方媒体舆论的引导。对此，应建立更加完善的文化传播体系，加强对拉美民众的传播能力建设，以完整地塑造中国在拉美的形象。文化传播体系除了教育、媒体、影视、网络等一般意义上的传播方式外，还应包括进行文化传播、复

制和接收的文化基础设施及文化制度，以及创造、传播、复制和接收文化信息和文化实践的组织，这些组织活动的方式包括交通模式和交往模式 [A]。通过完善文化传播体系，向双方民众特别是青年人讲述中国故事和拉美故事、传递中拉共识，使中拉共识被双方各阶层所熟知和接受。

5. 加强中拉文化产业合作

文化产业是企业以营利为目的、以市场方式推动的、以文化产品贸易为主的商业行为 [B]。随着全球化的快速扩张，文化全球化也成为人们关注的热点。强势文化的扩张虽然丰富了人们的生活，也引起其他文化的警惕和反抗，甚至形成冲突。而文化产业通过市场化运作，使文化产品更贴近对象国市场、更易于融入对象国的现实生活，从而得到更广泛的传播。此外，文化产业合作使对象国愿意有偿使用文化外交的内容，进而使文化外交自身产生效益，最终培养了文化外交自身的生存能力 [C]。因此，文化产业在塑造和传播思想方面的作用是独特而不可替代的。虽然中拉文化产业合作因双方文化差异较大而存在不小的阻碍，但也是有共通点可寻的。比如，在中国的各类影视作品中，武侠剧的国际影响力首屈一指，中国不少国际影星都因参演了武侠电影而享誉全球。包括拉美国家在内的世界各国对中国武侠类影视作品的接受程度也是最高的。相较于其他题材的影视作品，武侠类影视作品宜古宜今，充满想象力，风格多样，情节动人，画面和武打动作令人赏心悦目，极具吸引力。除了这些外在的特征外，武侠影视作品可以说是中国传统文化元素和价值观的集大成者，其中"天人合一"的理念以及"和""信""义"的观念体现得尤为突出。这些理念通过武侠作品的形式表现出来，更容易被不同文化人群和不同层次群体接受。并且，这些思想观念还可与拉美的"美丽家园"等理念形成呼应，也有助于拉美人民

A 戴维·赫尔德等：《全球大变革：全球化时代的政治、经济与文化》，杨雪冬等译，社会科学文献出版社，2001，第 461 页。

B 贺双荣：《文化产业与国际形象：中拉合作的可能性》，载《拉丁美洲研究》，2015 年第 4 期，第 40 页。

C 王亚宁：《中国文化外交可持续发展的基础》，载《文化论苑》，2015 年第 11 期，第 39 页。

理解我们提出的"新义利观"等理念。总体而言，中拉应从双方文化的契合点切入，加强文化产业合作，创新合作思路和方式，拓展文化产业合作的受众面，通过文化产业合作增加双方民众对中拉共识的理解和认同。

第三章

中拉文化价值观：
在差异中共处

　　长期以来，无论是民间还是学界，都普遍存在一种认识，即中国与拉美国家之间存在着巨大的文化差异。学者们对这种差异性的分析集中于两个角度。一是从中拉文化基本特点出发进行的对比。如有的学者认为中国文化具有延续性、包容性、凝重性和本土化的特点，而拉美文化具有混合性、开放性和独特性，且深受外来文化影响。[A] 二是从文化价值观的角度进行的对比。如有些学者研究了儒家文化和天主教文化的差异对东亚和拉美地区制度和模式选择的影响，但对于这些差异的分析主要聚焦于与发展相关的部分。[B] 还有些学者虽然注意到了中拉文化价值观的共性和差异，但缺少理论和数据的支撑。[C]

　　为弥补上述缺憾，本章将采用荷兰社会学家吉尔特·霍夫斯泰德（Geert Hofstede）的文化维度理论和西方政治文化研究的重要代表人物罗纳德·英格尔哈特（Ronald Inglehart）的价值观变迁理论以及他主持的世界价值观调查，对中拉文化价值观进行比较，以期对两者的差异和共性做出更为准确的判断。以上两种衡量文化差异的理论虽有其局限性，特别是从西方视角设计的调查问卷能否反映出中国丰富而深刻的文化内涵，尚有一定争议，但由于调查数据的完整性和可比性，因而也不失为中拉文化对比的有效工具。本章的第三部分将以拉美地区的华人华侨为例，探讨文化价值观的差异如何影响中拉之间的跨文化交际。

　　两种不同文化之间缺乏了解和理解，必然会使跨文化交际变得复杂而困难，因此本章研究的最终目的并非为了揭示和强调中拉文化有多么不同，文

A　驰骋：《中国和拉美文化的对比及交流合作》，载《当代世界》，2007年第5期，第6—8页。

B　张勇：《文化、制度与发展——制度与文化比较视角的发展分析》，载《经济学家》，2008年第5期，第48—54页。

C　李菡，韩晗：《构建中拉命运共同体的文化支柱——以乌拉圭为例探析拉美文化特性》，载《江苏师范大学学报（哲学社会科学版）》，2017年第5期，第106—114页。

化距离有多么遥远，而是为中拉经贸和人文交流过程中客观存在的跨文化冲突提供一种具有说服力的解读，以促进中拉文化之间的相互了解，推动中国和拉美国家克服文化差异，跨越文化障碍，在文化差异下学会如何相处，将文化隔阂转化为建立在相互理解、尊重和包容基础上的文明互鉴。

第一节　基于文化维度理论的中拉文化差异

文化维度理论是霍夫斯泰德在 1980 年出版的学术著作《文化之重：价值、行为、体制和组织的跨国比较》一书中提出的重要理论工具，用以分析不同国家之间的文化差异。作者通过对 IBM 公司分布在全球五十多个国家和地区的员工进行的大型问卷调查，提出了衡量价值观的 4 个文化维度：权力距离、个人主义—集体主义、阳刚气质—阴柔气质、不确定性规避。每个国家或地区在各个维度上都有一个相应的得分。在此之后，霍夫斯泰德又结合其他学者的研究，增加了另外 2 个维度：长期导向—短期导向、放纵—克制。文化维度理论以调查数据为基础，以定量的方式直观地呈现出各国（地区）的文化差异及其文化特征，因此成为跨文化研究领域重要的理论依据。但不可否认的是，文化维度理论也有其局限性。一方面，样本的选取缺乏代表性，IBM 公司的员工能否反映出整个国家的文化特征是值得商榷的。另一方面，文化价值观并非一成不变，但这种变化在文化维度理论中没有得到体现。尽管如此，文化维度理论仍然是文化比较研究的重要工具。

一、衡量价值观的文化维度

霍夫斯泰德认为，"与实践活动相比，价值观是文化中的稳定因素，文化的比较研究始于价值观的衡量"。[A] 不难看出，文化维度理论揭示的是文化表

A　吉尔特·霍夫斯泰德，格特·扬·霍夫斯泰德，迈克尔·明科夫：《文化与组织：心理软件的力量》，电子工业出版社，2019，第 22 页。

象背后的价值取向。各个维度上得分的高低则体现出文化价值观的差异。

权力距离（Power Distance）指数反映了社会不平等的程度以及大众对不平等的接受程度。在权力距离指数低的国家（地区），上下级之间相互依赖，注重协商，人们对权力不平等的接纳程度较低；而在权力距离指数高的国家（地区），下级更习惯于服从上级的指令，人们对权力不平等的接纳程度较高。

个人主义—集体主义（Individualism/Collectivism）维度被用来衡量一个社会中人们更看重个人利益还是集体利益、个人的作用还是集体的力量。得分越低，个人主义倾向就越低。反之亦然。

阳刚气质—阴柔气质（Masculinity/Femininity）维度体现的是一个社会中占据主导的是代表男性性格特征的自信、坚强、注重物质成功等气质，还是代表女性性格特征的谦逊、温柔、注重生活质量等气质。得分越高的国家（地区），越富有阳刚气质。

不确定性规避（Uncertainty Avoidance）指数反映了社会成员面对不确定的情况时表现出的焦虑程度和对未知风险的接受程度。在不确定性规避指数高的国家（地区），奇特的想法往往不受欢迎，社会成员习惯于通过制定规则避免不确定性的产生。人们往往表现得"更匆忙、不沉着、情绪化、富于侵略性和多疑"。[A] 而在不确定性规避指数低的国家（地区），创新和冒险精神得到了鼓励，人们更容易接受各种不确定性和不稳定性。

长期导向—短期导向（Long-term/Short-term Orientation）维度最初是基于在 23 个国家进行的华人价值观的调查，与霍夫斯泰德的前 4 个维度没有联系。后来研究者在世界价值观调查中发现一个维度与其高度相关，因此得以被作为霍氏理论的第 5 个文化维度。长期导向指社会成员更注重未来的回报，主要的表现包括坚持不懈、勤俭节约等；而短期导向则意味着社会成员更看重过去和当下，主要的表现包括尊重传统、爱面子等。

A 吉尔特·霍夫斯泰德，格特·扬·霍夫斯泰德，迈克尔·明科夫：《文化与组织：心理软件的力量》，电子工业出版社，2019，第 143 页。

放纵—克制（Indulgence/Restraint）维度体现的是人们对自由选择的态度。在放纵指数高的国家（地区），社会允许其成员相对自由地选择自己喜欢的生活方式；而在克制指数高的国家（地区），人们选择的自由往往受到社会规范的限制。

以上 6 个维度所揭示的价值观不仅体现在社会生活的方方面面，也反映在经济和政治领域。例如，东亚国家（地区）在 20 世纪六七十年代实现了经济腾飞，已被证明与其长期导向程度高有关，因为"节俭"品质提高了储蓄率，从而有助于扩大投资。又比如，在美国、英国、德国等阳刚气质的国家中，政治博弈往往充满对抗，但在北欧国家这样的阴柔气质文化中，政党之间更容易达成共识。另一个值得注意的问题是，6 个文化维度并非完全平行，而是具有一定的相关性。例如，权力距离和个人主义两个维度呈负相关，长期导向与克制、短期导向和放纵则分别呈正相关。但是，很多国家在 6 个指数上的得分并不符合规律，彰显了文化价值观的差异性和复杂性。

二、中国与拉美国家的文化差异性和相似性

我们将结合文化维度理论包含的 6 个维度对中国和拉美国家的文化差异性和相似性做出研判，并简要分析文化价值观产生的背景。在中国数据的选取上，中国大陆、中国香港和中国台湾均被列入图表中，但中国大陆的得分将作为主要的分析依据。此外，尽管拉美国家之间也存在差异，但由于本章以整个地区作为考察的对象，因此拉美国家总体的得分情况，或者说普遍规律，将得到更多的关注。

1. 权力距离

在 76 个国家和地区的权力距离指数排名中，大部分拉美国家处于中间位置，但危地马拉、巴拿马、墨西哥、委内瑞拉和厄瓜多尔等都属于高权力距离国家。中国也是高权力距离国家。所以在这一指数上，可以说中国与拉美国家有一定差异，但不太明显。

中国的高权力距离与其传统文化密切相关。儒家思想所倡导的"礼治"，

就是主张贵贱、尊卑、长幼各行其道，各有其礼。因此封建社会中人们必须严格遵守君臣、父子、兄弟、夫妻、朋友这些基本人伦关系的相关准则，形成了严格的等级制度。进入现代社会后，尽管平等思想逐渐深入人心，但中国人仍然遵循长幼有序、论资排辈的传统。在中国的家庭生活中，父母对子女的权威被广泛认可，而子女要履行赡养父母的义务；在学校，尊重师长历来是一种美德，课堂的主角是教师，而不是学生；在职场，下级要服从上级的安排和指令。这些都是高权力距离国家的典型表现。

而拉美地区在历史上是一个被外来入侵者征服的社会，这决定了当时的社会结构必然是等级森严的。在被殖民的过程中，拉美地区以种族和肤色为界限，形成了以白人为主的上层统治者和以印第安人和黑人为主的下层被统治者两个完全对立的阶级，混血种人则处于社会结构的中间位置。独立之后，尽管这种以肤色划分的等级制度随着民主制度的建立而逐渐消亡，但等级观念却保留下来，并潜移默化地存在于社会生活中。此外，宗主国在长期的殖民统治中，将封建社会的大地产制、"家长制"等也都移植到了拉美地区，留下了一笔沉重的思想遗产。如今，拉美地区的社会不平等和贫富分化问题已成为影响其经济社会发展的严重障碍，这与历史上形成的权力和财富高度集中不无关系。

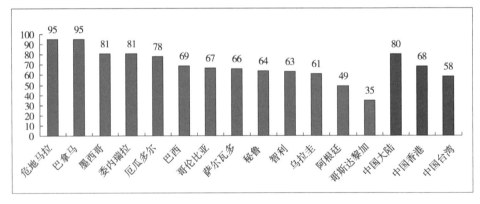

图 3-1　权力距离指数得分

资料来源　吉尔特·霍夫斯泰德，格特·扬·霍夫斯泰德，迈克尔·明科夫：《文化与组织：心理软件的力量》，电子工业出版社，2019，第 47—49 页。

2. 个人主义—集体主义

在个人主义—集体主义维度上，拉美国家之间存在着一定差异，76 个国家和地区的排名也显得较为分散。但是在有数据的 13 个国家中，只有 4 个国家排在相对中间的位置，其他国家和中国一样，都属于更看重集体主义的文化。总体而言，拉美国家在这一维度上明显有别于美国、英国、德国等个人主义盛行的西方国家。但显而易见的是，西方文化仍对一些拉美国家产生了影响。

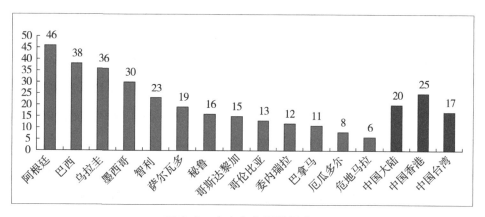

图 3-2　个人主义指数得分

资料来源　吉尔特·霍夫斯泰德，格特·扬·霍夫斯泰德，迈克尔·明科夫：《文化与组织：心理软件的力量》，电子工业出版社，2019，第 74—77 页。

在中国，集体主义是传统和主流的价值观，国家、社会、集体的利益优先于个人利益。从古人崇尚的"先天下之忧而忧，后天下之乐而乐"的忧国忧民思想，到当代社会提倡的"为人民服务"的无私奉献精神，无不体现了集体主义文化在中国社会根深蒂固的存在。

拉美国家的集体主义首先来源于印第安文明。一方面，在哥伦布发现新大陆之前，印第安民族实行的是一种集约化的农耕经济，带有合作互助的性质，集体劳动成为一种传统。另一方面，在与殖民主义长期的斗争中，印第安人运动始终强调集体的力量。"在这一点上，不同于主流的资产阶级极富占有欲的个人主义，印第安人民和他们的运动倡导'我们'的理念，'我们'

总是比'我'更重要。个人的福利和肯定，永远不能也不应该与社群或者更广泛意义上的集体利益相矛盾，甚至损害后者。"[A] 其次，天主教的影响不可小觑。天主教历来不主张个性张扬，而是通过集体布道、惩罚"异端"等方式维护团结、压制新思想。由此可见，拉美国家的集体主义与中国一样，也有其深刻的历史根源。

3. 阳刚气质—阴柔气质

从排名上看，中国属于阳刚气质国家，但与排名最高的国家（110 分）得分相差较大。而拉美国家在这一维度上出现了分化，4 个国家的排名位于前三分之一，但也有 6 个国家的排名位于后三分之一。

中国不是最典型的阳刚气质国家，用"刚柔相济"来形容中国的气质似乎更为妥当。中华民族自古以来形成的刚强坚毅、百折不挠、不畏艰难、自强不息等精神是中国文化中最阳刚、最光明的一面。而中国文化倡导的宽容大度、谦逊质朴、以和为贵等又体现了阴柔而隐忍的一面。从得分上看，多数拉美国家和中国一样，也兼有阳刚和阴柔两种气质，所不同的是有些国家的阴柔气质更多一些。拉美国家之间之所以出现了较大的差异，霍夫斯泰德认为可能有两个原因。其一，天主教文化本身就在两种气质间摇摆不定。"天主教产生了一些阳刚和强硬的角色（如圣殿骑士和耶稣会士），但同时产生了一些温柔的角色（如修道士）。"[B] 其二，印第安文明的传统不同造成了国家间的差异。比如，"墨西哥的大部分地区继承了强硬的阿兹台克文化，但是墨西哥南部的尤卡坦半岛和邻近的中美洲共和政体则继承了好胜心较弱、相对平和的玛雅文化。秘鲁及智利北部继承了类似于玛雅文化的印加文化"。[C]

A 卡洛斯·安东尼奥·阿居雷·罗哈斯：《拉美印第安人运动的特征、历史进程及贡献》，载《拉丁美洲研究》，2018 年第 4 期，第 112 页。
B 吉尔特·霍夫斯泰德，格特·扬·霍夫斯泰德，迈克尔·明科夫：《文化与组织：心理软件的力量》，电子工业出版社，2019，第 124 页。
C 同上书，第 129 页。

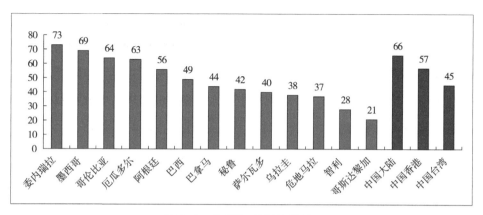

图 3-3　阳刚气质指数得分

资料来源　吉尔特·霍夫斯泰德，格特·扬·霍夫斯泰德，迈克尔·明科夫：《文化与组织：心理软件的力量》，电子工业出版社，2019，第 105—107 页。

4. 不确定性规避

在霍夫斯泰德的研究中，不确定性规避是唯一一个中国的得分没能真实反映中国传统文化特征的文化维度。从图 3-4 中，可以清晰地看出中国与拉美国家之间的差别。大多数拉美国家得分较高，属于强不确定性规避文化。而中国只有 30 分，在 76 个国家（地区）的排名中列第 70 位，说明不确定性规避程度很低。但实际上，中国更符合强不确定性规避社会的描述。

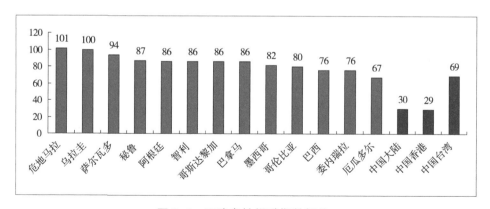

图 3-4　不确定性规避指数得分

资料来源　吉尔特·霍夫斯泰德，格特·扬·霍夫斯泰德，迈克尔·明科夫：《文化与组织：心理软件的力量》，电子工业出版社，2019，第 138—141 页。

中国人常说的"不打无准备之仗""居安思危",实际上都反映出中国较高的不确定性规避程度。在中国,人们为避免不确定的或模棱两可的事物,对各种书面的规定、规则、规划有很强的依赖性,标新立异、非同寻常的想法和做法很难被接受。另一个表现是中国人对稳定的追求是十分强烈的,无论是在职场还是家庭生活中,"求稳"是一种比较普遍的社会心态。拉美国家的强不确定性规避仍然来源于宗教思想。霍夫斯泰德认为,一个国家(地区)天主教徒所占比重与其不确定性规避指数有关。天主教认为,世间只存在一种绝对真理,不承认其他真理,具有排他性。历史上,天主教常常表现得极端、激进而狂热,反对革新和创新,排斥新生事物。强不确定性规避在当今拉美社会的一个典型表现就是拉美国家产生了很多伟大的思想家、文学家和理论家,而科学技术水平却相对落后。

5.长期导向—短期导向

长期导向—短期导向维度是中国与拉美国家之间差异性最明显的一个维度。拉美国家属于典型的短期导向社会,而中国是典型的长期导向社会。这主要是因为长期导向社会所推崇的坚韧不拔、坚持不懈、节俭等品德均来自儒家文化,因此不仅仅是中国,其他信奉儒家思想的国家或地区在这一指标上也都取得了高分。在93个国家和地区的排名中,居前4位的分别是韩国、

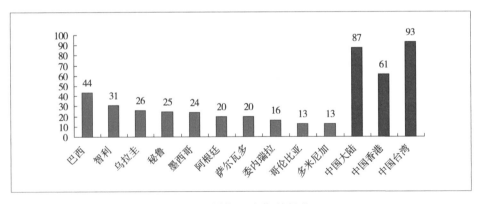

图3-5 长期导向指数得分

资料来源 吉尔特·霍夫斯泰德,格特·扬·霍夫斯泰德,迈克尔·明科夫:《文化与组织:心理软件的力量》,电子工业出版社,2019,第180—183页。

中国台湾、日本、中国大陆。而拉美国家中除了巴西以外，均排在后三分之一的位置。

在现实中，无论是中国的长期导向，还是拉美国家的短期导向，都能找出很多典型的事例，并形成了鲜明的对比。比如，在经济治理上，中国十分重视长远规划的作用，连续制定了十三个国民经济和社会发展的五年规划。而这种做法在拉美国家根本无法实现。在消费观念上，中国人提倡量入为出，偏好用储蓄作为未来生活的保障，以备不时之需。而拉美人则热爱消费，习惯于将大部分收入，甚至全部收入用于消费，"月光族"比比皆是，信用消费十分发达。在工作态度上，中国人更愿意通过长期奋斗实现最终的理想。而拉美人则安于现状，立足当下，注重眼前的目标。

6. 放纵—克制

在这一维度上，中国的克制程度较高，而拉美国家的放纵程度较高，两者存在巨大反差。委内瑞拉和墨西哥在 93 个国家（地区）的排名中列前两位。

中国传统文化本身就具有含蓄、内敛、克制、矜持的气质。儒家思想的核心之一"礼"教育人们要学会自律、克制私欲、遵守礼节。"仁"作为最高的道德准则，包含了一系列的道德规范和行为准则，对后世产生了重要影响。因此从古至今，中国人都习惯于控制自己的言行举止和生活方式，使之符合各种约定俗成的礼仪和规范。相比之下，大多数拉美国家属于比较典型的放纵型文化。天主教伦理中对劳动的轻视和对财富的贬低有可能是造成这种现象的原因之一。天主教反对人们过度追求物质财富，谴责贪恋财富者，同时认为劳动的目的是为了生存和自给自足，鼓励人们知足常乐。这种财富观和劳动观在当今拉美社会的直接反映就是相比于工作，民众更看重休闲娱乐，在生活方式上比较随性轻松，喜欢自由享受生活的乐趣，幸福度比较高。

综上所述，文化维度理论较好地反映了拉美文化的基本特征，但对中国文化的描述出现了某些偏差，主要表现在不确定性规避这一维度上。其原

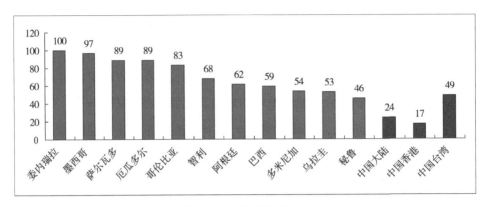

图 3-6　放纵指数得分

资料来源　吉尔特·霍夫斯泰德，格特·扬·霍夫斯泰德，迈克尔·明科夫：《文化与组织：心理软件的力量》，电子工业出版社，2019，第 206—209 页。

因有可能在于被调查者为公司中层管理人员，其价值取向更偏向现代，而非传统。在 6 个文化维度中，中国与拉美国家在前 4 个维度上有相似性，在后 2 个维度上存在明显差异。一方面，这意味着中拉文化价值观并不像通常认为的那样截然不同、完全对立，而是可以找到相似之处。另一方面，也应看到，无论是中国文化，还是拉美文化，都有其多样性和复杂性，这 6 个文化维度并不一定能够反映出中拉文化各自的深度和广度。但无论如何，文化维度模型为中拉文化比较研究提供了一个重要的参照和依据。

第二节　基于世界价值观调查的中拉文化差异

世界价值观调查（World Values Survey，以下简称 WVS）是一项跨国非营利性调查项目，起源于 1981 年进行的欧洲价值观研究。在美国密歇根大学罗纳德·英格尔哈特教授的引领下，该项调查从 1990 年开始每 5 年进行一次，并逐渐扩展到全球一百多个国家和地区。最新一次公布结果的调查是 2010—2014 年进行的第 6 轮调查。与霍夫斯泰德的文化维度理论相比，WVS 有几个明显的不同。一是内容更加广泛，不仅包括文化层面，也包含了政治、经济、全球化、自然环境等其他议题。二是被调查者涵盖了更多的群体，年龄从 18—85 岁不等，样本代表性更强。三是考虑到了价值观的发展变化，6 轮调查的结果能够反映出各国（地区）民众价值观的变化趋势。四是与文化维度理论的 6 个维度不同，英格尔哈特根据 WVS 调查结果只定义了 2 个维度来衡量价值观。五是研究的目的不同。霍氏的文化维度理论研究旨在分析不同国家的文化特征，从而为跨文化交际和传播的相关对策提供依据，而 WVS 则是通过对价值观变化趋势的分析，把握各国（地区）政治经济的变化方向。

一、世界文化地图

与霍夫斯泰德的六维文化模型相比，英格尔哈特的二维模型虽然显得过于简单，但却产生了一个有利的结果：用二维平面坐标绘制出一张世界价值观地图，并通过各个国家（地区）在图中的位置进行文化归类。因此，WVS 的一个重要贡献在于它能够直观地将整个世界划分为不同的文化类型。可以说，WVS 弥补了霍夫斯泰德理论的某些缺陷。

英格尔哈特的 2 个文化维度是指传统—世俗理性和生存—自我表达。传统价值观强调宗教、亲子关系、权威和传统家庭观念的重要性，反对离婚、堕胎、安乐死和自杀。传统价值观强的社会具有较高的民族自豪感和民族主义观念。世俗理性价值观与传统价值观相反，不太重视宗教、传统家庭价值观和权威。离婚、堕胎、安乐死和自杀是可以被接受的行为。生存价值观强调经济和人身安全，以满足物质需求为主要目标，常伴有排外倾向以及较低的信任度和宽容度。自我表达价值观体现了一个社会在物质层面的需求较容易得到满足的情况下对精神和非物质的需求，其特点是高度重视环境保护，主张性别平等，对外国人和外来文化、同性恋者等外群体的容忍度较高，要求在经济和政治生活决策中有更多的发言权。

英格尔哈特根据 WVS 的数据，用二维模型绘制的世界文化地图，以传统—世俗理性维度为纵轴，以生存—自我表达维度为横轴，共包含了 9 个板块，价值观接近的国家或地区同属于一个板块，世界由此被划分为 9 个文化

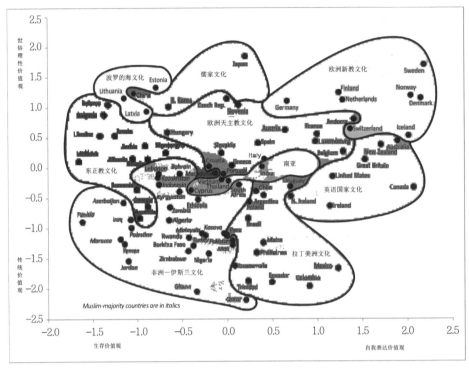

图 3-7　世界文化地图（2010—2014）

资料来源：http://www.worldvaluessurvey.org/WVSContents.jsp。

类型（见图 3-7）。从地图中可以看出，价值观和文化类型的决定因素并非地理位置，而是宗教观念、历史传统和意识形态。英格尔哈特认为，世俗理性的价值观和唯物主义起源于法国大革命时期的左翼思潮，因此在具有社会民主主义传统或实行社会主义制度的国家占据了主导地位。而生存价值观是东方国家的特征，自我表达是西方国家的特征。英格尔哈特认为，价值观发展变化的普遍规律是在"现代化维度"上由传统价值观向世俗理性价值观转变，在"后现代化维度"上由生存价值观向自我表达价值观转变。也就是说，随着一国（或地区）生活水平的提高，以及由发展中社会通过工业化向后工业社会的过渡，其在地图上的位置将由左下逐渐向右上移动，即主导价值观将从传统—生存向世俗理性—自我表达转变。在世界文化地图中，可以明显地看出，中东的伊斯兰社会最强调传统价值观和生存价值观。相比之下，北欧新教社会表现出强烈的世俗理性价值观和自我表达价值观。

英格尔哈特还提出在自我表达价值观之下还存在一个子集——解放价值观，它强调的是选择自由和机会平等，鼓励非暴力抗议和公民社会的发展，因此有助于推动民主。

英格尔哈特的世界文化地图不仅体现了各国（地区）文化价值观的差异，而且通过对变化趋势的分析，验证了一个社会由传统到现代，再到后现代的发展过程。从这个意义上讲，英格尔哈特的价值观理论超越了单纯的文化范畴，更加强调经济发展、文化转型与政治变革之间的互动关系，以及社会变迁与价值观变迁的相互影响。他提出的"物质主义价值观""后物质主义价值观""后现代主义价值观"和"价值观代际转型"等概念，已经成为西方学术界政治文化研究领域的重要成果。

二、WVS 下的中拉文化价值观比较

在世界文化地图中，中国属于儒家文化圈，位置在左上方。而拉美则是一个独立的文化类型，处于地图的正下方，两者的文化距离是显而易见的。如果与 1996 年的世界文化地图相比较则会发现，中国与拉美国家在地图中的相对位置变化不大。

按照英格尔哈特的划分，儒家文化的特点是强调世俗理性价值观和生存价值观。与世界上大多数国家相比，中国表现出高度的世俗理性，甚至超过了美、英等通常被认为更为开放的国家。这可能与中国人大多信奉唯物主义有一定关系。在另一个维度上，中国位于儒家文化圈的最左边，说明尽管中国在经济上获得了强劲发展，但"生存意识"仍然十分强烈。英格尔哈特认为这一方面与儒家文化的影响有关，因为即使是中国香港、中国台湾、日本、韩国等较为发达的经济体，在这一维度上也更倾向于生存；另一方面也与中国目前所处的发展阶段有关，因为中国尚处于现代化的初期，仍存在威胁生存的不安全因素。英格尔哈特同时也认为虽然中国在短期内不会发生价值观的转型，但从长期来看，转变的趋势迟早会出现。与中国相比，拉美文化倾向于传统—自我表

达价值观。在传统价值观上，宗教对拉美国家的影响是显而易见的，但国家之间的差异性较大，这可能与各国被殖民的历史、印第安文化的权重不同有一定关系。在自我表达维度上，大部分拉美国家的价值观比较接近，这与拉美民族崇尚自由、生性乐观、注重生活质量、幸福感较高的特质相符合。但是拉美国家的自我表达价值观并没有新教国家和英语国家那么强烈，这验证了拉美国家仍处于社会转型阶段、相当大一部分群体仍面临生存困境的现实。

世界价值观调查的重要贡献之一在于提供了各国（地区）价值观转变的趋势。本部分将选取第 3 轮和第 6 轮 WVS 的数据，对中拉价值观的发展变化进行对比。第 3 轮调查在 1995—1998 年进行，第 6 轮调查在 2010—2014 年进行，共有 7 个拉美国家同时参与了两轮调查，其中包括阿根廷、巴西和墨西哥 3 个较大的拉美国家，智利、哥伦比亚和秘鲁 3 个中等规模国家，以及较小的乌拉圭。本部分选择的问卷问题参考了英格尔哈特在其专著《现代化与后现代化：43 个国家的文化、经济与政治变迁》中提出的与两个文化维度相关的变量，且为在两轮调查中都设立的问题。[A]

1. 传统—世俗理性维度

在传统价值观方面，本部分选取了 10 个与此相关性最强的问卷问题以及受访者持完全肯定态度的比重（见表 3-1）。通过对比发现：在 7 个问题上，中国与拉美国家的趋势是相同的。在"家庭很重要""更加尊重权威是好事" 2 个问题上，中国与拉美国家持完全肯定态度的受访者比重都有所上升；[B] 在"宗教很重要""身为 × 国人感到很骄傲""教育孩子信教""完全不接受同性恋""完全不接受卖淫"等 5 个问题上，中拉持完全肯定态度的受访者比重都出现了下降。在"教育孩子顺从"这一问题上，中国持肯定态度者的比重下降，而拉美国家出现了上升；在"完全不接受离婚"和"完全不接受堕胎" 2 个问题上，情况则相反。

A 罗纳德·英格尔哈特：《现代化与后现代化：43 个国家的文化、经济与政治变迁》，社会科学文献出版社，2013，第 90 页图 3-2。
B 拉美国家以 7 国平均比为依据，下同。

表 3-1　中国与拉美国家"传统价值观"的比较

问卷问题	轮次	中国	阿根廷	巴西	智利	哥伦比亚	墨西哥	秘鲁	乌拉圭	拉美平均比
家庭很重要	第 3 轮	76.5%	86.6%	92.6%	88.8%	86%	74.3%	87.4%	91.3%	86.7%
	第 6 轮	85.7%	88.9%	87.4%	91.7%	85.1%	97.6%	85.3%	88.7%	89.2%
宗教很重要	第 3 轮	3.9%	34.9%	64.5%	41.8%	49%	45.4%	53.3%	22.8%	44.5%
	第 6 轮	2.6%	24.1%	51.5%	23.8%	58.9%	58.4%	49.9%	20.3%	41%
身为×国人感到很骄傲	第 3 轮	39%	54.2%	64.2%	54.7%	84.5%	71.5%	79.5%	72.4%	68.7%
	第 6 轮	22.2%	48.6%	34.2%	49.1%	80%	84%	62.2%	50.4%	58.4%
更加尊重权威是好事	第 3 轮	40.6%	63.2%	82.8%	53.5%	88.4%	63.8%	64.4%	54.4%	67.2%
	第 6 轮	41.9%	55.3%	76.4%	56.9%	83.3%	82.7%	71.6%	66.2%	70.3%
教育孩子顺从	第 3 轮	29.3%	31.6%	59.1%	45.8%	42.7%	49.9%	50.1%	28.8%	44%
	第 6 轮	7.5%	35.3%	51.5%	45.8%	66.4%	54.6%	52.3%	51.6%	51.1%
教育孩子信教	第 3 轮	3.3%	34.7%	56.7%	45.6%	42.3%	43.6%	51.6%	17.4%	41.7%
	第 6 轮	1.2%	23.2%	49.8%	27.5%	60.3%	35.3%	42.1%	15.8%	36.3%
完全不接受同性恋	第 3 轮	81.3%	28.7%	54.9%	42.6%	60.7%	53%	42%	44.5%	46.6%
	第 6 轮	49.4%	17.3%	34.3%	13.2%	44.3%	39.1%	29.9%	17.6%	28%
完全不接受卖淫	第 3 轮	90.3%	41.4%	67.4%	50.3%	64.4%	53.2%	52.9%	43.3%	53.3%
	第 6 轮	56.3%	36.4%	54.4%	27.5%	56.3%	49.4%	45.7%	27.7%	42.5%
完全不接受堕胎	第 3 轮	29.2%	45%	74.6%	67.8%	73.9%	57%	62.4%	46.2%	61%
	第 6 轮	38.8%	41.1%	69.9%	43.3%	73.3%	61.6%	57.4%	42%	55.5%
完全不接受离婚	第 3 轮	13.5%	16.4%	30.4%	33.7%	33.6%	36.2%	28%	21.5%	28.5%
	第 6 轮	31.5%	10.4%	19%	9.4%	32.2%	33.4%	23.3%	11.6%	19.9%

资料来源：第 3 轮数据来自 WVS, *WV3_Results*, http://www.worldvaluessurvey.org/ WVSDocumentationWV3.jsp, 第 6 轮数据来自 WVS, *WV6_Results_By_Country*, http://www. worldvaluessurvey.org/WVSDocumentationWV6.jsp。拉美平均比由作者粗略计算得出。

注：表中百分比为表示完全同意或选择此项内容的受访者比重。

在世俗理性价值观方面，本部分选取了 8 个较为典型的问题（见表 3-2）。中国和拉美国家也出现了相似的趋势。中国表示完全同意的受访者比重只在"教育孩子勤奋"和"教育孩子有责任感"2 个问题上有所上升，在其他 6 个问题上有所下降；而拉美国家持完全肯定态度的比重只在"教育孩子果断且坚韧"这个问题上有明显上升。

表 3-2　中国与拉美国家"世俗理性价值观"的比较

问卷问题	轮次	中国	阿根廷	巴西	智利	哥伦比亚	墨西哥	秘鲁	乌拉圭	拉美平均比
政治很重要	第3轮	23.7%	10.1%	21.8%	6.9%	9.4%	17.2%	13.1%	13.8%	13.2%
	第6轮	10.4%	8.3%	12.5%	7.4%	9.8%	17%	12.7%	11.6%	11.3%
对政治很感兴趣	第3轮	25.1%	7.7%	12.9%	3.9%	9%	9.5%	7.2%	12%	8.9%
	第6轮	10.8%	7.4%	8.8%	5.5%	5.8%	7.7%	6.7%	7.5%	7.1%
教育孩子勤奋	第3轮	72.7%	55.5%	47.4%	16.8%	18%	33.1%	62.7%	28.6%	37.4%
	第6轮	75.3%	40.6%	64.1%	30.5%	13.6%	38%	16.5%	21.8%	32.2%
教育孩子有责任感	第3轮	34.5%	79.6%	64.7%	73.8%	76.9%	66.8%	77.5%	81.3%	74.4%
	第6轮	65.9%	57.3%	77.9%	76.9%	82%	74.9%	71.3%	81.6%	74.6%
教育孩子节俭	第3轮	62.2%	15.9%	38.7%	30.5%	25.1%	46.2%	19.1%	26.6%	28.9%
	第6轮	50.7%	13.4%	26.6%	36.4%	29.4%	34.6%	23.8%	20.6%	26.4%
教育孩子果断且坚韧	第3轮	36.3%	28.5%	34.6%	34.4%	19.5%	39.7%	24.2%	41.8%	31.8%
	第6轮	26%	50.3%	28.2%	53.6%	24.3%	27%	23.4%	35%	34.5%
完全接受安乐死	第3轮	27.7%	9.6%	8.4%	7.6%	14.7%	9%	8%	21.8%	11.3%
	第6轮	5.1%	—	5.4%	—	7.3%	8.5%	4.6%	11.3%	7.4%
完全接受自杀	第3轮	6.4%	3%	1.6%	2.6%	1.5%	2.3%	1.2%	6.7%	2.7%
	第6轮	2.1%	2.1%	1.5%	1.5%	1.2%	5%	1.5%	2.6%	2.2%

资料来源：第 3 轮数据来自 WVS, *WV3_Results*, http://www.worldvaluessurvey.org/WVSDocumentationWV3.jsp，第 6 轮数据来自 WVS, *WV6_Results_By_Country*, http://www.worldvaluessurvey.org/WVSDocumentationWV6.jsp。拉美平均比由作者粗略计算得出。

注 1：表中百分比为表示完全同意或选择此项内容的受访者比重。

注 2："对政治很感兴趣"的中国数据来自第 2 轮调查，因为第 3 轮调查中没有对受访者提出该问题。

　　通过对两轮 WVS 的对比可以发现，中国和拉美国家在传统—世俗理性维度上价值观变化的共同之处主要表现在家庭观念的增强、宗教观念的淡化和参政意愿的降低。在对待堕胎、离婚、同性恋、卖淫、自杀、安乐死等行为的宽容度上，中国和拉美国家都出现了对一些行为更为宽容，对另一些行为更为抵触的现象。在尊重权威方面，拉美国家强化了这一意愿，但中国人一方面表示认同，但另一方面在家庭教育中父母却越来越不注重培养孩子顺从的品格。以上分析表明，无论是中国还是拉美国家，在两轮 WVS 之间的时间跨度里，由传统价值观向现代价值观的转变都是比较缓慢的。

2. 生存—自我表达维度

在与生存价值观相关的 6 个问题上，中国和拉美国家在 5 个问题上表示完全同意的受访者比重出现了下降（见表 3-3）。中国受访者选择"不愿与艾滋病患者为邻"、拉美国家受访者认为"努力工作能够带来更好生活"的比重则有所上升。

表 3-3　中国与拉美国家"生存价值观"的比较

问卷问题	轮次	中国	阿根廷	巴西	智利	哥伦比亚	墨西哥	秘鲁	乌拉圭	拉美平均比
努力工作能够带来更好生活	第 3 轮	34.1%	21.1%	14.3%	14.2%	—	22.3%	34.6%	16.2%	20.5%
	第 6 轮	18.1%	17.2%	38.6%	13%	17.3%	47.3%	27.3%	12.8%	24.8%
工作很重要	第 3 轮	63.9%	70.3%	84%	64.3%	71.8%	63.4%	72.8%	70.3%	71%
	第 6 轮	38.1%	57.4%	63.6%	56.3%	76.3%	87%	69.1%	63.7%	67.6%
就业机会很少时男性比女性更有权利工作	第 3 轮	41.7%	23.7%	35.4%	29.6%	29.1%	25.4%	19.4%	27.5%	27.2%
	第 6 轮	38%	15%	16.8%	17.6%	22.4%	16.8%	17.6%	26.2%	18.9%
不愿与不同种族者为邻	第 3 轮	22.9%	4.6%	2.8%	12%	2%	26.7%	11.6%	6.8%	9.5%
	第 6 轮	10.5%	1%	1.9%	5.6%	3.2%	10.2%	9.3%	1.6%	4.7%
不愿与艾滋病患者为邻	第 3 轮	62.3%	15%	14.1%	21.3%	8.4%	33.1%	39.2%	19.2%	21.5%
	第 6 轮	73.2%	5.7%	6.9%	17.9%	23.1%	16.2%	31.7%	5.5%	15.3%
不愿与外国移民或外国人为邻	第 3 轮	20.3%	5.7%	3.6%	11.7%	—	27.1%	10.2%	7.1%	10.9%
	第 6 轮	12.2%	2.8%	2.6%	7.6%	4.7%	11.6%	10.7%	1.7%	6%

资料来源：第 3 轮数据来自 WVS, *WV3_Results*, http://www.worldvaluessurvey.org/WVSDocumentationWV3.jsp，第 6 轮数据来自 WVS, *WV6_Results_By_Country*, http://www.worldvaluessurvey.org/WVSDocumentationWV6.jsp。拉美平均比由作者粗略计算得出。

注：表中百分比为表示完全同意或选择此项内容的受访者比重。

在自我表达价值观方面，共选取了 10 个问题。中国受访者持完全肯定态度的比重在"重视技术是好事""我非常幸福""我非常健康""教育孩子有想象力"和"我完全可以选择或掌控生活"5 个问题上出现下降，而在其他 5 个问题上的比重有所上升。拉美国家受访者在"朋友十分重要""大多数人是可信任的"和"重视技术是好事"3 个问题上的比重有所下降（见表 3-4），在其他 7 个问题上的比重有所提高。

表 3-4　中国与拉美国家"自我表达价值观"的比较

问卷问题	轮次	中国	阿根廷	巴西	智利	哥伦比亚	墨西哥	秘鲁	乌拉圭	拉美平均比
朋友十分重要	第 3 轮	29.3%	48.6%	57.7%	27.6%	33.5%	28.9%	21.9%	57.6%	39.4%
	第 6 轮	46.6%	53.9%	33%	35.1%	30.7%	38.6%	23.5%	51.4%	38%
休闲时间十分重要	第 3 轮	10.7%	26.4%	54.2%	42%	39.7%	35.5%	28.5%	46.4%	39%
	第 6 轮	21.2%	33.7%	32.8%	56.1%	49.4%	59.2%	37%	48.9%	45.3%
大多数人是可信任的	第 3 轮	50.4%	17.1%	2.8%	21.4%	10.7%	26.4%	4.9%	21.6%	15%
	第 6 轮	60.3%	19.2%	7.1%	12.4%	4.1%	12.4%	8.4%	13.8%	11.1%
保护环境优先于经济增长和失业问题	第 3 轮	51.3%	42.4%	47.2%	53.8%	—	49.7%	39.9%	53.7%	47.8%
	第 6 轮	56.6%	54.2%	60.3%	66.7%	67%	62.8%	62.9%	64.2%	62.6%
重视技术是好事	第 3 轮	92.1%	66%	69.8%	51.4%	83%	64.1%	71.7%	58.2%	66.3%
	第 6 轮	77.6%	47.1%	70.9%	50%	76.4%	79.4%	69.1%	61.1%	64.9%
我非常幸福	第 3 轮	22.7%	28.8%	22%	27%	47.1%	31.5%	28.2%	20.6%	29.3%
	第 6 轮	15.7%	33.3%	35.2%	24.4%	56.5%	67.5%	35.1%	34.2%	40.9%
我非常健康	第 3 轮	35.8%	20.4%	25.7%	15.8%	25.4%	17.8%	10.2%	21.1%	15.8%
	第 6 轮	23.6%	28.5%	24.2%	19%	26.1%	26.1%	13.2%	25.8%	23.3%
教育孩子有想象力	第 3 轮	22.1%	25.8%	7.7%	24.3%	18.9%	27.7%	18.6%	30.9%	22%
	第 6 轮	17%	31.4%	24.4%	22.2%	20.8%	23.8%	16.7%	19.8%	22.7%
教育孩子宽容且尊重他人	第 3 轮	43%	73.6%	59.7%	61.1%	68.3%	57.3%	63%	69.7%	64.7%
	第 6 轮	52.2%	58.2%	64.2%	82%	86.4%	77.9%	67.6%	82%	74%
我完全可以选择或掌控生活	第 3 轮	20.3%	18.8%	33.4%	17.4%	27.4%	21.4%	16.3%	21.3%	22.3%
	第 6 轮	11.6%	11.8%	38.3%	14.5%	34.3%	42.6%	27%	28.5%	28.1%

资料来源：第 3 轮数据来自 WVS, *WV3_Results*, http://www.worldvaluessurvey.org/WVSDocumentationWV3.jsp，第 6 轮数据来自 WVS, *WV6_Results_By_Country*, http://www.worldvaluessurvey.org/WVSDocumentationWV6.jsp。拉美平均比由作者粗略计算得出。

注：表中百分比为表示完全同意或选择此项内容的受访者比重。

总的来看，在生存—自我表达维度上，中国和拉美国家价值观的共同变化主要体现在更注重休闲和享受生活、对外群体的社会宽容度有所提升、更重视环境保护和性别平等、对科学技术的信任度降低等方面。与拉美国家相比，中国社会对艾滋病人的排斥仍然比较强烈，但是对同性恋的接受度有所提高。中拉之间较为明显的区别体现在信任度、幸福感、健康状况（主观感受）、自由选择生活等变量上。中国的社会信任度进一步提高，但是个体的幸福感、健康状况和生活的自主性都出现了下降，说明中国社会的生存压力仍然比较大，影响了人们对生活的满意程度和对健康的重视。而拉美国家的情况正好相反。与传统—世俗理性维度相比，中国和拉美国家在生存—自我表达维度上的价值观变化更为明显，说明中拉价值观都在逐渐朝"后现代"的方向发展。

第三节　文化差异与跨文化融合：以拉美的华人华侨为例

前两节利用不同的理论和数据分析了中国与拉美国家文化价值观上的差异和相似性。很显然，中国和拉美国家属于不同的文化圈，在价值观上存在较大差异。但是，与一般认识和实际交往中所感知的不同，研究也发现中拉之间在价值观上并非完全对立，而是存在接近和相似之处。这种认知偏差是多种原因造成的。首先，价值观是文化最深层次的表现，而文化差异有多种表现形式，很多情况下人们看到的是其外在的一面。其次，不同的种族、宗教、性别、代际和阶层有不同的文化特征，而这些只体现了国家（地区）文化维度中的一部分，并非全部。再次，文化维度之间的相关性在不同国家（地区）存在差异，这导致在某个维度上接近的国家（地区）在具体的实践活动中因受到其他维度的不同影响而表现出明显的区别。最后，拉美国家之间也存在差异，如果从国别角度分析，可能会得出不同的结论。

中拉文化差异性和相似性并存的特点，为相互之间的价值观理解提供了可能，也带来了挑战。本节将以拉美地区华人华侨的社会融入为例，分析文化价值观异同如何影响不同文化间的相互融合与包容。之所以选择华人华侨作为研究对象，主要出于两方面的考虑。其一，移民作为跨文化交际中的一个典型群体，其社会融入的过程是两种不同文化之间冲突、碰撞、融合、认同、接纳的缩影。其二，华人华侨是中国传统文化的传播者，也是中国文化价值观的展现者和宣介者。拉美与中国距离遥远，当地华人就成为拉美国家普通民众对中国文化认知的主要来源之一。中国文化能否对拉美国家产生吸引力和影响力，华人华侨在其中发挥的作用是独特而显著的。华人在保持自身文化特质和传统的前提下实现社会融入的过程，从某种意义上讲，也是构建中国"软实力"进程的组成部分。因此，探讨文化价值观如何影响拉美地区的华人华侨实现社会融入，可以从一个侧面论证中国在拉美地区构建"软实力"，特别是"文化软实力"过程中可能遇到的价值观差异带来的挑战，从而为中拉在经贸、人文等领域克服文化障碍、寻找共同语言、实现跨文化理解提供现实依据和借鉴。

国内外学者一般从经济、政治、社会和文化4个维度来研究移民的融入问题。其中经济融入的测量指标包括就业情况、收入水平等，政治融入包括是否取得公民身份、参政议政程度等，社会融入包括社会支持网络、社交圈、组织参与状况等，文化融入指语言水平、观念认同、规范习得等。具体到拉美地区，华人华侨的融入面临着较大障碍和困难。对于第一代移民来讲，除经济融入程度较高以外，其他3个维度的融入程度都比较低。

需要明确的是，华人、华侨和华裔属于不同的概念。华裔，特别是第三代移民虽然具有中国血统，但在语言、习惯、生活方式和价值观念等方面已部分或全部本土化了，因此社会融入程度较高。本节的研究对象主要是出生在中国、有在中国生活经历的华人华侨或出生在居住国而具有较强中国文化认同感的第二代移民。

一、文化认同

无论是拉美国家对中国移民的认同感，还是中国移民对侨居国的认同感，都处于比较低的水平。虽然作为移民国家，吸纳外来移民是拉美各国的基本国策，但宽松友好的移民政策主要针对的是欧洲移民，而包括华人在内的亚裔移民在很长一段时期内都受到不同程度的歧视和排斥。19 世纪末到 20 世纪上半叶，拉美国家曾多次掀起排华浪潮。20 世纪 90 年代以后，随着中国国力的提升，拉美国家对待华人华侨的态度也发生了积极的变化，华人的贡献得到了更多的肯定。但是拉美国家历史上形成的对华人身份、地位和文化的刻板印象一直存在，认为欧美文化更加优越且先进的欧洲中心论思想也依然根深蒂固。阿根廷学者曾对该国发行量最大的两家主流媒体《民族报》和《号角报》在 1999—2005 年期间发表的有关移民问题的报道进行过分析。研究表明，在谈论"阿根廷的外国人"这一话题时，只有拉美人和华人被称为"移民"，而欧洲人和美国人则被尊称为"执行官""专业人士"或"企业家"。[A] 这个例子显示出阿根廷社会没有一视同仁地对待不同国家的移民，"移民"专指寻求工作机会和社会升迁的人，带有贬义色彩，而来自欧美国家的群体因为保持了原有的经济社会地位，所以不属于"移民"。

霍夫斯泰德认为，在强不确定性规避的社会，人们视"不同的东西是危险的"，因此具有强烈的种族偏见和排外倾向，对外国移民的态度也较为敌视。拉美国家存在的民族主义倾向和对华人的偏见能够部分地验证这种判断。但反过来看，中国移民也同样怀有文化民族主义，对中国持有强烈的文化认同和情感认同，对侨居国存在"客居者"心态，习惯于用"我们"和"他们"来区分同族和当地人，同时对于侨居国的黑人和印第安人也抱有一定偏见。中拉之间缺乏文化认同感的另一个原因在于宗教。众所周知，天主教是拉美地区占统治地位的宗教，大多数拉美民众信奉天主教。虽然 WVS 调查显示近年来拉美国家的宗教观念有所淡化，但是宗教对思想文化的影响仍是根深蒂固的。这导致信教者对不信教者缺乏认同和信任，对其无宗教信仰的事实难以接受或理解。在回答第 6 轮 WVS 问卷中"你对不同宗教信仰的人有多信任"的问题时，拉

A　Celeste Castiglioni, Daniela Cura, *La construcción de la figura del inmigrante y de la inmigración en el escenario mundial, por la prensa escrita argentina, entre 1999-2005*, http://webiigg.sociales. uba.ar/pobmigra/archivos/prensa.pdf，访问日期：2020 年 2 月 25 日。

美国家受访者表示"不太信任"和"完全不信任"的比重是比较高的（见表
3-5）。而在回答"只有我信仰的宗教是唯一可接受的"这一问题时，虽然表示
"不同意"和"完全不同意"的受访者比重较高，但在某些拉美国家，表示"完
全同意"和"同意"的受访者比重合计也达到了 40% 左右（见表 3-6）。这说明，
在拉美国家，民众自身的宗教信仰有时会阻碍其理解或认同其他文化。

表 3-5　第 6 轮 WVS 问卷："你对不同宗教信仰的人有多信任"

（%）

	完全信任	比较信任	不太信任	完全不信任
阿根廷	12.3	40.8	25.5	13.9
巴西	7.1	50.4	22.3	17.7
智利	5.3	35.5	34.3	10.3
哥伦比亚	3.2	25.4	33.9	35.4
厄瓜多尔	6.3	28.2	38.3	27.1
墨西哥	4.2	23.9	32.8	38.4
秘鲁	1.3	13.1	34.8	44.9
乌拉圭	7.7	30.6	20.9	25.6

资料来源：WVS, *WV6_Results_By_Country*, pp.219-220, http://www.worldvaluessurvey.
org/WVSDocumentationWV6.jsp。

表 3-6　第 6 轮 WVS 问卷："只有我信仰的宗教是唯一可接受的"

（%）

	完全同意	同意	不同意	完全不同意
阿根廷	5.0	11.5	43.0	35.7
巴西	4.8	12.0	56.8	23.3
智利	3.9	12.7	44.0	28.6
哥伦比亚	12.4	27.2	44.6	12.4
厄瓜多尔	17.6	16.5	33.4	31.8
墨西哥	14.5	26.8	41.4	16.7
秘鲁	9.8	27.4	43.2	10.4
乌拉圭	2.7	11.9	43.8	28.3

资料来源：WVS, *WV6_Results_By_Country*, pp.353-354, http://www.worldvaluessurvey.
org/WVSDocumentationWV6.jsp。

然而也应注意到，拉美文化和中国文化中共有的阴柔气质又使得两种文化均具有包容性和开放性，在一定程度上弥补了相互认同上的不足，减弱了华人华侨实现社会融入的阻力。WVS 也显示，无论在中国还是拉美国家，对来自不同国家和种族、操不同语言者的宽容度都有所提升。如今，中国的武术、饮食文化、节庆习俗、中医药、汉语等通过华人华侨这一媒介和桥梁已在拉美各国得到了广泛传播，受到了越来越多拉美民众的关注和喜爱，而大多数华人华侨也接受了当地的文化传统，双方的相互认同感逐渐提升。

二、参政意愿和法律意识

如果说，政治参与体现了移民融入当地社会的最高水平，那么华人在这方面的表现是消极的。长期以来，第一代华人移民的参政意愿普遍很低，能够进入政界和军界的多为华裔。虽然有客观因素的制约，但文化因素对华人参政也产生了很大影响。根据文化维度理论的解释，一方面，在高权力距离的国家，民众往往更容易接受或忍受现行的权力分配模式，对政治和公共事务缺乏兴趣。另一方面，在强不确定性规避的社会，由于对司法系统缺乏信任，民众通常不愿通过法律途径解决纠纷。而按照英格尔哈特的理论，中国虽然倾向于世俗理性价值观，但还没有形成强烈的"后物质主义价值观"，因此对政治的关心程度远不如自身的经济利益和物质需求。WVS 中有关"政治重要性"的数据验证了这一点。

上述文化特征在背井离乡、身处陌生环境之中，且多数来自中国乡村、深受宗法思想影响的华人移民身上得到了进一步的放大和强化。多数华人都把提高收入、改善生活作为首要的目标，与政治活动保持距离。参政意愿的低下导致华人在当地社会的话语权严重缺失，在自身权益受到侵害时也只能忍气吞声、委曲求全，而法律意识的淡薄则助长了针对华人的犯罪活动和腐败行为。

三、经济自立和个人幸福

根据文化维度理论，中国属于长期导向的克制型社会，而拉美国家是短期导向的放纵型社会。这种差异对于华人华侨的社会融入产生了双重影响。一方面，吃苦耐劳、勤俭节约、艰苦创业的意志品质使得绝大多数华人华侨都能较快地适应当地的生存环境，取得经济上的独立。如今，华人群体在拉美社会属于中等收入阶层，衣食无忧，少数华人已跻身于大企业家行列。华商在很多拉美国家都占据了相当重要的地位，成为某些行业的佼佼者。同时，拉美国家特有的消费文化也在一定程度上助推了华人经济的繁荣。例如：巴西圣保罗以华人店铺为主的"25街"的发展与繁荣与巴西民众酷爱购物和消费的生活理念不无关系；在阿根廷的布宜诺斯艾利斯，当地民众对日用品和食品的采购具有频率高、数量少的短期导向消费偏好，是中小型华人超市遍布大街小巷、深受欢迎的最重要原因。另一方面，华人华侨对工作的执着、对社区交往的忽视，与当地人热爱生活、注重休闲、喜好聚会交友的风气形成了强烈的反差，导致华人的辛勤工作无法得到理解，还给当地人留下了"只知赚钱、不会享受""工作是中国人的全部"等刻板印象，从而加深了双方的隔阂。

在英格尔哈特的二维文化理论中，努力工作、追求高质量的物质生活是"物质主义价值观"的最主要表现，而享受生活的乐趣、追求个人幸福感则体现了"后物质主义价值观"。中国和拉美国家在世界文化地图中的位置说明了两者在这一维度上的明显差异。华人华侨迁居他国的根本目的就在于改善物质条件和生活境遇，因此在"求生存"和"求享乐"之间必然会选择前者。按照英格尔哈特的观点，当生存问题变得越来越容易解决的时候，人们的价值观会向"后物质主义"方向转变。例如在中国，作为改革开放四十余年发展成就的最大受益者，年轻一代的精神文化需求正在超越物质需求，后物质主义价值观已经在城市的青年群体中发轫。当然，价值观代际转变的过程是十分缓慢的。具体到迁居拉美国家的华人华侨，由于第一代移民仍然承载着巨大的生存压力，因此价值观的转变更有可能发生在第二代华人移民身上。

四、社会融入

很多研究都表明，通婚既是实现社会融入的有效手段，也是与当地社会融合的重要表现。早期的第一代华人移民几乎全部是单身男性，且经济地位低下，摆脱契约华工的身份后为了在当地站稳脚跟、获取必要的社会依靠，只能采取通婚、联姻的方式。而 20 世纪 80 年代以后前往拉美地区的新华人移民，在交通条件大为改善、经济立足相对容易的情况下，更倾向于与华人组建家庭。从文化角度上看，中国与拉美国家在生活观念上的差异是导致新华人移民较少与当地人通婚的主要原因。上文提到的华人移民与当地人对待工作和休闲娱乐的不同态度，以及两种文化不同的消费观念、两性规范、教育理念、宗教信仰等，都对择偶产生了很大的影响，以至于绝大多数华人为避免家庭生活的冲突和矛盾，不愿选择与当地人通婚。

社会融入的另一个重要指标是社交网络的多元化和广泛性。这是华人华侨实现社会融入面临的主要障碍之一，在一定程度上与中国的集体主义文化有关。

集体主义文化在拉美华人华侨中有两个典型的表现。一是家族式的经营模式十分常见。亲人、熟人等纽带在华人移民拉美的过程中发挥了极其重要的作用。强烈的家庭责任感不仅使"连锁迁移"成为华人主要的移民路径，而且给华人经济打上了浓重的宗族色彩。华人在选择合作伙伴或雇员时，家族成员和同乡是优先被考虑的对象。在 WVS 的问卷中也发现，中国人对亲人、熟人的信任度是比较高的。二是华人具有依托团体的力量寻求团结和互助的传统。从 19 世纪末期开始，拉美地区的华人华侨就建立了侨团组织。如今拉美各国都有数量不等、功能各异、大小不一的侨团和社团。

但是，集体主义的影响具有两面性。一方面，无论是家族式经营和互助，还是移民组织，都有助于华人抱团取暖，共同应对和克服文化适应过程中的种种难题。而另一方面，过分强调和依赖集体主义，也有可能导致群体内部形成强大的凝聚力，但其他群体被视为"圈外人"而受到排斥。这种相对的封闭性在华人群体内部的表现是侨团之间缺乏联系，各自为政，甚至存在不团结、排他的现象；在外部的表现是华人的社交圈狭窄且单一，只局限于华人社区，缺乏与当地人的联络。国内学者在研究墨西哥恰帕斯州华人新移民时，发现了一个割断与华人社会的联系后反而能够更好地融入当地社会的个案，[A] 尽管这个案例不具有普遍性，但也从一个侧面证明了华人超越和突破原有的朋友圈、减少彼此之间的依赖、扩大并多样化其社交网络，对于社会融入的重要性。

以上分析了文化价值观对拉美地区华人华侨实现社会融入的影响。可以说，中拉文化的差异性对于华人的文化适应和社会融入造成了较大的阻碍。研究也发现，即使是文化价值观的某些接近或相似之处，在跨文化交际的过程中也会产生文化碰撞和冲突。这说明，不同文化之间的相互认同和理解远比人们想象的要复杂和困难得多。华人华侨所面对的跨文化交际困境，是中国与拉美国家在其他领域交往中也会面临的相似问题。如今，中国的武术、饮食文化、节庆习俗、中医药等已被越来越多的拉美民众所熟悉和接受，拉美国家的足球文化、特色舞蹈等也在中国拥有了大批的粉丝。但是，在丰富多彩的文化表现形式背后隐含的文化思想和价值观还没有得到充分的了解和理解。同时，在客观存在的文化差异中相互磨合，寻找合适的相处之道，无论是对于中国还是拉美国家，都是未来的重要任务。而这不仅是中国构建"软实力"的基础，也是中拉关系顺畅发展的前提。

A 张青仁：《墨西哥恰帕斯州华人移民的历史与现状：兼论海外华人研究的他者化》，载《北方民族大学学报（哲学社会科学版）》，2016 年第 6 期，第 33—34 页。

第四章

中拉相互认知：
超越模糊印象

进入 21 世纪，特别是第二个十年以来，中国的对外关系出现了一种明显的变化趋势，即在对外政治和经济关系迅速发展的同时，人文交流的地位不断被拔高，并与政治和经济一起构成中国对外关系的"三大支柱"。事实上，从近十年一系列大型区域文化交流与合作活动——远如"中欧文化对话年"（2012）和"中非文化合作伙伴计划"（2013），近如"中拉文化交流年"（2016）和"中国—中东欧国家人文交流年"（2016），以及"亚洲文明对话大会"（2019）等，都可以发现人文交流之于政治互信和经济互利的支撑作用日益显著，亦愈发受到中国政府的高度重视。有理由相信，当前和未来一个时期，中国外交的"人文特色"将更加突出，这也是新兴大国对外关系日趋成熟的标志之一。

人文交流不仅有助于增进中国和世界其他国家之间的相互认知和了解，促进文化交流和文明互鉴，更重要的是有利于提高中国的软实力和国家形象。拉美尽管是距离中国最遥远、发展对华人文交流相对滞后的地区，但近年来中拉关系的迅速发展带动人文交流愈益活跃，人文交流反过来对中拉关系行稳致远的基础支撑作用也日益凸显。本章旨在利用各类民调数据梳理当前中拉相互认知（特别是拉美对华认知）现状的基础上，检视中国在拉美构建国家形象面临的挑战，并就如何提升在该地区的中国形象提出建设性思考，以为深化中拉人文交流提供宏观认知背景。

第一节　中国的形象意识和两个世界的中国形象

随着中国的和平崛起及"走出去"战略的推进，中国的国家形象意识日益提升。这既是基于中国构建"负责任的世界大国"的需要，也是为了应对西方所谓的"中国威胁论"和"新殖民主义"等论调，体现了中国政府外交理念的深刻转变。

一、中国国家形象意识的源起

"国家形象是一个国家对自己的认知以及国际体系中其他行为体对它的认知的结合"。[A] 本章所指的"国家形象"主要关切后者，即国际社会中本国之外的行为体对本国的认知、态度和评价。在当今世界，国家形象建设尤其被主要大国和新兴强国视作提升自身国际影响力和国际地位的一种战略。进入21世纪以来，随着中国政治和经济实力的大幅提升，中国的国家形象意识日益强烈，也更加重视国家形象的构建。总体来看，中国国家形象意识的增强主要源于四个方面的驱动。

第一，做一个有担当的世界大国的抱负。

进入21世纪以来，中国加速向世界大国的目标迈进，其中最重要的支撑就是中国经济总量的大幅增长。从2000年到2011年，中国在世界经济总量排行榜上的位置从全球第六位稳步上升至第二位。经济实力的大幅提升带动中国国际话语权的同步提升。但同时也带来两个方面的问题：一是国际社会对中国作为一个新兴世界大国的期许骤然提升，二是中国的利益关切愈加从亚洲一隅向全球辐射。由此产生的压力和要求是，中国亟须向国际社会展示一个负责任、有担当的新兴世界大国的综合形象，其中包括同世界各国友好相处和共同发展。而这尤其需要获得国际社会的理解和信任。

第二，重塑被误读的中国形象。

随着中国经济的快速发展和国际地位的攀升，一些国家对中国的行为和意图抱有疑虑甚至恐惧，由此炮制出一系列的负面论调，误读中国形象。其中最有影响的当数"中国威胁论"。该论调强烈反映出发达资本主义国家对

A 引自美国政治学家布丁（Boulding, K.E.）的观点。转引自刘艳婧、刘新利：《文化纪录片对国家形象的建构功能及方式》，载《新闻论坛》，2015年第2期，第88页。

中国这个新秀的崛起及其眼中的"挑战者"的不满和恐慌,刻意渲染中国不守规矩的崛起威胁中小国家,特别是周边国家。在强大的舆论攻势下,中国有必要向世界说明真相,释放善意,避免中国海外形象一再被误读和抹黑。与"中国威胁论"这种"棒杀"相呼应的一种策略则是"捧杀",即"中国责任论"。西方舆论炮制的这一论调的潜在逻辑是:力量意味着责任,中国力量的发展意味着中国责任的突出。[A]但事实上,中国尽管经济提升很快,但仍处于发展中阶段的客观现实使中国无法承担与其自身能力不相称的世界责任。而这一点如果不能被公众认知,就可能把中国误读为一个没有担当的新兴世界大国,从而有碍中国树立负责任大国形象的努力。

第三,剖析"新殖民主义"的真相,特别向发展中世界释放善意。

2000年,中国不失时机地推出"走出去"战略,以更好地利用国内外两种资源、两个市场。广大发展中国家,特别是亚洲、非洲和拉美地区的众多国家是中国实施"走出去"战略的主要对象国,但中国同这些国家快速发展的经贸和投资关系却一再被西方媒体炒作是搞"新殖民主义"或者"新帝国主义"。其主要理由是中国已经是世界主要经济体,不再是发展中世界的一员;而且中国和发展中国家的贸易在过度集中地输入资源和能源性产品的同时,大量对外输出工业制成品,由此制造了一种不合理的交换。这种论调充其量只能是被歪曲的真实,但"新殖民主义"论调却在非洲和拉美等地很有市场,成为中国挥之不去的"魔咒"。基于此,中国特别需要向广大的发展中国家传递中国的声音,使其了解中国"走出去"战略的本质和目标,树立全面、客观、真实的中国国家形象,避免一再被误读和"妖魔化"。

第四,中国政府外交理念的深刻转变。

近年来,"文化软实力""公共外交""命运共同体"以及"文明交流互鉴"等成为中国政府政策文件和领导人口中的高频词。这体现出中国外交

A 金灿荣:《从"中国威胁论"到"中国责任论"——中国国际舆论环境的变化与应对》,载《绿叶》,2009年第5期,第63—70页。

哲学或理念的一种重大转变，其核心目标均着眼于中国国际形象的优化和提升。2007 年，时任中共中央总书记胡锦涛在党的十七大报告中正式提出要"提高国家文化软实力"；[A]2011 年他在"七一"讲话中进一步要求"形成与我国国际地位相对称的文化软实力"。[B]2012 年，党的十八大报告首次明确提出要"扎实推进公共外交和人文交流"。[C] 这标志着公共外交已提升到国家战略高度。自此，以习近平总书记为核心的党中央高度重视文明互鉴和文化交流，并以此作为特色大国外交的软支撑。这主要表现在高度重视中国传统文化并从中汲取智慧，加强对外文化传播，讲好中国故事，同时大力推动中外文明互鉴和文化交流，以最大程度地促进民心相通。2014 年 3 月，习近平主席在联合国教科文组织总部的演讲中强调指出，文明因交流而多彩，文明因互鉴而丰富。文明交流互鉴，是推动人类文明进步和世界和平发展的重要动力。[D]中国新一届领导集体对人文交流的高度重视甚至被美国库恩基金会主席罗伯特·劳伦斯·库恩（Robert Lawrence Kuhn）视为"习式外交哲学"的核心，是中国外交正出现重大"拐点"的标志。[E]

二、两个世界的中国形象

进入 21 世纪以来，随着中国国际地位的日益提高，知名民意调查机构愈发关注国际社会对中国形象的看法，其中尤以美国皮尤研究中心的调查最具连续性，也较有权威性。该机构从 2005 年开始每年就世界各国对中国的

A 《胡锦涛在中国共产党第十七次全国代表大会上的报告》，新华社，2010 年 10 月 24 日。

B 《胡锦涛：要形成与中国国际地位相对称的文化软实力》，中国网络电视台，2011 年 7 月 1 日，http://news.cntv.cn/china/20110701/106212.shtml?ptag=vsogou，访问日期：2019 年 2 月 10 日。

C 《坚定不移沿着中国特色社会主义道路前进 为全面建成小康社会而奋斗——在中国共产党第十八次全国代表大会上的报告》，中国政府网，2012 年 11 月 17 日，http://www.gov.cn/ldhd/2012-11/17/content_2268826.htm，访问日期：2019 年 2 月 10 日。

D 《习近平在联合国教科文组织总部的演讲》，人民网，2014 年 3 月 27 日，http://politics.people.com.cn/n/2014/0328/c1024-24758504.html，访问日期：2019 年 12 月 10 日。

E Robert Lawrence Kuhn, "Xi's grand vision for new diplomacy," *China Daily*, Jan. 12th, 2015, http://www.chinadaily.com.cn/opinion/2015-01/12/content_19291584.htm，访问日期：2019 年 11 月 9 日。

认知进行问卷调查。这里选择代表发达世界的七国集团（G7）和非洲八国作为分析对象，以此全面展现两个不同的世界对中国形象的感知。[A]

1. 发达世界的中国印象

表 4-1 完整地反映了 2005—2019 年间西方发达世界对中国正面认知的变化和趋势。总体上来看，作为西方发达世界代表的七国集团对中国的认知以负面形象为主，尤其是在 21 世纪第二个十年间，西方七国对中国正面认知的比重甚至低于第一个十年，平均不足 35%。[B]具体来看，这种变化趋势呈现三个方面的特点。

表 4-1　七国集团成员国对中国持正面态度的比重 *

（%）

年份 国别	2005	2007	2009	2011	2013	2015	2016	2017	2018	2019
加拿大	58	52	53	—	43	39	45	48	44	27
法国	58	47	41	51	42	50	33	44	41	33
德国	46	34	29	34	28	34	28	34	39	34
意大利	—	27	—	—	28	40	32	31	29	37
日本	—	29	26	34	5	9	11	13	17	14
英国	65	49	52	59	48	45	37	45	49	38
美国	43	42	50	51	37	38	37	44	38	26
平均数	54	40	41.8	45.8	33	36.4	31.9	37	36.7	29.9

注：* 这里的"正面态度"比重包含"非常喜欢"和"有点喜欢"的回答。

资料来源：PewGlobal, Global Indicators Database. http://www.pewglobal.org/database/custom-analysis。访问日期：2020 年 3 月 2 日。平均数由作者计算得出。

A　尽管国家形象同样有赖于国内公众的认知，但皮尤全球态度连续 12 年（2005—2016 年）的调查数据显示，除了 2005 年外，中国公众"非常喜欢"和"有点喜欢"中国的受访者比例始终保持在 90% 以上，这凸显出中国公众对本国发展的高度认可。

B　Pew Global Indicators Database, "Opinion of China," https://www.pewresearch.org/global/database/indicator/24, 访问日期：2020 年 3 月 9 日。

首先，七国集团成员国对中国持正面态度的比重相对较低，且在考察期内总体呈下降态势。在民意调查的大部分时期，七国集团对中国持正面态度的比重都不超过 50%；在民意调查的后期甚至更低，比如 2016 年（31.9%）和 2019 年（29.9%）的比重甚至低于 2013 年（33%）。

其次，七国集团成员国对华态度略有差异，但不影响其对华态度的总体特征。2005 年，英国对华持正面态度的受访者比重高达 65%，是七国中最高的，但随后十多年间一直呈稳定下降趋势，到 2016 年和 2019 年这一比重几乎下降一半，只有 37% 和 38%。日本是一个特殊情况，因为中日历史积怨甚深，日本对华持正面态度的比重高峰时期也不超过 35%（2011 年），低潮时期甚至只有 5%（2013 年）和 9%（2015 年），随后四年间虽略有回升，但平均也不足 14%。

再次，最近三年间（2017—2019），西方七国大部分成员国对华持正面认知的比重都有所下降，2019 年是历史最低年份，不足 30%。就国别来看，加拿大（27%）、法国（33%）和美国（26%）等国对华给予正面评价的受访者比重均降至十五年来的历史最低水平；英国在 2019 年对华持正面态度的比重仅在一定程度上略高于其他国家、略好于 2016 年（37%）。

2. 发展中世界的代表：非洲的中国印象

表 4-2 反映的是 2007—2017 年间发展中世界的代表——非洲对中国正面和负面感知的变化和趋势。需要指出的是，皮尤全球态度调查针对非洲八国的民意调查无法做到每年全覆盖，因此无法保证年度数据的连续性。这里尽可能选择非洲八国中可获数据最集中的年份，以尽可能呈现非洲国家对中国认知的总体变化趋势。我们可以发现，和代表发达世界的七国集团的表现相反，代表发展中世界的非洲八国在整个考察期的大部分时间对中国正面认知的比重都稳定地保持在相对高位，而相应地对中国负面认知的比重一直较低。具体来看，这种特点也比较显著。

首先，和中国在发达世界的形象相比，中国在非洲获得了相对积极、正面的国家形象。数据显示，在 4 个调查年份，中国在非洲的受欢迎程度始终保持在 65% 左右，这一数字比七国集团成员国平均高出近 30 个百分点。在 2007—2015 年间，非洲八国中除南非外，对华持正面态度的受访者比重都相对较高，平均保持在 67% 左右，加纳和肯尼亚两国甚至一度高达 80%，充分反映出这个时期中国在非洲的受欢迎程度。

表4-2　非洲八国对中国持正面和负面态度的比重 *

（%）

持正面态度的比重				国别	持负面态度的比重			
2007 年	2014 年	2015 年	2017 年		2007 年	2014 年	2015 年	2017 年
67	—	75		埃塞俄比亚	28	—	7	
75	61	80	49	加纳	14	23	13	24
81	74	70	54	肯尼亚	15	16	22	21
—	70	70	72	尼日利亚	—	14	14	13
—	71	70	64	塞内加尔	—	12	11	10
—	45	52	45	南非	—	40	34	32
70	77	74	63	坦桑尼亚	11	10	10	15
45	61	65		乌干达	23	18	19	
67.6	65.6	69.5	57.8	简单平均数	18.2	19	16.3	19.2

注：* 这里的"正面态度"比重包含"非常喜欢"和"有点喜欢"的回答，"负面态度"比重包含"非常不喜欢"和"有点不喜欢"的回答。

资料来源：PewGlobal, Global Indicators Database. http://www.pewglobal.org/database/custom-analysis。访问日期：2020 年 3 月 2 日。简单平均数由作者计算得出。

其次，在 2017—2019 年间，特别是 2017 年非洲对华持正面态度的受访者比重略有下滑，但平均值仍接近 60%，比七国集团仍高出二十多个百分点。事实上 2015 年以后，根据非洲八国的可获数据，对华持正面态度的受访者比重均出现大幅下滑，其中肯尼亚和塞内加尔对华持正面态度的受访者比重从 70% 分别下降至 54% 和 64%。个别国家的降幅更加显著，比如加纳对华持正面态度的受访者比重从 2015 年的峰值 80% 降至 2017 年的谷值 49%。

最后，非洲八国对中国持负面态度的比重相对较低，在 4 个调查年份，平均值都不超过 20%，2015 年只有 16.3%。就国别而言，只有南非对华负面态度与其他非洲七国迥异：其对华负面态度的比重在非洲八国是最高的，平均超过 35%，其中 2014 年甚至高达 40%。因此，如果排除南非因素的话——以 2015 年为例，非洲七国对华持负面态度的受访者比重只有 13.7%。

上述对两个世界的中国形象的分析充分表明，西方发达国家总体上对崛起的中国认可度不高，他们通常将崛起的中国视作"威胁"和"挑战者"，而不是新兴的合作伙伴。反观以非洲八国为代表的发展中国家对华认可度总体相对较高且比较稳定，不过也应看到中国在非洲的形象提升仍有不少空间。西方发达国家对中国的认可度不高，很大程度上源于西方文化的强势和历史优越感，存在着难以改变的思维定式和认知刚性。基于此，我们认为，中国应当努力在发展中世界构建自己的形象，因为广大的发展中地区是中国"走出去"的关键区域和发挥影响力的根本支撑，也是西方发达国家指责中国的重点所在。正如波士顿大学教授凯文·加拉格尔（Kevin Gallagher）所说，在非洲和拉美等发展中地区保持正面形象对于中国的利益至关重要。[A]

第二节　中国和拉美的相互印象

既和中国在发达世界普遍遭遇的印象不佳迥异，又与中国在非洲比较积极、正面的形象不同，中国在拉美地区呈现的国家形象更加复杂，其影响因素也更繁杂。一方面，这是源于中国距离拉美遥远，中拉关系发展相对滞后，相识相知比较有限；另一方面，也是更重要的原因是拉美地区相较于非洲有着更加复杂的文化和历史特征。这就导致中国在拉美的国家形象构建要比在非洲面临更大的挑战。

A　凯文·加拉格尔：《拉美视角看中国援助、投资——形象很重要》，http://business.sohu.com/20160707/n458164706.shtml，访问日期：2019 年 8 月 2 日。

一、中国对拉美的基本认知

国家形象构建是一个在认知互动过程中形成的综合印象和评价，拉美对中国的印象既源于拉美的"他塑"，又源于中国的"自塑"。就此而言，中国对拉美的认知表现其实反过来影响着拉美对中国的认知表现。在过去很长一段时间里，中国对拉美的认识一直没有摆脱李慎之先生的著名论断："我们现在对拉美也还是抽象的概念多于具体的知识，模糊的印象多于确切的体验"。[A]

这种"抽象"和"模糊"大多是因为我们对拉美研究较少，了解不多。在明清时期，中国有关拉美的记述开始逐渐增多，主要包括世界史地著作、驻外使节和海外游历使的记述以及外国报刊书籍的译作等。[B]中国对拉美知识的原始生产，反映出中国人对拉美的认识在不断深化。尽管如此，中国对拉美的这种早期认知在某种程度上仍然影响着现当代中国对拉美的定位。比如从清朝时期的外交文献中，我们可以不时发现用以描绘或指称拉美地区或国家的词语："西人""西律""西例""西俗"等。这说明在清朝，特别是晚清时期的精英阶层——主要是官僚和知识分子是将拉美视作"西方文明"的一部分的。中华人民共和国成立后的二三十年间，尽管拉美被赋予了"第三世界"的新定位，但在这种定位之外，中国的主流媒体在报道拉美时，经常有意无意间仍将拉美视作"西方"。[C]这事实上印证了李慎之所说的中国对拉美的"抽象的概念"认识。

长期以来，一直缺乏能够科学地观测中国对拉美认识的调研数据，更多情况下我们对拉美的认知体现于我们对拉美的"描述"。令人欣慰的是，2007—2008年间，中国社会科学院拉丁美洲研究所发起了一项基础版本的"中国对拉认知调查——中国人心目中的拉美"。调查结果从一个侧面大体印证了李

A　莱斯利·贝瑟尔主编《剑桥拉丁美洲史》，第1卷，经济管理出版社，1995，序言第1页。

B　张贯之、袁艳：《试论中国人对拉丁美洲的早期认知——基于明清中国史籍的分析》，载《西南科技大学学报（哲学社会科学版）》，2012年第5期，第5—9页。

C　王士皓：《浅谈中国人对拉丁美洲的定位：第三世界或西方——以〈人民日报〉相关报道为线索》，载《拉丁美洲研究》，2009年第1期，第68页。

慎之先生关于中国对拉美认识的判断，即"模糊的印象"，抑或"感性理解"。

这次调查反映出中国对拉认知呈现三个方面的特点。第一，中国民众对拉美基本情况的认知度整体上偏低。比如，只有52%的受访者能够正确回答"大部分拉美国家的官方语言是西班牙语"这样的基础性问题，只有37%的受访者知道巴西的官方语言是葡萄牙语。第二，中国人对拉美的认识更多地集中于肤浅的认识，缺乏深层的理解。比如在"提起拉美，你首先想到的是什么"一问的12个选项中排名前5位的分别是桑巴探戈狂欢节（70%）、足球（68%）、拉丁音乐（52%）、皮诺切特（49%）和亚马孙热带雨林（45%）。[A]2013年，林至敏教授领衔推出了一个升级版本的小型调查印证了类似结果，其受访对象不是社会大众，而只针对受过高等教育、拥有大学本科或研究生学历的高知群体。[B]结果发现，中国对拉美认知的基本面，纵使在中拉关系疾速发展的背景下仍然没有多大改观：只有三分之二的受访者能够按照要求说出一位拉美名人，但其中说出足球运动员的比例远远高于著名政治家和获得诺贝尔文学奖的著名作家。第三，对中拉关系发展前景普遍看好，这在2007年和2013年的调查中均有类似反映。比如在前一期调查中，有83%的受访者对中拉关系持乐观和谨慎乐观态度。这说明中国民众对拉美态度良好，对中拉关系现状和发展态势比较满意，其中最为受访者所看重的是经济贸易（75%）、能源合作（41%）以及体育和文化交流（40%），由此也表明经济合作是中拉关系发展的主流。而在针对受过高等教育的受访群体中，对拉美抱持"有好感"和"非常有好感"的受访者比例达到55%左右。[C]

上述调查结果表明，中国公众充分认识到拉美的重要性并对同拉美接触持积极的正面态度。这在很大程度上可能是由于在中拉互动中，中国是施动

A 刘维广：《中国人心目中的拉美——中国社会科学院国际问题舆情调研结果分析》，载《拉丁美洲研究》，2008年第5期，第31—40页。

B Gregg B. Johnson and Lin Zhimin, "Sino-Latin American Relations: A Comparison of Expert and Educated Youth Views of Latin America," *Journal of China and International Relations*, Vol. 3, No.1 (May 2015): 37.

C 同上书，第39页。

者，拉美是受动者，是中国"登陆"拉美之故，而非相反。与此同时，它也暗示着这种积极面背后潜藏的风险：中国对拉美的肤浅认识或将随着双方更加频繁和深入的接触而发生碰撞或冲突，从而导致或扩大拉美对中国的负面认知。[A] 事实上，这种风险几乎是可以预见和想象的，一如彼此不了解对方道路规则的两个司机，接触越频繁，爆发冲突的可能性就越大。

二、拉美对中国的认知

和中国对拉美的认知相比，拉美对中国的认知更加复杂，因为拉美是一个异质化程度非常高的地区。中国对拉美的认知，由于缺乏充分的调查数据作为支撑，因此难以细化分析。相比之下，拉美对中国的认知则有着比较翔实且多源的调查数据，可以更加全面、客观地反映拉美对中国的认知的真实情况。这里主要选取两组不同来源的调查数据，一组来自美国皮尤全球态度调查的数据，另一组则来自拉美著名民意调查机构"拉美晴雨表"公司。之所以选择这两家调查机构的数据，主要是基于两个方面的考虑：其一，这两家机构针对中国形象的民意调查数据均有长期性，能够反映出一个历史时期内的总体趋势，便于把握拉美对中国认知的变化；其二，两家机构分属于美国和拉美，便于从不同视角观测拉美对中国形象的感知，以增强数据分析的客观性和全面性，最大程度地全面反映拉美对中国的真实感知。

1. 美国皮尤全球态度调查

美国皮尤研究中心是全球最权威、最全面的民意调查机构之一，更为难得的是该中心从 2007 年开始持续围绕拉美对中国的认知展开长期而系统的问卷调查，目前数据已经更新至 2019 年。

（1）拉美国家对华总体印象

梳理皮尤全球态度调查近年的数据发现（见表 4-3），拉美对中国的认知态度具有两个方面的显著特点：其一，拉美对华持正面认知的比重总体上远

A　*Latin America*, "China Image may Face Rising Challenges," *OxResearch Daily Brief Service*, August 9, 2013, http://relooney.com/NS4540/Oxford-LA_41.pdf, 访问日期：2019 年 7 月 20 日。

高于七国集团，但远低于非洲对华持正面认知的比重；其二，拉美的对华认知远比非洲的对华认知复杂，表现在持正面态度的比重很少有超过 60% 且呈现较大的波动性。从表 4-3 可以清楚地看到，从 2007 年开始，拉美对华持正面态度的比重呈中间高、两头低的趋势。具体表现如下：

表 4-3　拉美人对中国持正面和负面态度的比重 *

（%）

持正面态度的比重				国别	持负面态度的比重			
2007 年	2014 年	2015 年	2017 年		2007 年	2014 年	2015 年	2017 年
32	40	53	41	阿根廷	31	30	26	26
—	44	55	52	巴西	—	44	36	25
62	60	66	51	智利	22	27	25	28
43	43	47	43	墨西哥	41	38	34	23
56	56	60	61	秘鲁	22	27	22	25
—	76	58	52	委内瑞拉	—	26	33	29
48.3	53.2	56.5	50	简单平均数	29	32	29.3	26

注：*2007—2019 年间，皮尤全球态度调查针对"对华认知"话题的全球调查并没有每年都覆盖受调查的拉美六国，这里尽可能选择可获数据最集中的年份（2007年、2014 年、2015 年和 2017 年），以最大程度地反映拉美国家对中国认知的总体变化趋势。这里的"正面态度"比重包含"非常喜欢"和"有点喜欢"的回答，"负面态度"比重包含"非常不喜欢"和"有点不喜欢"的回答。

资料来源：PewGlobal, Global Indicators Database. http://www.pewglobal.org/database/custom-analysis。访问日期：2020 年 3 月 2 日。简单平均数由作者计算得出。

第一，总体来看，拉美对华持正面态度的比重在十年间（2007—2017）有了一定程度的提升，到 2015 年已有超过 56% 的拉美人对中国抱持好感，这比调查开始时的 2007 年上升了 8 个百分点；但到 2017 年春季调查时，拉美人对华持正面态度的比重大幅下滑至 50%。

第二，就国别而言，智利、秘鲁等国对华持正面态度的比重不仅较高而且稳定。2007 年有 62% 的智利人和 56% 的秘鲁人对华持正面态度，到 2015年分别提高到 66% 和 60%,这两个结果均高出当年拉美六国的平均数。委内瑞拉是一个特殊的案例。在整个考察期内，委内瑞拉对华正面态度的比重虽始终保持在相对高位，也都超出平均数，但却呈现稳定下降态势。2014 年，委内瑞拉对华持正面态度的比重高达 76%，不仅远远超过同期受调查的其他拉美五国，而且在所有时期都是最高的。但此后，相继从这一峰值逐步下降到 2015 年的 58% 和 2017 年的 52%，其背后的原因值得深思。

第三，拉美六国对华持负面态度的比重相对较高。在同一考察期内，非洲八国对华持负面态度的比重均不超过 20%；相比之下，拉美六国的平均值在 30% 上下波动。就国别而言，比较突出是拉美的两个大国——巴西和墨西哥。比如，2014 年有 44% 的巴西人对中国抱持负面态度，此后虽稳定下降，但仍接近于平均数。和巴西不同的是，墨西哥对华持负面态度的比重虽从 2007 年的峰值 41% 下降至 2014 年的 38% 和 2017 年的 23%，但同期对华持正面态度的比重并没有相应提升，始终徘徊在 44% 左右，在所有时期均低于平均数。

（2）在具体议题上拉美国家的对华态度

2013 年皮尤研究中心发布了《中美全球形象调查报告》，该报告的第三章聚焦全球各国各地区在不同议题上的对华态度。这里选取分析拉美国家在一些关键议题上的对华态度，以更加具体地了解拉美公众对中国的看法。

第一，在如何看待同中国的关系问题上，拉美更多地将中国视作合作伙伴而非敌人。调查发现，在拉美国家，中国的国家形象主要呈现为合作伙伴而非敌人（见表 4-4）。总体来看，在接受调查的拉美七国中，平均有 54.1% 的受访者将中国视作合作伙伴，而将中国视作敌人的比重平均只有 10%。不过这两项数字仍稍逊于非洲。在非洲，这两项数字分别是 67.7% 和 7%。此外需要注意的是，还有接近 30% 的拉美受访者持中立态度，认为中国既非伙伴也非敌人，而在非洲这一数字只有 12.5%。这说明，无论是和非洲相比，还是单纯就拉美自身而言，中国在拉美的形象提高都大有空间。从国别来看，也表现出相对较大的差异性。中国在委内瑞拉的国家形象绝对是伙伴关系，认同这一定位的受访者比例高达 74%，而视作敌人或两者都不是的比重均不超过 10%。这无疑和 2013 年前中国和委内瑞拉的经贸投资高速发展密切相关。而在智利、萨尔瓦多、阿根廷和巴西等国，尽管有超过一半的受访者认同中国的伙伴形象，但仍有 30% 左右的受访者保持中立。在墨西哥则呈现出完全不同的特征，即尽管有相对多数的受访者认同中国的"伙伴"形象，但仍分别有接近 30% 的受访者将中国视作"敌人"或者"既非伙伴又非敌人"。这反映出中国和墨西哥在地缘政治和地缘经济上复杂的双边关系。

表 4-4　拉美国家视中国为伙伴抑或敌人的比重

（%）

国别	伙伴	敌人	都不是
委内瑞拉	74	9	9
智利	62	6	26
萨尔瓦多	58	6	33
阿根廷	52	6	30
巴西	50	10	36
玻利维亚	42	9	35
墨西哥	41	24	27
简单平均数	54.1	10	27.7

资料来源：Pew Research Center, "America's Global Image Remains More Positive than China's", July 18, 2013, p.26, http:// www.pewresearch.org。访问日期：2020 年 2 月 25 日。

第二，中国的软实力更多地体现在科学技术而非文化和音乐艺术等方面。调查数据显示，在科技文化传播等软实力问题上，拉美人大都钦佩中国科学技术的进步，这一比重高达 72%，而在萨尔瓦多、委内瑞拉和智利等国更高，分别达到 80%、80% 和 75%。相比之下，拉美人对中国的思想和习俗传播，特别是音乐、电视和电影等方面的兴趣并不太高（见表 4-5）。一方面，对中国的思想风俗和音乐影视给予正面评价的拉美受访者分别只有 31.7% 和 25.3%。就具体国别而言，玻利维亚和委内瑞拉对以音乐和影视为代表的中国文化更加喜欢，但这一比例也不到 40%；相反不喜欢中国的音乐、电视和电影的受访者比重平均接近 60%，其中巴西和阿根廷较高，分别达到 75% 和 68%。另一方面，拉美多数国家并不太接受中国的思想和风俗在本国的传播。只有不足 32% 的拉美受访者对中国的思想和风俗在本国的传播给予积极肯定，但有接近 54% 的受访者认为中国思想和风俗的传播不利于本地。在接受调查的所有拉美国家中，无论大国还是小国，都有 50% 以上的受访者认为中国的思想和风俗在本地的传播是有害的。这事实上充分暴露出单纯通过文化传播塑造国家软实力面临的巨大障碍和挑战。

表 4-5　中国的思想文化在拉美的接受度

（%）

中国音乐、电视和电影的接受度			国别	中国思想风俗在本地传播		
喜欢	不喜欢	不知道		有利	有弊	不知道
11	68	21	阿根廷	28	55	17
37	44	19	玻利维亚	30	51	19
19	75	6	巴西	36	58	6
25	50	25	智利	27	57	16
28	61	11	萨尔瓦多	37	50	13
19	56	25	墨西哥	27	55	18
38	58	4	委内瑞拉	37	51	12
25.3	58.9	15.9	简单平均数	31.7	53.9	14.4

资料来源：Pew Research Center, "America's Global Image Remains More Positive than China's," July 18, 2013, p.28, http://www.pewresearch.org。访问日期：2020 年 2 月 25 日。

第三，在"中国在多大程度上关切贵国利益"这一问题上，拉美国家普遍对中国评价不高。数据显示（见图 4-1），平均来看，拉美国家只有不足 40% 的受访者认为中国在制定外交决策时考虑到了本国利益，这一数字虽略好于亚太（37.4%）和中东（25%）地区，却远远低于非洲（63.5%）。在另一个层面，拉美国家有高达 53% 的受访者认为中国在发展同本国的关系时，根本不关切或不太关切他们国家的利益。这一比重远远高于非洲（21.7%），而仅略低于亚太（53.1%）和中东（66%）地区。就国别而言，阿根廷、智利、玻利维亚和巴西等国的负面评价比重均超过平均数，阿根廷和智利甚至高达 71% 和 65%；认为中国"极其"或"相当"关切本国利益的受访者比重以委内瑞拉为最高，高达 67%。上述调

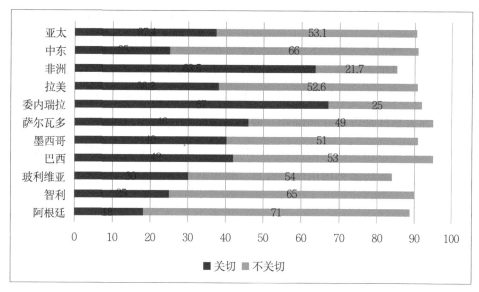

图 4-1　中国的外交决策对他国利益的关切度（%）

问题是："中国在多大程度上关切贵国利益"，其中回答"不关切"的比重包括"不太关切和根本不关切"，回答"关切"的比重包括"极其关切"和"相当关切"。

资料来源：Pew Research Center, "America's Global Image Remains More Positive than China's", July 18, 2013, p.31, http://www.pewresearch.org。访问日期：2020 年 2 月 25 日。

查数据意味着改善拉美地区的中国形象虽困难重重，但和非洲相比仍大有空间。

2. 拉美晴雨表

为最大程度地反映拉美对中国的真实看法，我们同时选取拉美本土的民意调查机构——"拉美晴雨表"公司的数据，以从拉美视角观测拉美对中国的认知。根据我们传统的思维习惯，拉美本土的民意调查数据相对于美国的调查数据而言更少有偏见。这里拟从三个方面来审视拉美对中国的认知状况。

（1）拉美对华总体认知和变化趋势（2001—2018 年）

和美国皮尤全球态度的调查相比，"拉美晴雨表"长达 18 年的追踪调查表明（见图 4-2），拉美对华认知相对更加正面，且呈波浪式发展。整个调查期内，对华持正面评价的受访者比重平均达到 57%。其间，只有 2003 年和 2015 年拉美对华持正面评价的比重低于 50%；与之形成对比的是，2006—2011 年间这一数字始终保持在相对高位且比较稳定，平均保持在 60% 上下。但在随后的近十年间，拉美对华正面评价的受访者比重出现较大波动，一度从2011年最高峰时期的65%降至2015年的49%。随后数年间又出现稳步回升，到2018年时已恢复到56%。

和拉美对华正面评价略有不同的是，拉美对华负面评价表现比较稳定，波动较小，大部分时期保持在23%—30%之间。这充分说明，拉美对华负面评价存在着某种难以改变的刚性，或者拉美对华认知的刻板印象。不过也从另一个方面说明，要改变更多拉美人的对华印象，还需要下大功夫，做许多细致的工作。最后需要指出的一点是，每次调查稳定地有17%—19%的受访者对中国缺乏任何认知。这个巨大的认知空白亟须认真对待，未来努力扩大拉美对中国的认知面。

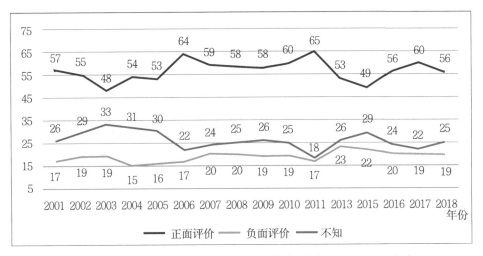

图4-2 拉美对华总体认知和变化趋势（%）（2001—2018年）

注：正面评价包括"好"和"非常好"两种回答，负面评价包括"不好"和"非常不好"，"不知"则包括没有作答和不知道两种情况。

资料来源：根据"拉美晴雨表"2001—2018年数据绘制。

（2）拉美对中美日三国的认知比较

和美国相比，中国在拉美的正面评价要低许多。整个调查期内，拉美对美国持正面评价的受访者比重平均值比中国高出近10个百分点，这反映出美国对拉美长期而深刻的影响。数据显示（见图4-3），除2008年外，在整个调查期内，拉美对美国持正面评价的受访者比重均超过60%，在其中6个年份

（2001 年、2002 年、2009 年、2010 年、2011 年和 2016 年）甚至高达 70% 以上。

甚至和进入拉美的后来者日本相比，中国在该地区的正面形象也稍逊于日本，且在有可比数据的所有时期均是如此（日本只有少数年份有数据）。数据显示，在有数据的所有年份中，拉美对日本持正面评价的受访者比重始终保持在 60% 以上，只有 2002 年例外（57%）。同时，在整个时期，日本在拉美的正面形象保持相对稳定，不像美国和中国那样出现较大的波动性。针对日本的调查，在某种程度上排除了后来者即是落伍者的偏见，事实上如果措施和方法得当，后来者同样可以获得更加积极和正面的形象。

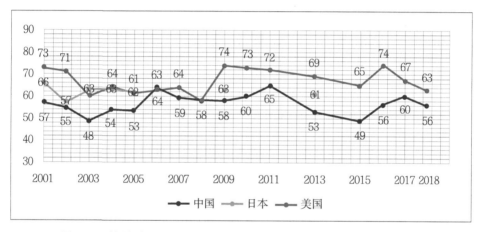

图 4-3　拉美对中美日三国的正面评价比较（%）（2001—2018 年）

注：正面评价包括"好"和"非常好"两种回答，负面评价包括"不好"和"非常不好"。

资料来源：根据"拉美晴雨表"2001—2018 年数据绘制。

（3）拉美 18 国的对华认知

针对国别的分析更能反映出拉美对中国认知的复杂性和波动性。这里我们选取 2008 年、2013 年和 2018 年三个调查年份里拉美 18 国的数据进行分析（见图 4-4）。结果发现如下。

第一，2008 年，即中国政府发布具有战略性的文件"中国对拉丁美洲和加勒比政策文件"当年，绝大多数拉美国家对华持正面评价的比重都相对较高，比如智利、多米尼加、委内瑞拉、秘鲁、哥斯达黎加等国在 58%—72%

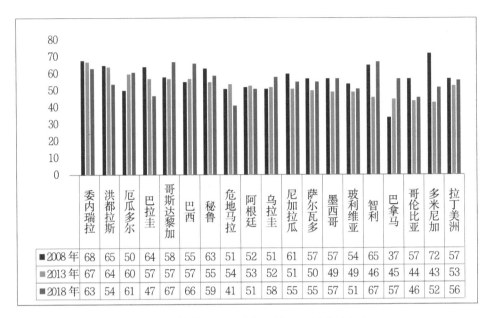

图 4-4 拉美 18 国对中国的正面评价（%）

注：正面评价包括"好"和"非常好"两种回答，负面评价包括"不好"和"非常不好"。

资料来源：根据"拉美晴雨表"2008 年、2013 年和 2018 年数据绘制。

之间；在巴西、阿根廷和墨西哥等主要拉美大国也保持在 50% 以上。

第二，相较于 2008 年，2013 年绝大多数拉美国家对中国持正面评价的受访者比重都下降了，只有少数几个国家例外。厄瓜多尔和巴拿马是这个时期对华正面评价上升最快的两个国家，分别提高了 10 和 8 个百分点，而智利、多米尼加是这个时期对华正面评价降幅最大的国家，分别下降了 19 和 29 个百分点，是拉美平均降幅的 5 倍和 7 倍，其背后的原因值得深思。

第三，经过第二个五年期之后，拉美对华正面评价的受访者比重恢复到接近十年前的水平，保持在 56%。就国别而言，智利是恢复最快的国家，2018 年智利对华持正面评价的受访者比重比 2013 年高出 21 个百分点。哥斯达黎加、多米尼加和巴西等国实现了相对较快的恢复，上升了 9—10 个百分点。巴拿马是唯一对华正面评价连续快速提升的国家，分别从 2008 年的 37% 升至 2013 年的 45%，到 2018 年再度上升至 57%，每次提升 8—12 个百分点。这一定程度上反映出渴望建交和建交后的巨大推动作用。不过也有少数国家对华正面评价的比重下降了，降幅比较明显的是三个未建交国——洪都拉斯、巴拉圭和危地马拉，降幅在 10—13 个百分点。

（4）"拉美晴雨表"针对特定领域"中国的民主印象"的调查结果跟我们预期的大相径庭。2013 年，只有 11% 的拉美受访者认为中国不是民主国家（见图4-5），这与西方舆论渲染的"中国是独裁国家"的论调截然相反。认为中国不民主的受访者比重较高的是哥斯达黎加和智利，但也分别只有 23% 和 20%；其次是巴拿马、哥伦比亚、阿根廷、委内瑞拉、巴西和秘鲁，仅在 12%—16% 之间。其余拉美国家大多数在平均水平以下。另一组数据显示（见图4-6），在对

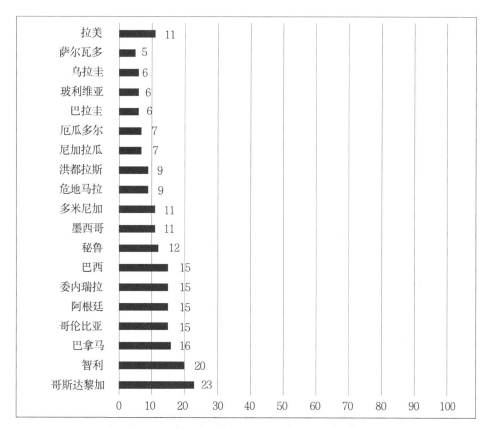

图 4-5　拉美认为"中国非民主国家"的比重（%）

资料来源：Latinobarómetro, "Imagen de los Países y las Democracias," Santiago de Chile, 2014, http://www.latinobarometro.org。

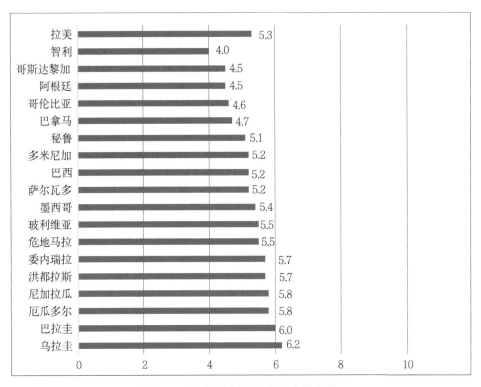

图 4-6　拉美对中国民主程度的评价

资料来源：Latinobarómetro, "Imagen de los Países y las Democracias," Santiago de Chile, 2014, http://www.latinobarometro.org。

民主程度 1—10 的衡量标准中（分值越高越民主），拉美受访者针对中国的民主水平给出的平均分数是 5.3，就国别而言，给分较高的是乌拉圭和巴拉圭，分别是 6.2 和 6.0，其他多数国家给分多在 5.0 以上。这充分说明在大多数拉美国家，中国的民主形象并非如西方宣传诋毁的那样是"独裁国家"，而是取得了相当大的进步，不过从数值上也说明拉美国家对中国的民主进步仍期许甚高。

第三节　拉美对华认知偏差的根源

通过上述不同数据来源和不同侧面对拉美对华认知的分析，可以发现，除个别国家在个别时期对华态度比较负面之外，多数拉美国家在多数时期对华态度都相对正面。这一结果说明拉美对中国的态度并非如我们想象的那般负面，亦非如我们想象的那般美好，的确存在相当大的提升空间。鉴于认知往往会导致情绪反应，而情绪反应又会反过来影响行动，因此提升拉美对华认知是非常必要的。毕竟"拉美的对华认知是中拉关系中一个非常重要的维度，会强烈影响中拉关系的未来发展"。[A] 作为提升这种认知的基础，十分有必要分析和洞察拉美对华认知偏差的根源。

一、中国对拉美的认知缺乏反过来影响了拉美对华认知

中国知识界将拉美"问题化"和问题"拉美化"强化了拉美对中国的负面情绪。认知是在互动中形成的，正面形象的树立很大程度上根植于"相看两不厌"。从这个层面上讲，中国对拉美缺乏认知，或者由此造成的认知错误反过来会影响拉美对华认知，产生对华负面印象。很长时间以来，中国对拉美的研究奉行实用主义的态度，即其动机很大程度上不是基于客观全面的认识和理解，而是"引以为戒"或"前车之鉴"。在这种潜意识之下，某些中国学术界和媒体界人士给拉美贴上了一些符号化的标签，比如"城市病""拉美化""暴力""不平等"，凡此种种。学术界个别人的偏见或者选择性失明、评论员的一知半解，以及聚焦眼球经济的新闻媒体的共同作用，导致中国以一种"集体感知"的方式[B]将拉美"问题化"和问题"拉美化"，进而形成中国对拉美的刻板印象。"这种土壤导致有人援引拉美案例时完全基于实用主义的态度，甚至在缺乏基本了解的情况下，妄拿拉美说事儿，好像拉美就是一个烂筐，什么东西都可以往里装。"[C] 这种负面认知的高潮就是中国公众在媒体

A　Gustavo E. Santillán, "Determining Factors of Chinese Perception in Latin America," (paper delivered for the Third China-Lac Academic Forum, Santiago de Chile, November 24-25, 2014).

B　Ariel C. Armonya and Julia C. Straussa, "From Going Out (zou chuqu) to Arriving In (desembarco): Constructing a New Field of Inquiry in China–Latin America Interactions," *The China Quarterly*, Vol. 209 (2012)：1-17.

C　郭存海：《不要总拿拉美"神话"说事儿》，载《东方早报·上海经济评论》，2014 年 10 月 28 日。

和学术界的相互增强效应下制造了一种中国人的拉美观："拉美作为一个整体无法找到一个可持续的、连贯的发展道路"，[A] 通俗言之即"中等收入陷阱"。2016 年中国舆论对拉美的负面关注达到新的高潮，特别是针对巴西和委内瑞拉两国，关于里约奥运会和委内瑞拉的各种"段子"在网络上广泛传播。

中国对拉美相对刻板化的认知是危险的，且不说这种不全面、不客观的看法很容易外溢并传播到拉美地区，反过来形塑拉美对华认知。更重要的是，它无益于中国和拉美关系的长远发展。事实上，早在许多年前，美国比较政治学家霍华德·威亚尔达（Howard J. Wiarda）教授就用心良苦地劝诫过美国决策者，他在《拉丁美洲的精神：文化和政治传统》一书开篇就毫不客气地指出："美国愿意为拉美做任何事情，就是不愿意理解它。"[B] 而美国对拉美的刻板印象和对待拉美的种族中心主义是其无法理解拉美的根本原因。中国要避免重蹈美国在拉美的覆辙，就应当抛却对拉美的刻板印象，增强对其深层次的、全面的认识和理解。这将从根本上有利于中拉相互认知的形成和正面认知的塑造。

二、拉美人历史上对外来者潜藏的怀疑和忧虑影响其对华认知

拉美是一个特殊的地区，这源于其复杂而令人纠结的历史。拉美的历史其实是一系列"登陆"的历史，是新的外来者（外国人及外国势力）与本地原住民（土著居民和大量先期抵达、定居并本土化的居民）在此互相接触及融合的历史。[C] 不同群体的历史交会激起了不堪回首的事件，先是欧洲旧殖民主义的种族灭绝、精神皈依和种族通婚，后是欧美新殖民主义的资源掠夺和控制。拉美人在这种历史进程中形成了新的身份认同，对一切外来者都抱持

A　Simon Shen, "Online Chinese Perceptions of Latin America: How They Differ from the Official View," *The China Quarterly*, Vol. 209 (2012)：157-177.

B　Howard J. Wiarda, *The Soul of Latin America: The Cultural and Political Tradition* (Yale University Press, February 2003), p.432.

C　Ariel C. Armonya and Julia C. Straussa, "From Going Out (zou chuqu) to Arriving In (desembarco): Constructing a New Field of Inquiry in China–Latin America Interactions," *The China Quarterly*, Vol. 209 (2012)：1-17.

怀疑和忧虑的防御性态度，这也是他们身上深藏的惯性反应。

基于这一历史背景，中国同拉美自 21 世纪以来不断加强的政治经济关系很容易让拉美人产生一种深深的忧虑：中拉关系是否会复制拉美传统上先是同欧洲后是同美国的那种关系，即初级产品交换工业制成品。拉美人担心在这种非对称、不平等的交换关系之下，拉美会形成对中国的依附，从而导致拉美经济长期陷入结构性的恶化。至少在表面上，中国和拉美过去近二十年的经贸关系为拉美人的忧虑提供了某种注脚和例证。而一个时期内，中国劳工的输入更是增加了拉美人的疑虑——就业岗位的被挤占和对当地社区生活环境的影响。比如墨西哥和阿根廷等少数拉美国家的普通人将中国社区或者超市视作"中国商品入侵的步兵"。[A] 而中国企业也被指责经商做法"模糊和不守规则"，普遍讨厌"公正和透明"，违反可以接受的劳动和工资标准等。[B]皮尤研究中心的数据显示，接近 40% 的拉美人不喜欢中国在当地的商业做法，在巴西、墨西哥、阿根廷和玻利维亚等国尤其如此，而在非洲有 59% 的受访者赞成中国在当地的商业做法。[C] 可以想象，影响中国在拉美国家形象构建的一个重要因素，或将是中国在多大程度上能够向拉美人证明其存在不会对当地的环境、劳工、社会和经济生活产生负面影响。但事实上，中国企业对拉美环境和劳工政策的"水土不服"，以及企业社会责任意识同社区需求不契合，无疑加重了拉美人的这种疑虑。[D]

三、文化差异是中拉认知偏差产生的核心根源

中国和拉美拥有截然不同的文化、价值和观念，这是中拉认知偏差产生

A   Ariel C. Armonya and Julia C. Straussa, "From Going Out (zou chuqu) to Arriving In (desembarco): Constructing a New Field of Inquiry in China–Latin America Interactions," *The China Quarterly*, Vol. 209 (2012): 1–17.

B   同上。

C   Pew Research Center, "Attitudes toward China," *America's Global Image Remains More Positive than China's*, July 18, 2013.

D   联合国开发计划署驻华代表处、商务部国际贸易经济合作研究院、国务院国有资产监督管理委员会研究中心：《中国企业海外可持续发展报告 2015》。

的核心根源。拉美文化本质上是在其殖民历史过程中形成的一种独特的、西方文化占据主导地位的混合文化，或者说，拉美是一个主要受西方思想和价值观主导的地区。由此带来的偏见以及对中国认知的缺乏或认识肤浅，都进一步加深了拉美对中国的负面评价。研究发现，大多数对中国文化的负面评价都指向文化差异，中国文化被认为来自遥远的异域，这种距离一定程度上导致了对中国文化认知的负面态度。[A] 这些对中国文化的态度可以从民意调查得到印证。如前面的表 4-5 所示，中国思想和风俗及其文化产品的传播在拉美没有多大吸引力，只有四分之一的受访者对中国文化持正面认知，有近60% 的受访者不喜欢中国的音乐、电影和电视，而在巴西和阿根廷，这一比重甚至高达 75% 和 68%。与此同时，在思想和风俗传播方面，也持大致态度，只有接近三分之一的受访者认可中国思想和习俗在拉美的传播，但接近54% 的受访者对此持负面评价。

拉美对中国的认知，特别是对中国文化的认知度不高，通常被认为是由于中国文化在拉美的传播力度不足所致。这虽然是事实，但比这更重要的是传播什么样的文化和以什么样的方式去传播。这要求我们一方面加强对拉美孔子学院的关注和投入，另一方面要改进孔子学院的工作方法，比如改变重语言、轻文化的传播传统并提升文化传播的内容。一个时期以来，中国的对外文化传播往往过多地依赖传统，似乎《诗经》《红楼梦》和武术、中医、戏曲就是中国文化的全部。而事实上，这只是历史上的中国而不是当下的中国，当下的中国有着新的城市文明、科技和创新。美国有中国问题专家曾尖锐地指出："世界知道中国有多古老，无需再去强调。真正需要的是以简单的方式去了解今天的中国正在发生什么。"[B] 事实上，尽管拉美人不太喜欢中国的电视剧，但《媳妇的美好时代》却是一个例外，因为它符合拉美人的

A　Ariel C. Armonya and Julia C. Straussa, "From Going Out (zou chuqu) to Arriving In (desembarco): Constructing a New Field of Inquiry in China–Latin America Interactions," *The China Quarterly*, Vol. 209 (2012): 1–17.

B　乔舒亚·库珀·雷默等：《中国形象：外国学者眼里的中国》，沈晓雷译，社会科学文献出版社，2008，第 41 页。

需求，反映了中国人的日常生活，让拉美人更容易了解一个真实的中国。此外，极富现代精神的科学技术是中国在拉美最受欢迎的软实力：大多数拉美人（72%）都非常崇拜中国在科技领域的巨大进步，在委内瑞拉、萨尔瓦多和智利等国，这一比重甚至高达75%—80%。[A] 应该可以想到，这一现象背后主要是华为、联想、中兴等科技含量较高的中国知名品牌在拉美的日常影响。

四、西方媒体主导拉美舆论和中国对外传播能力滞后

尽管拉美对华认知存在着知识缺乏和刻板印象等先天因素，但后天仍有提升的潜能和渠道，这就是对外传播。遗憾的是，有两方面因素大大限制了中国对拉美传播的有效性。第一个因素是西方媒体对拉美舆论的主导。很长时间以来，西方媒体的压力和围堵给中国形象制造了不少负面影响。基于西方媒体对中国崛起的"忌惮"和"对挑战者的不满"，这种对华持负面态度的趋势将长期存在且难有大的改观，而拉美媒体长期受到西方媒体的深刻影响甚至支配。一方面，拉美媒体总体上对西方媒体存在着信源依附。拉美驻华记者长期处于紧缺状态，在拉美33个国家中，驻华记者从2010年高峰时期的5国8名降至2015年的2国2名。[B] 另一方面，拉美媒体对华报道较少，甚至存在某种偏见。这种现象之所以发生是因为拉美媒体缺乏专门从事中国话题报道的记者或编辑，或者拉美媒体大多由受过欧美教育的精英把持，受西方叙事影响较深。此外，即使在某些问题上拉美媒体持客观报道立场，但中国话语表现方式最后也抵消了它应有的传播效果，从而并不利于中国国家形象的塑造。比如对拉美15国主流媒体有关钓鱼岛问题报道的分析发现：尽管拉美媒体在报道时大多能够再现中日"争端"，

A   Pew Research Center, "Attitudes toward China, " *America's Global Image Remains More Positive than China's*, July 18, 2013.

B   Patricia Castro Obando, "Análisis de las noticias sobre China en los diarios de América Latina," 在四川大学拉美研究所和中拉青年学术共同体举办的"人文交流：中拉关系的新支柱"学术研讨会上的发言，2015年10月31日。拉美报刊上刊载中国相关新闻，主要来源依次是西班牙埃菲社、美国美联社、法国法新社、英国路透社、BBC英国和德国德新社。这些新闻社都不属于拉美，但都有驻华分社。

但中国"张扬"和日本"内敛"的话语展现制造了一种截然不同的印象，致使"中国表面上的'言语与行为优势'不断地将自己所寻求的国际形象推向了反面"。[A]

第二个因素是囿于中国自身的局限性，典型地表现在传播理念、内容和渠道的滞后。或许因为长期受西方媒体对华舆论围堵，中国形象的塑造习惯于采取守势，即以自我宣传为主，结果官方色彩浓厚，宣传方式过于僵硬，以致传播质量不高，效果不彰。不仅如此，在传播内容上也略显滞后。中国的对外传播着力于树立国家的正面形象本无可厚非，但正面形象的塑造不等于"高大上"的宣传，也不等于"报喜不报忧"，否则长此以往会导致媒体和政府的公信力下降。而且，一味地宣传而非客观展现真实的中国以获得更多的理解和信任，还容易招致国际社会要求中国承担更多的责任，特别是招致部分发展中国家对中国产生不切实际的期待和要求。传播渠道的滞后也限制了传播效果的有效性，特别是在新媒体传播手段方面，其核心原因在于无法实现新媒体特别是社交媒体的充分国际化。和国际一流媒体相比，国内主流媒体在国际上的社交账号运营仍存在相当大差距，尤其表现在：信息发布频率总体偏低，与受众互动较少；官方色彩浓厚，内容贴近性不强；信息时效性差，对重大新闻或敏感事件报道失声失语。[B]

第四节　以中拉人文交流机制建设统筹中国形象提升

鉴于国家形象是国内外公众对一国全部构成要素的综合性感知和评价，因此中国形象的塑造需要国内外多机构、多层面的协调和努力。其中一个关键抓手是推动构建中拉人文交流机制，以此统筹提升中国在拉美的国家形

A　朱振明：《拉美报纸媒体中的"钓鱼岛"：谈中国的形象》，载《国际新闻界》，2014 年第 9 期，第 92—107 页。

B　何慧媛：《媒体如何有效利用境外社交媒体平台》，载《对外传播》，2015 年第 6 期，第 72 页。

象。十八大以来，中国对拉人文交流呈现一系列明显的变化趋势。这主要表现在从官方驱动为主发展到官方主导和民间自发相互补充、相互借力，从被纳入中外人文交流机制发展到同时设立专门面向拉美地区的中拉人文交流项目，以及日益从偶发的、碎片化的活动安排向专业化和项目化发展。未来，要努力通过构建中拉人文交流机制，激发人文交流活力，借此促进中国形象的提升，亟须从几大方面给予重大改进。

一、转变思维定式，内容设计以效果为导向

很长时间以来，对拉人文交流在内容设计上均立足于"以我为主"，即执拗于"我要你看什么"，而较少考虑受众的心理和可接受度。其结果往往是重前端、轻后端，以致效果不彰，终忘初心。这实际上是形式主义在作怪。本质上而言，人文交流要以效果为导向，以实现"为我服务"的目的。这就需要视角和位置互换，将对拉人文交流和传播从"以我为主"转向"以他为主"，即充分考虑和顾及他方需要，以此为基础融合我方传播内容和目标。这尤其要注意以下几个方面。

1. 孔子学院要承担传播中国主流文化的任务。孔子学院的指导思想是"适应我国公共外交和人文交流需要""推动中国语言文化走向世界"，并自我定位为"综合文化交流平台"。[A] 但在目前拉美的 45 所孔子学院普遍存在的问题是：一方面汉语教材的编写千篇一律、缺乏针对性，无法体现拉美文化的个性需求；另一方面"教语言的多，教文化的少"，[B] 背离了孔子学院"汉语教学和文化交流有机结合"的要求。

2. 对拉媒体传播要从资讯导向型转向同时兼顾故事导向型。目前对拉媒体报道倾向于（特别是官方的）活动性内容的报道，而缺乏故事性内容的报道，特别是缺乏反映中国开放变化、由拉美人现身说法的"中

A 《孔子学院发展规划（2012—2020 年）》，载《光明日报》，2013 年 2 月 28 日 07 版。
B 《中国学者谈孔子学院问题：教语言多，教文化的较少》，载《海外华文教育动态》，2009 年第 7 期，第 6 页。

国故事"短视频。

3. 中拉人文交流项目在活动设计上宜展示客观、全面、真实的中国。以影响越来越大的"中拉青年领导人培训交流营"项目为例，主办或承办方都乐于让拉美的青年领袖体验中国的"好景好地"，以为这是讲好中国故事的"好"素材。然而，一味传递"高大上"的中国，只会增加相反的效果：可见可触可感的都是中国的富裕、现代和发达，就愈发无法理解"中国是发展中国家"的自我宣示，不仅无法降低期许，甚至反而会激发其对中国担当和中国责任的更高期望。

4. 要充分挖掘中拉人文交流故事。目前对拉人文交流存在的一个基础性缺陷是，缺乏对中拉人文交流的好故事进行系统性挖掘和传播，比如让中拉人文交流史上的经典人物现身说法，口述中拉交流故事。2019年由中拉青年学术共同体组织策划并编辑出版的《我们的记忆：中拉人文交流口述史》（中文版和西班牙文版）就是一次卓越的尝试。另一个值得特别称赞的项目是2017年5月在北京成立的"中拉新闻交流中心"，这是中拉人文交流领域的一项重大创新和内容提升。该项目最明显的特点是参与、体验和观察，让拉美记者以自己的眼睛发现中国，以自己的心灵感知中国，以自己的笔触讲述中国，从而获得一种全面、真实、客观的传播效果。最经典的案例是拉美记者的共享单车体验，它真实可触，讲述的是当代中国的生活故事，但反映出来的却是代表世界潮流和科技前沿的共享经济。

二、与时俱进，优化人文交流方式，扩大和延长传播效力

尽管对拉人文交流倾向于重形式轻内容，但即使所谓的"重形式"很大程度上也疏于设计，以致无法放大人文交流的效力。目前，随着人文交流在对拉关系中的作用愈发重要以及中国对拉援助方式从"硬援助"向"软援助"的转变，以留学、交流、培训和治国理政及发展经验分享为宗旨的人文交流项目呈上升趋势，但这些项目普遍存在着缺乏前端——选拔和交流机制的精心设计，以致后端无法取得溢出或放大效应。首先，缺乏一套成熟的选拔交

流或培训对象的机制，以致常常沦为由对方主导控制，而我方有时也倾向于以完成任务为先，结果耗时耗力耗财却没有产生预期的或附加的效果。其次，尽管"软援助"在增强，但对拉美的培训机制并没有加强，亟须引起重视。一方面欠缺能够用西班牙语或葡萄牙语授课的专家队伍，另一方面欠缺因地制宜的培训教材。很多情况下，授课专家往往只是语言功夫好，而对最重要的中国当前政策并不精通或者只是流于表面知识，这无疑让这种"软援助"的效果大打折扣。

而一个精巧的前端设计和榜样的树立就能发挥溢出或放大效应。比如以中拉青年领导人培训交流营项目为例，微信公众群的建立就取得了意想不到的效果。所有入选交流营的拉美青年领袖都必须扫码加入微信公众群，这首先让习惯于推特（Twitter）和脸书（Facebook）的拉美青年对微信这种中国流行的社交工具有了新颖的体验。当然更重要的是，即使当期交流营结束之后仍然能够继续保持实时联络，从而有利于后期跟踪机制的建设。与此同时，树立榜样同样会发挥放大效果。比如中华全国青年联合会在执行该项目时通过扶持第一期交流营的阿根廷代表在布宜诺斯艾利斯设立拉丁美洲中国政治经济研究中心（CLEPEC），就实现了溢出效应。目前，该中心已经在巴西、智利、委内瑞拉、墨西哥、哥斯达黎加等7个国家设立了分支机构。这些以青年为主体的机构在拉美各国广泛开展以汉语培训、中国文化研究和传播以及以中拉经济合作为主题的推广活动，取得了意想不到的附加效果。

三、构建中拉人文交流机制，协调和整合各类民间力量

和其他地区相比，拉美是中国开展人文交流相对滞后的一个地区。直至今天，中国甚至尚未同任何一个拉美国家建立国别高级别人文交流机制，更不用说建立涵盖全地区的中拉人文交流机制了。人文交流机制的缺乏，使之既无法有效协调人文交流机构，又无法整合人文交流力量，以致难以形成对拉人文交流的合力和复合效果。构建中拉人文交流机制迫在眉睫，且具有一系列积极的重要意义。

首先，建立中拉人文交流机制有利于增强对拉人文交流的协调能力。目前，各部委和工青妇等党群机构几乎都有不同类型的人文交流项目，甚至一些地方也有自己的人文交流项目。但这些人文交流项目，大多既缺乏整体设计又缺乏有机衔接，以致呈分散化和碎片化发展。更重要的是，当前对拉人文交流大多数尚处摸索阶段，也亟须相应机构和部门的专业指导。举例而言，中国目前对拉文化外交尚未形成战略布局，中华文化"走出去"缺乏重点和支点，因此无法协调行动。另一方面，对拉开展文化外交的布局无法实现联动效应，比如教育部中外语言交流合作中心旗下有孔子学院和孔子课堂、文化部旗下有中国文化中心，而以高校和科研院所为主体的机构又在大力加强海外中国中心建设。如若能够加强协调这三种分别以语言、文化和学术为主要目标的力量，无疑将提高对拉文化传播的广度和深度，增强对拉人文交流的联动和复合效应。

其次，建立中拉人文交流机制有利于整合中拉人文交流的民间力量。当前随着中拉关系的密切和中国对拉"软援助"的力度增强，在中国和拉美均出现了不同规模、不同类型的民间人文交流组织。这些组织在中国传播本地区文化，增进公众相互了解和理解方面发挥着越来越重要的作用。比如受北京大学成立拉美留学生会的启发，清华大学在2016年也成立了拉美留学生会。与此同时，巴西、阿根廷、秘鲁、墨西哥等国还成立了本国人在华联谊会。2015年由中拉青年知识分子倡导的中拉青年学术共同体异军突起，在搭建中拉文化交互传播和中拉青年沟通方面发挥着越来越重要的示范作用。在其影响下，委内瑞拉中央大学的青年教师发起成立了委内瑞拉中国问题研究中心，并影响更多的拉美青年建立类似的民间研究机构。不过，截至目前，这些民间组织之间虽偶有交叉和沟通，但并没有形成机制化的联系网络。

再次，建立中拉人文交流机制有助于形塑后期追踪机制和巩固交流效果。很长时间以来，我国的人文交流项目往往虎头蛇尾，即重视前期开发、疏于后期跟踪，很容易落得"狗熊掰棒子"的结果。不过，在拉美地区目前已经初步形成了值得肯定的局面。比如在阿根廷布宜诺斯艾利斯自发成立了一个名为"阿中学会"的组织，其发起人和成员均是受益于中国政府奖学金或培训计划的阿根廷人。他们不仅建立了日常的线下沟通网络、分享中国文化和中国经验、组织中国主题的活动，还创办了阿中学会网站，所有受益于中国奖学金或各种培训项目的阿根廷人均可以在线登记注册，加入该学会。不唯如此，更加重要的是，该网站还随时更新中国政府各类奖学金计划和培训交流项目的信息，以方便阿根廷人申请。受阿中学会的启发，参加 2017 年中拉青年领导人培训交流营的秘鲁学员于同年 8 月在首都利马成立了同类性质的组织——秘中学会。拉美地区的这种创新民间组织无疑应当给予充分肯定和广泛宣传，以期利用其示范效应在更多的拉美国家形成扩散效应。

诚然如此，相对于其他发展中地区，中国通过人文外交巩固和提升中国在拉美的国家形象可谓知易行难。拉美距离中国遥远，既无领土纠纷，又无历史冲突，因此理论上相对容易构建相互理解相互信任的关系。然而又必须看到，中拉两地文化差异甚大，且拉美受西方价值观影响颇深，因此又相对难以和中国形成"想象的共同体"。这在一定程度上可以解释为什么中国在拉美的形象甚至不如在非洲那样积极正面。清醒地认识到这一点，就需要在充分理解拉美历史文化的基础上因地制宜开展对拉人文交流活动。当然，中拉人文交流无论是与政治和经济领域相比，还是与其他地区相比都是相对滞后的，尚处于起步阶段。因此，通过扩大人文交流夯实中拉合作的民意基础，进而提升中国在拉美的形象，可谓任重而道远。但这并不意味着没有有效的抓手，工作重心应着力于改进交流内容，使其以效果为导向，更新交流方式以增强效果，以及适时建立中拉人文交流机制以协调和整合各类人文交流力量，而贯穿于上述各环节且首先应当做的是激活中拉民间外交的活力。

第五章

中拉文明对话：
发展互鉴

　　随着中拉关系从经济和政治双轮驱动向全面合作伙伴关系迈进，中国和拉美愈益成为一个利益共同体、责任共同体和命运共同体。由此提出的一个迫切要求是：在继续扩大中拉联系的广度的同时，亟须在认识深度上与之同步。文明对话正是实现这一目标的关键路径。中国文明和拉美文明的差异性、开放性与包容性使得中拉文明对话不仅必要而且可能。随着拉美成为"一带一路"的自然延伸和不可或缺的重要参与方，"一带一路"成为推进中拉文明对话的主要路径和构建中拉文明对话机制的主要载体，因为以和平合作、开放包容、互学互鉴、互利共赢为特征的丝绸之路精神同中拉文明对话追求的目标是一脉相承的。本章尝试就中拉文明对话机制构建进行理论探索，分析中拉文明对话的意义、目标、可能路径，并试图就构建中拉文明对话机制的可行性操作进行初步思考。

第一节　文明对话：国际关系的新范式

　　20世纪90年代以来，随着全球化进程的加速推进，不同经济体、不同文明之间的接触愈加频繁。由此引发两个值得关切的问题：一个是全球性问题的出现；另一个是承载着不同文明和价值特质的诸行为体的频繁互动，带来的是和谐还是冲突？针对这两个问题的思考形成了两个主要派别，一个是以塞缪尔·亨廷顿为代表的"文明冲突论"，一个是主要由联合国推动的"文明对话论"。[A] 亨廷顿认为，文明冲突将取代国家间的冲突成为国际政治的新范式，甚

A　杜维明：《文明对话的发展及其世界意义》，载《南京大学学报（哲学·人文科学·社会科学）》，2003年第1期，第34—44页。

至将"文化"和"文明"概念置于国际政治理论研究的核心。"文明冲突论"一出，招致无数争论和批评，也引发国际社会对"文明冲突"前景的忧虑。

这个命题的最大意义不在于命题本身，而在于它触发的思考和关注，而这似乎也正是亨廷顿的动机之一。正如他本人在《文明的冲突与世界秩序的重建》中文版序言中所言："我所期望的是，我唤起人们对文明冲突的危险性的注意，将有助于促进整个世界上'文明的对话'"。[A] 长期关注和研究"文明对话"的哈佛大学华裔教授杜维明也认可亨廷顿的这一动机，并认为后者在某种程度上实现了自己的目的。"不过现在重视文明对话，对文明对抗、文明冲突的观点作出回应，主要是由于 1993 年亨廷顿教授提出了文明冲突的理论。"[B]

1998 年，应伊朗时任总统赛义德·穆罕默德·哈塔米（Seyyed Mohammad Khatami）开展世界不同文明对话的倡议，联合国大会通过决议确立 2001 年为"文明对话年"[C]。文明对话自此成为联合国的正式议题；此后第 56 届联合国大会通过了《不同文明对话全球议程》，其中第一条明确提出"文明对话是不同文明之间和内部的一个进程，其基础是兼容并包，以及通过对话了解、发现和检验各种臆断，展现共同意义和核心价值以及综合多种观点的集体愿望"。[D] 时任联合国秘书长科菲·安南（Kofi Atta Annan）还发起成立了"联合国文明联盟"，以此作为专司文明对话项目的机构。[E] 进入 21 世纪以来，文明对话日益成为国际关系的一种新范式，因为文明对话被视为人类文明交往的理性形式，是一种"积极的"文明交往，而与之相对立的文明冲突则是一种"消极的"文明交往。[F]

A 塞缪尔·亨廷顿：《文明的冲突与世界秩序的重建》，周琪等译，新华出版社，2002，序言第 3 页。
B 杜维明：《文明对话的发展及其世界意义》，载《南京大学学报（哲学·人文科学·社会科学）》，2003 年第 1 期，第 37 页。
C 第 56 届联合国大会决议 56/6《不同文明对话全球议程》，www.un.org，2001 年 11 月 21 日。
D 同上。
E 杨濡嘉：《联合国与文明对话：角色和趋势》，复旦大学硕士论文，2014。
F 彭树智：《文明交往和文明对话》，载《西北大学学报（哲学社会科学版）》，2006 年第 4 期，第 5—9 页。

中国作为联合国常任理事国，一直是文明对话的支持者和推动者。前常驻联合国代表王光亚大使在第 60 届联合国大会关于此议题的发言中曾郑重指出："世界的多样性，文明和文化的差异不应是世界冲突的根源，而应是世界交流与合作的动力与起点……多样性、宽容性与兼收并蓄，是中华文化的重要特征……中国将加强与世界各国的文化交流与文明对话。"[A]

2014 年 3 月，习近平主席访问联合国教科文组织总部并发表演讲，提出了推动文明交流互鉴的三大原则，即文明的多样性、文明的平等性和文明的包容性。[B] 三年后，这一思想的核心，即"文明交流超越文明隔阂、文明互鉴超越文明冲突、文明共存超越文明优越"，不仅被正式写入党的十九大报告，成为习近平新时代特色社会主义思想的重要内容，而且成为构建人类命运共同体和"一带一路"倡议的关键支撑。

从本质上来说，人类命运共同体思想和"一带一路"倡议都是对全球性问题的回应，都是为应对全球性问题而贡献的中国智慧，提出的中国方案。不唯如此，"一带一路"倡议作为构建人类命运共同体的主要方式，"它背后的理念包含了一个对话文明的模式。这个模式根植于中国传统文化……"[C] 许嘉璐也认为，"一带一路"跨越文化差异，本质上是中华文明和世界深入对话的文化通道。[D]

正因如此，"一带一路"愿景和行动文件在共建原则方面特别强调要坚持开放合作与和谐包容，倡导文明宽容，尊重各国发展道路和模式的选择，加强不同文明之间的对话，求同存异、兼容并蓄、和平共处、共生共荣。[E] 这实际上是一种新文化观，一种新文明观。在此意义上，"一带一路"要建设的

A 《中国常驻联合国代表王光亚大使在第 60 届联大关于不同文明对话议程与和平文化议题的发言（议题 42、43）》，外交部网站，2005 年 10 月 20 日，http://www.fmprc.gov.cn/ce/ceun/chn/zgylhg/shhrq/zjwh/t217668.htm，访问日期：2019 年 10 月 9 日。
B 《习近平在联合国教科文组织总部的演讲》，新华网，2014 年 3 月 27 日。
C 《"一带一路"理念包含对话文明的模式》，网易，2016 年 10 月 30 日。
D 许嘉璐：《不同文明都将在"一带一路"上绚丽绽放》，凤凰网，2015 年 11 月 6 日。
E 《推动共建丝绸之路经济带和 21 世纪海上丝绸之路的愿景与行动》，商务部网站，2015 年 3 月 30 日，http://zhs.mofcom.gov.cn/article/xxfb/201503/20150300926644.shtml，访问日期：2019 年 4 月 18 日。

实质上是一条互尊互信之路，一条合作共赢之路，一条文明互鉴之路，亦即"文明对话之路"。[A]

通过上述讨论可以发现，文明对话有着越来越广泛的国际共识，各国为此采取了越来越多的行动。中国对于文明对话的支持和推动，不仅仅体现在治国理政思想和政府政策文件中，更彰显于具体的实践。2015 年习近平主席倡议举行"亚洲文明对话大会"，2016 年 3 月在海南博鳌举行的亚洲文明对话会开启了落实"亚洲文明对话大会"的序幕，[B] 2019 年 5 月 22 日"亚洲文明对话大会"在北京正式举行。在此之前更早启动的中国—阿拉伯文明对话在中阿合作论坛框架下已连续举行了 8 届。[C] 而中拉文明对话的进程相对缓慢，直至 2015 年才作为一个议题被正式提出。有鉴于此，本章尝试回答中拉文明对话的诸问题，包括但不限于：为什么要对话？对话什么？和谁对话？如何对话？在此基础上，本章尝试就构建中拉文明对话机制提出一些思考和建议。

第二节　中拉文明对话：一种地区实践

一、中拉文明对话的理论和现实意义

由于地理上相距遥远和交通通信的不发达，中国和拉美之间的联系相对较晚且频度有限。进入 21 世纪以来，随着中拉相互需求的增强，双方的接触愈加频繁，过去因距离而产生的"美"让位于今天相识而不相知的尴尬。基于此，"中拉关系在保持广度上持续推进的同时，亟须在认识深度上与之同

A　谢金英：《让"一带一路"成为文明对话之路》，载《人民日报海外版》，2016 年 5 月 4 日 01 版。

B　蒋建国：《推动文明交流互鉴　激发亚洲创新活力——在博鳌亚洲论坛"亚洲文明对话会"上的主旨演讲》，国新办官方网站，http://www.scio.gov.cn/xwbjs/zygy/32310/jh32312/Document/1473095/1473095.htm，访问日期：2019 年 4 月 16 日。

C　参见中阿合作论坛官方网站。

步。中拉文明对话正是实现这一目标的基础和关键"。[A]

从中拉关系可持续发展的视角来看，中拉文明对话极有其必要性和理论意义。首先，中国和拉美不仅地理上相距遥远，而且存在深刻的文化和价值观念差异。这一现实为增进中拉相互理解和认知制造了物理和精神上的双重障碍。然而中拉关系的快速和长远发展，又亟须民意基础的坚实支撑。其次，拉美对中国的文化认知，信息来源混杂，其想象的中国与现实的中国相去甚远。拉美文明长期受欧洲文明的浸染，具有深厚的欧洲印记；而拉美对中国的认知往往借由欧洲中介的"折射的目光"。[B]欧洲和西方对中国长期的刻板印象无疑增加了拉美客观、真实地认识中国的难度。同时，在很长一段时间里，甚至"我们现在对拉美也还是抽象的概念多于具体的知识，模糊的印象多于确切的体验"。[C]再次，中国在拉美的存在被西方媒体鼓噪成"新殖民主义"，不仅造成对中国形象的误读，而且引起了拉美人的深深疑虑。[D]这种疑虑既有拉美对一切外来者不信任的历史背景，又有因对拉美价值传统不了解而引发的文化冲突。这种情势意味着，增信释疑对于共建中拉命运共同体和"一带一路"倡议而言都是一项不可或缺的，甚至必须前置的工作。这正是中拉文明对话的价值和使命。不过需要指出的是，发展中拉关系的主体是不平衡的，即中国是积极主动的一方，而拉美几乎是反应性的一方。因此，推动中拉文明对话及其机制建设，中国仍将扮演主动构建的角色，且是义不容辞的。

中拉文明对话本质上是对中国"新文明观"的回应和实践，具有较强的现实意义。以2014年3月习近平主席在联合国教科文组织总部的演讲为标志，中国的"新文明观"初步形成，并最终以"文明交流超越文明隔阂、文明互鉴超越文明冲突、文明共存超越文明优越"的高度概括写入党和政府的

A　郭存海：《中拉文明对话正当时》，载《人民日报》，2015年5月15日03版。

B　魏然：《拉美大众文化中的中国想象：以阿根廷为中心》，未刊稿。

C　莱斯利·贝瑟尔主编《剑桥拉丁美洲史》，第1卷，经济管理出版社，1995，序言第1页。

D　郭存海：《中国的国家形象构建：拉美的视角》，载《拉丁美洲研究》，2016年第5期，第54页。

文件。这一"新文明观"随后践行于疾速发展的中拉关系^A，为新时期的中拉关系注入了新内容和新活力。2014 年 7 月，在巴西利亚同拉美国家领导人会晤时，习近平主席宣布将"人文上互学互鉴"作为中拉关系"五位一体"新格局的有机组成部分，并倡议在 2016 年举办"中拉文化交流年"。^B 在 2016 年 11 月"中拉文化交流年"闭幕式上，习近平主席特别强调：文化关系是中拉整体外交的重要一翼，要以此为新起点，充分借鉴彼此文化成果，让中拉文明成为不同文明和谐相处、相互促进的典范。

中拉文明对话作为一项正式议题提出，始于 2015 年李克强总理在联合国拉美经委会总部的演讲。他在演讲中特别表示，"此访在中拉文明互鉴方面收获颇丰……双方可探讨设立中拉文明对话机制并纳入中拉论坛轨道，协商设立中拉思想文化经典互译工程，增进双方人民间的文化认知"。^C 此后，时任外交部拉美司司长祝青桥在《人民日报》撰文表示，"中方提出建立中拉文明对话机制等新倡议，得到拉方积极响应"。^D 自此，中拉文明对话作为一项亟待启动的议程写入政策文件。2016 年 11 月发布的第二份《中国对拉美和加勒比政策文件》第一次明确强调要"积极开展中拉文明对话"。^E 2018 年 1 月第二届中拉论坛发布的《中国与拉共体成员国优先领域合作共同行动计划（2019—2021）》将"人文交流"列为七大"优先合作领域"，^F 其涉及的领域、

A　事实上，早在 2013 年 6 月习近平主席在墨西哥参议院的演讲中就倡导"人文上，中拉要加强文明对话和文化交流，成为不同文明和谐共处、相互促进的典范"。这是有关中拉文明对话的最早倡议。参见习近平：《促进共同发展 共创美好未来——在墨西哥参议院的演讲》，载《人民日报》，2013 年 6 月 7 日 01 版。

B　郭存海：《中共十八大以来中国对拉美的政策与实践》，载《拉丁美洲研究》，2017 年第 2 期，第 11 页。

C　李克强：《共创中拉全面合作伙伴关系新未来——在联合国拉丁美洲和加勒比经济委员会的演讲》，新华网，2015 年 5 月 27 日。

D　祝青桥：《中拉整体合作扬帆启程》，载《人民日报》，2016 年 1 月 29 日 03 版。

E　《中国对拉美和加勒比政策文件》，外交部网站，2016 年 11 月 24 日，http://www.fmprc.gov.cn/web/zyxw/t1418250.shtml，访问日期：2019 年 4 月 19 日。

F　《中国与拉共体成员国优先领域合作共同行动计划（2019—2021）》，外交部网站，2018 年 2 月 2 日，http://www.fmprc.gov.cn/ce/cemn/chn/gnyw/t1531472.htm，访问日期：2019 年 5 月 19 日。

主体和层面事实上正是中拉文明对话的具体指南。综上所述，中拉文明对话不仅是践行党和政府的新文明观，而且是新时期推进中拉整体合作和"一带一路"倡议，以及让中拉命运共同体之船行稳致远的关键支撑。

二、中拉文明对话的目标和内容

从根本意义上来说，文明对话旨在寻求尊重、包容、理解，乃至信任和认同，以最大程度地避免文明冲突。从其哲学意义上来说，"文明对话的主要目标，在于让两个文明之间的概念、信仰体系相互理解、沟通，同时约制私心与欲念，使两者的差异不会导致实质的矛盾冲突，进而能导向一个更为融通的思想体系和价值系统"。[A] 概而言之，文明对话的目标就在于增进不同文明间的宽容和理解，扩大共识，化解冲突，推动全球经济和文化进步的稳定。[B] 就中拉而言，文明对话至少包括三重目标，亦即三个不同层次的目标。

首先，中拉文明对话要寻求尊重和包容。中国文明和拉美文明属于不同的文明，具有明显的差异性和多元性，但这恰是中拉文明融合的起点，也是中拉文明对话的基础。这种特性首先意味着中拉双方要尊重对方的平等存在，不以己方价值观贬抑对方文明，也不将自己的价值和文化模式强加给对方。从这个意义上说，尊重和包容既是中拉文明对话的基本目标和前提，同时也是获取对方尊重与包容的条件和基础。正是基于这一点，中国以铿锵有力的宣示回应外界将"中国模式"输出到包括拉美在内的世界其他地区的质疑：我们倡导文明宽容，尊重各国发展道路和模式的选择；我们不"输入"外国模式，也不"输出"中国模式，不会要求别国"复制"中国的做法。[C]

其次，中拉文明对话要寻求理解和信任。中国和拉美的语言文化不同，历

A 成中英：《文明对话、文化合作与对"一带一路"倡议的哲学反思》，载《深圳大学学报（人文社会科学版）》，2017年9月第5期，第18页。

B 宋健：《文明对话：世界的共同追求》，载《人民日报》，2001年9月21日07版。

C 习近平：《携手建设更加美好的世界——在中国共产党与世界政党高层对话会上的主旨讲话》，载《人民日报》，2017年12月2日02版。

史传统迥异，双方在互动与合作中难免产生误解和疑虑，甚至引发利益冲突，这些都是可以理解的。但关键是处理和应对这一问题的态度和方式。正视问题并做好增信释疑工作无疑是首选动作。一方面，拉美文化嵌有深深的欧洲文明的印痕，而且受西方价值观念影响颇深。此外，历史上中拉互动相对稀疏，相互认知相对缺乏，而拉美对华认知很大程度上又是基于西方对华的认知。这两大因素都增加了中拉相互理解的难度和障碍。进入新的历史时期，尽管中拉之间有了直接的沟通和认知渠道，无须再经过欧洲或西方的中介，但由于历史的因素和惯性的思维，增进中拉理解，乃至建立中拉互信仍面临巨大挑战。另一方面，我们仍习惯性地将拉美视作一个具有共性的整体，阻碍了我们对拉美的理解。既看到拉美的历史和文化共性，又看到拉美内部的差异性和多元性，是增进对拉认识的基本出发点。寻求理解和信任是中拉文明对话目标的中间层次，但可能也是最困难的一部分。推动这一目标的实现，需要更多的交流和互动，深刻理解彼此的价值观念和思维方式，更多地抱持同理心并努力换位思考。

最后，中拉文明对话要寻求互学和互鉴。纵观中国文明和拉美文明的发展历史可以发现，开放性和包容性是中拉文明的共同特征。"中国文明就其本质来说就是一个对话文明。这个对话文明表现出的特点是开放、包容和进步。"[A] 这意味着，中国文明在对待其他文明的方式上，既不会简单地照抄照搬，更不会扩张或"教化"其他文明，而是通过对话和学习来实现自己的进步，也可以说是一种学习型文明。拉美文明尽管在历史上曾被强势文明不断地侵入和强加，但其广阔的开放性和强大的包容性，使得外来文明不断地被吸收和融入，而终成为拉美混合文明的一部分。中拉文明的这些共同特征，使得双方不仅存在对话的空间，而且有着强大的学习动力。历史上绵延长达两个半世纪的太平洋海上丝绸之路，不仅是中拉物质文明的交换之路，更是

A　郑永年：《对话文明与文明对话》，载《联合早报》，2016 年 4 月 5 日。

文化交流和融合之路，因而可以说是中拉文明对话的开端^A。而今双方都处于一个新的发展时期，面临着共同的经济和社会治理挑战，中国改革开放和治国理政的经验、拉美的生态保护理念和实践，以及双方的发展战略和模式，都值得相互理解和欣赏，在互学互鉴中共同进步。这应当是中拉文明对话的最高目标和根本目的。

鉴于对话的多重目标和合作领域的不断扩大，中拉文明对话的内容也愈益广泛、多样、丰富而具体。这集中体现在近年来发布的三份文件中，即《中国与拉美和加勒比国家合作规划（2015—2019）》^B《中国对拉美和加勒比政策文件》（2016），^C以及《中国与拉共体成员国优先领域合作共同行动计划（2019—2021）》。^D概括来看，中拉文明对话的内容大体可以分为三类，即治国理政经验交流、社会发展和治理经验分享以及人文交流。其中治国理政经验交流，既涵盖政党治理、法律思想和立法实践，又包括（地方）政府治理经验和发展战略对接等。社会发展和治理经验分享则主要集中于减贫经验和模式、可持续发展和社会包容性理念。而人文交流是中拉文明对话最活跃、最丰富的内容，在整个过程中发挥着基础性和先锋的作用，是中拉文明对话的主要内容支撑，也是本章讨论的重点。

三、中拉文明对话的主体和路径

鉴于中拉文明对话的目标是多层次的，对话的内容是丰富而多样的，因此对话的主体也应该是多元而广泛的。联合国《不同文明对话全球议程》曾

A　Mariano Bonialian, "China en la América colonial: Bienes, mercados, comercio y cultura del consumo desde México hasta Buenos Aires," prólogo de Josep Fontana, Ciudad de México, Instituto de Investigaciones Dr. José María Luis Mora, Biblos, 2014, p.264.
B　《中国与拉美和加勒比国家合作规划（2015—2019）》，新华网，2015 年 1 月 9 日，http://www.xinhuanet.com/world/2015-01/09/c_1113944648.htm，访问日期：2019 年 4 月 19 日。
C　《中国对拉美和加勒比政策文件》，外交部网站，2016 年 11 月 24 日，http://www.fmprc.gov.cn/web/zyxw/t1418250.shtml，访问日期：2019 年 4 月 19 日。
D　《中国与拉共体成员国优先领域合作共同行动计划（2019—2021）》，外交部网站，2018 年 2 月 2 日，http://www.fmprc.gov.cn/ce/cemn/chn/gnyw/t1531472.htm，访问日期：2019 年 5 月 19 日。

公开呼吁"不同文明对话应争取全球范围的参与且向所有人开放"。[A] 同样，中拉文明对话也应该向中国和拉美地区的所有人开放，让所有的行为主体都能参与到文明对话进程中，并充分发挥各自的比较优势。其中，学者、作家、思想家、科学家、文化艺术界人士，以及青年群体等在推动和维持中拉文明对话方面发挥着先锋和中流砥柱的作用；日渐活跃并不断发展壮大的民间团体则是推动和开展文明对话的伙伴与合作者；媒体在推动和传播文明对话以增进更广泛的文化理解方面扮演着独特而不可或缺的角色。除了这些最活跃也可能是最具可持续性的对话主体之外，还必须对政府，特别是中国政府的角色和价值给予客观的认识和评价。就当前中拉关系发展的阶段和现实来看，政府事实上在中拉文明对话中发挥着引导、促进、鼓励、协助的作用，在对话机制成形期，甚至发挥着主导和支配性的作用。总而言之，要激活中拉文明对话，使其不仅保持较高活跃度而且具有可持续性，就要充分调动各行为主体的主动性和参与精神，形成一种全方位、多层次、宽领域的中拉文明对话格局。

对话主体的多样性意味着对话方式也有不同的选择路径。联合国《不同文明对话全球议程》认为，文明对话的普遍路径大致有 14 种，主要包括协助和鼓励人员，特别是知识分子、思想家和艺术家等的交往与交流，促进专家学者互访，开展文化艺术节，举办会议、专题讨论和讲习班，规划体育和科技竞赛，加大翻译和传播，促进历史和文化旅游业，鼓励教育和传授，推动学术研究，以及青年对话等。[B] 中拉文明对话大体也可以循此路径推进，但必须重视政府间的一些重要对话和议程。此外，随着越来越多的拉美国家期待加入"一带一路"倡议，"一带一路"无疑将成为中拉文明对话的主体框架。正如习近平主席所说，要将"一带一路"建成文明之路，建立多层次人文合作机制，搭建更多合作平台，开辟更多合作渠道，不断创新合作模式，以达

A 第 56 届联合国大会决议 56/6《不同文明对话全球议程》，联合国网站，2001 年 11 月 21 日，www.un.org/chinese/ga/56/res/a56r6.pdf，访问日期：2019 年 5 月 12 日。

B 同上。

到相互理解、相互尊重和相互信任的目的。[A] 下面我们首先简要介绍一下当前重要的政府间对话和议程，然后重点从民间视角探讨中拉文明对话的主要路径和方式。

政府间对话机制是中拉文明对话的一个特殊组成，同时又是中拉文明对话的催化剂。随着 2015 年中拉论坛的成立和中拉整体合作机制的日渐形成，中拉政府间的双边对话和磋商机制[B] 在保持进展的同时，一系列新的、极具活力的、专业性的多边对话机制开始蓬勃发展起来。这种多边对话机制多以论坛形式展开，其中包括中拉农业部长论坛、中拉科技创新论坛、[C] 中拉政党论坛、中拉地方政府合作论坛、中国—拉美企业家高峰会、[D] 中拉基础设施合作论坛和中拉青年政治家论坛。[E] 除此之外，其他拟"适时"或"在商定的时间"启动的政府间多边对话机制还包括中拉首都市长论坛、中拉能矿论坛、中拉工业发展与合作论坛、中拉旅游部长会议，以及中拉社会发展与减贫论坛等。

在各种政府间对话机制之外，相对松散但更多样化、更可持续的各种民间对话日益彰显其独特的活力和潜力。下文主要从语言习得、文化传播、翻译出版、学术交流、媒体对话等五种路径加以分析。

1. 语言习得

语言是文明对话的工具，也是文化传播的载体。西班牙语 / 葡萄牙语与汉语的交互传播，对于推动中拉文明对话、增进相互理解具有基础性作用。

A 《习近平在"一带一路"国际合作高峰论坛开幕式上的演讲》，新华社，2017 年 5 月 14 日，http://www.xinhuanet.com/politics/2017-05/14/c_1120969677.htm，访问日期：2019 年 5 月 20 日。

B 比如各种高层协调与合作委员会、高级混委会、政府间常设委员会、战略对话、经贸混委会、政治磋商等机制。

C 与此同时，中方还正式启动了"中拉科技伙伴计划"和"中拉青年科学家交流计划"。

D 2007 年由中国贸促会倡导创立，是中国首个针对拉美地区的经贸合作促进机制性平台。高峰会每年轮流在中国和拉美举办，迄今已在中国、智利、哥伦比亚、秘鲁、哥斯达黎加、墨西哥、乌拉圭、巴拿马举办了 13 届。

E 中拉基础设施合作论坛自 2015 年起每年在澳门举行一次，至 2019 年已举办 5 次；中拉青年政治家论坛自 2014 年起，每年在北京举行一次，第 6 次于 2019 年 10 月在上海举办，改名为"中拉青年发展论坛"。

正因如此，中拉双方均重视语言人才的培养并鼓励对方官方语言在本国的传播。[A]

语言的交互传播既是发展彼此关系的需要，又顺应并反映了双方联系不断增强的现实。早在 1952 年 10 月，为迎接 11 个母语为西班牙语的拉美国家代表来北京参加亚太和平会议，"周恩来总理兼外长直接指示北外筹建西班牙语专业，培养西语干部"。[B] 这种一时之需直接促成了中国第一个西班牙语专业的诞生，八年后第一个葡萄牙语专业也在北京广播学院（现中国传媒大学）开设。此后四十年间，中国的西葡语教育发展缓慢，直到进入 21 世纪，才呈现出井喷式发展。截至 2020 年 3 月，中国大陆地区开设西班牙语本科专业的院校已达 100 所，是 1999 年的 8 倍多；开设葡萄牙语本科专业的院校从 1999 年的 2 所上升至 41 所，增长速度更快。[C]

与此不同的是，汉语在拉美的传播远没有如此力度。客观而言，西葡语教育进入中国主要源于内需拉动，而汉语教育进入拉美则主要是外需推动——虽然汉语习得者主要是受到"中国机会"的吸引。[D] 数据显示，从 2006 年拉美第一所孔子学院在墨西哥城设立至 2019 年底，共在拉美 25 个国家开设 45 所孔子学院和 18 个孔子课堂。[E] 尽管这一数字与西葡语教育在中国的发展不可同日而语，但必须承认其增速还是非同寻常的。

A 《中国与拉美和加勒比国家合作规划（2015—2019）》，新华网，2015 年 1 月 9 日，http://www.xinhuanet.com/world/2015-01/09/c_1113944648.htm，访问日期：2019 年 4 月 19 日。

B 庞炳庵：《新中国怎样向西语世界敞开大门》，载《对外传播》，2012 年第 5 期，第 22 页。

C 中拉青年学术共同体、INCAE 商学院：《中国西班牙语人才就业和流动调查报告》，2017 年 1 月 15 日；郑书九主编《全国高等院校西班牙语教育研究》，外语教学与研究出版社，2015，第 2 页；教育部相继公布的 2017、2018 和 2019 年高校本科专业备案和审批结果，参见"教育部关于公布 2017 年度普通高等学校本科专业备案和审批结果的通知"，教高函〔2018〕4 号，2018 年 3 月 21 日；"教育部关于公布 2018 年度普通高等学校本科专业备案和审批结果的通知"，教高函〔2019〕7 号，2019 年 3 月 25 日；"教育部关于公布 2019 年度普通高等学校本科专业备案和审批结果的通知"，教高函〔2020〕2 号，2020 年 2 月 25 日。

D 马洪超、郭存海：《中国在拉美的软实力：汉语传播视角》，载《拉丁美洲研究》，2014 年第 6 期，第 48—54 页。

E 参见国家汉办官方网站，访问日期：2020 年 3 月 11 日。

当前，西葡语和汉语在中拉两地的传播在双方经贸合作和文明对话方面发挥着毋庸置疑的基础性作用。但同时也日益暴露出一些值得重视的问题，即语言作为交流工具的局限性愈发凸显，越来越无法适应当前构建中拉全面合作伙伴关系的任务的需求。复合型人才的培养可谓是当前中拉双方面临的共同挑战。

2. 文化传播

文化传播是增进民心相通的主要路径，也是推动中拉文明对话的主要方式。近年来，中拉文化交流异彩纷呈，交流方式和渠道都日益多样化。在中拉文化交流和传播方面，中国一直是主要的倡导者和推动者。

习近平主席倡导的"2016中拉文化交流年"在中拉关系史上堪称首举，意在传递文化交流重要的信号。据统计，2016年全年在中国和24个拉美国家共举办了240个重点项目，涉及艺术、文学、文贸、文物、图书、传媒、旅游等领域的文化交流活动共计650余场，直接参与人数630余万人次，受众计3200多万人次，并推动地方和民间与拉美地区举办文化活动1000余场，受众上亿人次。[A] 这是中国首次与整个拉美地区联合举办文化主题年，是拉美地区有史以来规模最大、覆盖面最广的"文化年"活动，具有时间长、规格高、影响大的突出特征。中拉文化交流年的成功举办，开启了中拉文化交流与传播的大幕。

作为一种机制性的文化安排和品牌项目，2013年5月，文化部首次推出"拉美艺术季"，协同18个拉美国家驻华使馆在中国举办文艺演出、拉美艺术联展、客座艺术家创作交流等活动。自2014年起，每年4月至5月在"拉美艺术季"框架下又开始举办"加勒比音乐节"活动。"拉美艺术季"迄今已举办6届，共邀请拉美及加勒比地区20余个国家的200余名艺术家在北京、浙江、湖南、贵州、四川等省市举办了约500场形式多样、内容丰富的活动。[B]

A 数据由中国文化和旅游部外联局提供。
B 同上。

目前，中国已同拉美地区 24 个建交国 ^A 中的 19 个国家签有文化协定，在此框架内与 11 个国家签署了年度文化交流执行计划，并据此在文化艺术、广播影视、文物保护、新闻出版、体育和旅游等领域开展了广泛深入的双边文化交流。尽管如此，中拉双方的日常文化传播机构仍然非常缺乏。迄今为止，中国仅在墨西哥设立了正式的中国文化中心；而在中国，除了联合在北京大学设立巴西文化中心外，尚无其他拉美文化中心或拉美国别文化中心。当然，更重要的是，当前的文化传播活动虽然在执行层面多由民间运作，但从本质上来说，仍然是一种政府间活动，民间的活力、积极性乃至参与潜力并没有得到充分释放。

3. 翻译出版

翻译出版是一种传统而稳固的文明对话方式，因为图书具有耐久性和稳定性的传播特点。在 2000 年之前，中拉作品在交互翻译、出版和传播方面不仅数量较少，作品领域也主要集中于文学。尽管如此，研究也发现，中国文学作品在拉美的译介和传播仍非常滞后，作家作品的数量和种类都很有限。^B 和拉美文学在中国的传播相比（尽管这种传播仍然是中方主动寻求的结果），当前中国文学作品对拉传播存在相对突出的"数量差""时间差""语言差"和"影响差"等失衡问题。^C 中国文学作品在拉美的传播，特别是前期还主要是靠转译，直到近年来才随着西语和葡语人才的成熟而开始有规模地组织直接翻译出版。

这尤以对拉文化交流传播领域的先锋——五洲传播出版社为典型。从 2012 年承接"中国当代作家及作品海外推广（西班牙语地区）"项目以来，五洲传播出版社已经出版了 32 种西语版中国当代文学作品，其中 25 种被

A 协议国数量为 2015 年数据。截至 2019 年 12 月，中国和拉美及加勒比地区的建交国增至 24 个，但签订文化协定的国家数量没变。安薪竹：《中拉民众心灵相通的纽带：中拉文化交流现状及趋势》，载《今日中国·中国—拉共体论坛首届部长级会议专刊》，2015 年第 1 期。

B 楼宇：《中国对拉美的文化传播：文学的视角》，载《拉丁美洲研究》，2017 年第 5 期，第 31—44 页。

C 同上。

拉美国家图书馆收藏。^A 与此相呼应，该社还创造性地联合拉美地区多家孔子学院同步发起"中国作家拉美行"活动以拉近中国作家和拉美读者之间的距离^B。尤其值得一提的是，五洲传播出版社还建立了面向全球西语受众的跨境数字阅读服务平台，西文版电子书网站和"中国书架"西文版客户端，目前上线图书 1518 种，成为中国向西语地区输出中国主题图书的主要出版社。

除了文学领域的出版，思想领域的对话也开始发力。为促进中拉优秀作品互译出版和翻译人才培养，推动思想文化领域的交流和碰撞，文化部还启动了"中拉思想文化经典互译工程"，计划在"十三五"期间由中拉专家共同精选并翻译出版 50 部左右最具代表性的中拉思想文化经典作品。目前，第一批入选的 10 部作品已经公示并启动。

在民间层次上，2018 年 1 月，北京大学电影与文化研究中心、华南师范大学微文化研究中心等联合启动了"拉丁美洲思想学术译丛"项目，以期推动中拉在文化领域的深度理解。^C

4. 学术交流

学术既是文明对话的内容，又是文明对话的重要介质，因此在增进中拉相互理解方面发挥着独特作用。近年来，中国和拉美地区以彼此为研究对象的学术机构迅速发展起来，并初步形成了一定的学术交流和合作网络。

在中国，拉美研究日渐受宠，呈加温升热之势。进入 21 世纪以来，特别是过去五年间，中国的拉美研究机构发展迅猛，从 20 世纪六七十年代起

A　姜珊、周维等：《中国当代文学图书开拓西语市场分析——以五洲传播出版社为例》，载《出版参考》，2017 年第 4 期，第 45—47 页。

B　五洲传播出版社还将"中国书架"项目扩展到拉美的智利（2017 年）和阿根廷（2018 年），以为当地深度了解中国提供便利。与此同时，浙江新华书店同阿根廷拉丁华人出版社开设了阿根廷也是拉美第一家颇有规模的中文书店——博库书店；而中国外文局于 2018 年 2 月在古巴设立中国图书中心，这是拉美地区第二家中国图书中心，第一家于 2016 年 11 月在秘鲁成立。

C　陈菁霞：《拉丁美洲思想学术译丛出版项目启动》，载《中华读书报》，2018 年 1 月 24 日 01 版。

步阶段的寥寥数家发展到当前的 56 家，尤其集中于高校。[A] 拉美研究的这种燎原之势主要源于三方面的推动。首先，中拉关系快速发展的现实对拉美知识的生产提出了迫切需要；其次，基于市场需求和预期而开设西葡语专业的高校数量大幅增加；最后，教育部启动的区域和国别研究培育基地计划对各高校适时推动。此外，2013 年"一带一路"倡议的提出和实施也成为中国拉美研究机构发展的加速器。

但需客观指出的是，拉美研究机构数量急剧增长的背后难以掩盖一个不容忽视的现实：有效研究力量仍显不足，难以产出有价值的研究成果。尽管如此，仍可以发现一种喜人的趋势，即新一代拉美研究者正在成长并表现出较强的学术潜力：年龄多以"80 后"为主，熟练掌握研究对象国的语言，受过一定的专业学术训练。更重要的是，"拉美研究的新一代"[B] 拥有国际视野和国际交往能力，其研究并不局限于传统的政治、经济和外交，而不断拓展至人类学、法律、建筑、考古、教育和环境等领域。拉美研究的蓬勃发展也为全国性拉美研究组织注入了新鲜血液，激发了学术活力。全国三大拉美研究组织——中国拉丁美洲学会、中国拉丁美洲史研究会以及中国外国文学学会西葡拉美文学研究分会，特别是前两者加强了合作，以协作推动中国拉美研究人才和机构的发展壮大。

和中国的拉美研究相似，拉美的中国研究在双方关系急剧升温的背景下也方兴未艾。据我们不完全统计，拉美直接冠名"中国"的研究机构、学术团体或者研究课程已发展到 30 家。和中国的拉美研究相似，研究中国的拉美青年力量逐渐成长起来。这首先得益于孔子学院推动的汉语传播。越来越多的拉美青年开始学习汉语，且对中国研究产生了浓厚的兴趣，他们利用中国政府提供的各种奖学金攻读中国相关问题的硕士和博士学位，特别是教

A 郭存海：《中国拉美研究 70 年：机构发展与转型挑战》，载《拉丁美洲研究》，2019 年第 4 期，第 4 页。

B 郭存海：《中国的拉美研究新一代》，载郭存海、李昀祚主编《中国与拉美：山海不为远》，中国画报出版社，2016，第 150 页。

育部中外语言交流合作中心推出的"孔子新汉学计划"等。与此同时，拉美的大学也开始试水"中国研究"硕士学位项目，比如阿根廷拉普拉塔国立大学和拉努斯国立大学就于 2017 年推出了一年制中国研究硕士项目，以助推阿根廷的中国研究人才的培养。随着越来越多的拉美学者关注中国在该地区的存在，墨西哥国立自治大学中墨研究中心主任恩里克·杜塞尔·彼得斯（Enrique Dussel Peters）牵头成立了"拉丁美洲和加勒比地区中国学术网"（Red ALC-China），定期组织拉美的中国研究学者开会并出版会议论文，渐成气候。近年来，拉美地区专注于亚洲和非洲研究的学术性组织"拉丁美洲亚非研究协会"（ALADAA）越来越活跃，特别是其在智利、墨西哥和阿根廷三国的分部，对中国的关注日益上升。

遗憾的是，中国研究和拉美研究在两地的兴起并没有推动形成紧密的中拉学术交流网络。近年来，中拉关系的密切带动两地学术界走近彼此，相继产生了一些学术品牌，比如渐有影响的中拉学术高层论坛、中拉智库交流论坛、中拉法律论坛，[A] 以及初兴的中拉青年学者对话等。然而，这些论坛或对话大多集中于会议层次，并没有形成日常交流机制，更没有切实的联合研究安排，因此很难形成深度的学术对话或碰撞。这一方面是因为国内拉美研究机构缺乏深度整合与协作，另一方面是因为拉美的中国研究机构相对更分散，甚至没有类似中国拉美学会这样的学术团体发挥协调作用。因此可以想象，目前中拉学术交流已有基础，但形成联合研究网络以助推中拉文明对话仍有很长的路要走。

5. 媒体对话

在当今信息化和网络化时代，媒体，特别是新媒体，是一种最便捷、最大众的传播方式。但媒体是一把双刃剑，客观公正的信息传播有助于民心相通，反之容易造成误解。因此，媒体的交流与合作对于推动中拉文明对话可以说是至关重要的。

A　中拉法律论坛 2007 年成立于中国上海，公开数据显示迄今已连续在中国、古巴、阿根廷、秘鲁、智利、厄瓜多尔和巴西举办了 7 届论坛，是中拉法学界唯一的多边交流的互动平台。

遗憾的是，中拉媒体交流的现状不容乐观。从总体上来看，当前中拉媒体交流与合作的特征大体可归为三个"差"，即落差、逆差和顺差。[A]首先，中拉媒体的相互关注度和中拉关系的整体发展水平存在明显落差。其次，中拉媒体关于彼此正面信息的传播中，中方处于逆差。虽然中拉媒体对彼此的关注相对较少，但就有限的报道而言，拉方媒体更多关注的是"问题中国"，而不是"梦想中国"，中国媒体对拉美的报道总体上则呈中性偏正面。最后，中拉媒体机构和人员交流方面，中方处于明显顺差。几乎中国主要的涉外主流媒体均在拉美派有记者，其中新华社几乎实现了对拉美国家的全覆盖。与之相反，拉美媒体在华记者长期处于紧缺状态，近年来不仅没有随着中拉关系的升温而增加，反而有所减少。中拉媒体交流的当前特征，个中原因恐不难理解。第一，中拉媒体交流，中方处于顺差，很大程度上是因为中国主动发现和走进拉美而不是相反，中国是双方关系"构建发展"[B]的主要推动力量。第二，拉美媒体涉华报道大多以负面为主，主要源于西方媒体对拉美舆论的主导、拉美媒体驻华记者的不足，以及因此而对西方媒体产生的信源依附。第三，在中拉关系议程上，政治和经济始终是优先议题，只是近年来随着文化障碍越来越成为影响中拉关系的明显因素时，双方特别是中国才意识到文化交流的重要性。

这种严峻形势意味着加强中拉媒体交流与合作不仅势在必行，而且需要主动构建。2016年11月22—23日，由国务院新闻办公室、联合国拉美经委会共同主办的首届中拉媒体领袖峰会[C]在智利首都圣地亚哥举行，吸引了100多家中拉主要媒体负责人参会。习近平主席在开幕式上发表致辞时提出了深

A 这里的观点主要来自时任新华社国际部西文编辑室主任冯俊扬于2017年6月29—30日在北京举行的"第六届中拉学术高层论坛暨中国拉美学会学术大会"上的发言。

B 赵重阳、谌园庭：《进入"构建发展"阶段的中拉关系》，载《拉丁美洲研究》，2017年第5期，第16—30页。

C 2017年10月27日，国新办在北京举行了中拉媒体论坛，来自拉美11国19家主流媒体赴会，进一步助推中拉媒体交流机制的初步形成。2018年11月19日在阿根廷首都布宜诺斯艾利斯举行了以"深化媒体合作传播 助力打造中拉命运共同体"为主题的2018年中拉媒体论坛。

化中拉媒体合作的 3 项主张并宣布设立中国—拉丁美洲和加勒比新闻交流中心（CLACPC）和邀请拉美记者访华。2017 年 5 月，CLACPC 在北京正式成立，来自拉美 9 国的 11 名记者成为第一期学员；2018 年 5 月，中国国际新闻交流中心拉美分中心[A]第二期开班仪式举行，学员包括拉美 10 国 13 名记者。截至目前，一共举行了 3 期拉美记者交流培训班。通过对第一期学员的追踪研究发现，该项目在帮助拉美记者了解和报道客观、真实、多元的中国，改变其过去报道路径和内容方面的确产生了切实效果。[B]

第三节　中拉文明对话机制：思考和探索

当前在中国和拉美国家政府的大力倡导和推动下，文化交流和文明互鉴日益摆脱其"低政治"议题的地位，而跃居中拉关系的"高政治"议程。受此推动，和中拉文明对话宗旨相一致的人文交流活动越来越多，也越来越活跃。但在这种表面繁荣之下仍难以掩盖整体发展比较碎片化的现实。由此带来的潜在问题是，众多交叉甚至重复的文化交流和文明互鉴活动难以形成合力，达致复合效果。有鉴于此，亟须一个总体性、纲领性的平台或计划，以协调、指引和理论统领中拉文明交流互鉴活动。因此，构建中拉文明对话机制不仅愈益紧迫，而且正当其时。

首先，要认识到当前和未来一个时期加强中拉文明对话的紧迫性和重要性。当前，中拉关系已经进入"构建发展"[C]阶段，中拉合作的整体性、规划

A　自 2018 年起，中国公共外交协会将中非、中国—南亚东南亚、中国—拉美和加勒比新闻交流中心项目整合扩建为"中国国际新闻交流中心"，下设拉美分中心和加勒比分中心，后者首期项目于 2018 年 4 月 1 日正式启动，为期 1 个月。

B　金晓文：《对拉媒体公共外交的再思考——中拉新闻中心为例研究》，外交部新闻司"对拉公共外交有效性研究"课题，2017。

C　赵重阳、谌园庭：《进入"构建发展"阶段的中拉关系》，载《拉丁美洲研究》，2017 年第 5 期，第 16—30 页。

性和目标性愈益清晰。相继颁布的三大政策文件 ^A 都意味着中拉合作的力度在大幅提升。如何最大程度地减少利益冲突，增强合作共赢的理解和认识，无疑是一项紧迫而重要的任务。中拉文明对话无疑是缓解冲突、增信释疑，甚至构建共识的重要路径。

其次，中拉文明对话仍处在起步阶段，亟须协调或整合。和其他地区相比，拉美是中国开展文明对话相对滞后的一个地区。尽管如此，当前中拉之间仍有一些文化交流项目，但比较突出的问题是，许多交流项目既缺乏整体设计和长远规划，又缺乏有机衔接，以致呈分散化和碎片化。中拉文明对话当前尚处于摸索阶段的特征，也意味着亟须相应机构和部门的专业指导。然而，直至今天，中国尚未同任何一个拉美国家，更不用说同整个地区，建立高级别人文交流机制。这种交流机制的缺乏不利于民心相通的整体促进，因其既无法有效协调不同类型的项目，又无法整合文明对话的力量。要让中拉文明对话持续有效推进，借以增进中拉互信和双方合作的可持续性，机制建设就必须提上日程。

最后，构建中拉文明对话机制的时机已经成熟。如前所述，在政府层面上，习近平主席先后在不同场合强调要加强中拉文明对话，使中拉文明成为和谐相处、交融互鉴的典范。李克强总理在联合国拉美经委会演讲中则提出了构建中拉文明对话机制的倡议。第二份《中国对拉美和加勒比政策文件》也集中反映了这些思想和倡举，并明确提出要"积极开展中拉文明对话"。在民间层面，中拉思想文化经典作品的翻译、出版和传播初显活力；两地学术机构关于中拉主题的研讨会日渐增多，知识分子间的互访更加频繁；中拉媒体交流日趋增强，对彼此的报道主题日渐多元，内容日益客观。更重要的是，智库和文化传播机构、大学和地方政府还率先发起了"中拉文明对话"研讨会，以实际行动支持构建中拉文明对话机制的倡议。

A　即指前文所提到的、旨在框定和指导中拉合作发展方向的三个纲领性文件：《中国与拉美和加勒比国家合作规划（2015—2019）》、《中国对拉美和加勒比政策文件》（2016）以及《中国与拉共体成员国优先领域合作共同行动计划（2019—2021）》。

如中拉文明对话要细水长流才能"润物无声"一样，中拉文明对话机制建设也不太可能一蹴而就，而要循序渐进。在此，就构建中拉文明对话机制提出以下建议和思考。

第一，将"中拉文明对话研讨会"升级为"中拉文明对话论坛"并纳入"中拉论坛"轨道，以协调中拉文明对话各领域。目前，中拉论坛下设八个子论坛，唯一缺乏的是长期以来一直滞后且至今没有得到有效确立的中拉文明和文化整体交流机制。中拉文明对话机制的设立将填补这一领域的空白，为整体性的中拉文化交流互鉴提供高平台。鉴于中拉文明和文化的多元性，中拉文明对话首先应该聚焦于发现中拉文明的价值共性，寻求对话的基础。

第二，推动并支持拉美的中国研究，打造中拉学术交流与合作网络。与国内的拉美研究热相呼应，拉美学界研究中国的主动性也明显增强。近年来，多个拉美国家的大学、学术机构以不同形式加强了对中国问题的研究。尽管如此，在拉美，中国研究尚属"新兴"领域，中国研究的机构仍非常有限。基于此，建议从以下几方面入手：充分发挥中国拉美学会的作用，整合国内拉美研究资源，支持和培养拉美研究新生力量，同时拓展并发挥中拉学术交流的桥梁作用，以与拉美的中国研究机构进行发展对接；推动中拉学术机构在拉美地区共建中国研究中心，以帮助培养中国研究力量，支持拉美学者和机构适时成立中国研究学会；设立中国—拉丁美洲研究院，作为中拉学术对话、开展联合研究的协调机构和拉美地区中国研究机构建设的后援机构；加强中拉媒体人士和学者之间的交流与互动，适时举办中拉学者、记者对话。

第三，加大政策扶持力度，培育基于市场的文化交流长效机制。当前构建中拉文明对话机制具有鲜明的政府主导性，尽管其作用独特，但从长期来看，单纯依靠政府力量无法为中拉文明对话提供持续动力。在全球经济高速发展的今天，构建中拉文化交融互鉴的长效机制，就需要打造基于市场的、以文化产品和文化服务为核心的中拉文化产业合作。这是因为文化产品是蕴含着文化符号与精神价值的物化载体，不仅具有和文化交流一样的功能，而且从传播效果和动力来看，都更强更足。尽管当前中拉文化产业合作水平仍比较低，但从长远来看，将有着广阔的合作空间。其客观依据有三：中拉双方拥有丰富而璀璨的文明文化资源、拥有大力发展文化产业和推动国际间合作的战略需要、拥有巨大的文化市场潜力和以平等互利为核心的合作根基。[A]

专栏

中拉文明对话研讨会：一种机制探索

2014 年 3 月 27 日，习近平主席在联合国教科文组织总部发表演讲并首次提出了"新文明观"的理念。此后，文明交流互鉴成为中国外交政策的一个新焦点和新方向。"新文明观"思想为疾速发展的中拉关系注入了新内容、新动力和新活力。为践行这一新理念对中拉关系的引领，高校、智库、外事部门和对外传播机构等单位利用各自比较优势，凝聚人文外交合力，率先发起了机制性的"中拉文明对话研讨会"，借以探索构建中拉文明交流互鉴的平台，集聚推动和从事中拉文明交流互鉴的力量。

2017 年 11 月 18—19 日，由中国社会科学院拉丁美洲研究所、江苏省人民政府外事办公室、中国外文局朝华出版社和常州大学联合举办的第一届"中拉文明对话研讨会"在江苏省常州市常州大学举行，会议主题是"中华文明与拉美文明：交融与互鉴"。来自中国和拉美 10 个国家的政府官员、外交官、专家学者、记者，以及文化传播机构的代表，共计100 多人参加了本次研讨会。江苏省人民政府副省长王江、中国政府拉美事务特别代表殷恒民大使和秘鲁驻华大使卡普纳伊等出席了开幕式并致辞。

A 贺双荣：《文化产业与国际形象：中拉合作的可能性——以影视产业合作为例》，载《拉丁美洲研究》，2015 年第 4 期，第 40 页。

　　第一届"中拉文明对话研讨会"由三大主题单元组成，分别围绕"超越太平洋丝绸之路——中拉文明的相遇""中华文明和拉美文明——交融与互鉴"以及"中拉文明交流互鉴的未来——机遇和挑战"展开。研讨会全面回顾了由 16 世纪太平洋丝绸之路开启的第一次中拉文明的交流与互鉴，讨论了近现代以来中拉文明对话的历史经验，探索了进一步推进中拉文化交流和文明互鉴的未来路径。

　　第一届"中拉文明对话研讨会"取得了意想不到的反响。中国和拉美的 12 家媒体发布了 23 篇新闻报道，其中 2018 年 2 月 27 日的《人民日报》第 23 版还做了一整版的《中拉文明 美美与共》专栏予以全面呈现。第一届"中拉文明对话研讨会"为推动实现中国政府提出的构建中拉文明对话机制等新倡议做出了有益的努力和探索。

　　第二届"中拉文明对话研讨会"于 2018 年 9 月 8—9 日在江苏南京召开，由江苏省人民政府外事办公室、中国社会科学院拉丁美洲研究所、中国外文局朝华出版社联合主办，墨西哥维拉克鲁斯大学协办，南京财经大学承办。本届会议主题紧扣时代主题——"'一带一路'：中拉文明对话之路"。江苏省副省长郭元强、外交部拉美司司长赵本堂大使、墨西哥驻华大使何塞·路易斯·贝尔纳尔（José Luis Bernal）、哥伦比亚驻华大使奥斯卡·奥兰多·鲁埃达·加西亚（Oscar Orlando Rueda García）、哥斯达黎加大使帕特里夏·罗德里格斯·奥尔凯梅耶（Patricia Rodríguez Holkemeyer），以及特立尼达和多巴哥驻华大使斯蒂芬·史丹辛格（Stephen Seedansingh）出席开幕式并分别致辞。

　　2018 年是"一带一路"倡议提出五周年，也是宣布"一带一路"倡议自然延伸至拉美的第二年。这次会议主要聚焦两大方面：一是全面回顾"一带一路"倡议在拉美的传播和对接；二是从企业视角、文化视角和媒体视角探讨构筑"一带一路"民心相通的基础，探讨如何推动"一带一路"成为中拉文明对话之路，以中拉文明对话助推中拉民心相通，从而为中拉共建"一带一路"提供关键性的软支撑。本届会议的焦点和亮点之一，就是发布了新书《"一带一路"和拉丁美洲：新机遇与新挑战》。这本由中拉青年学术共同体（CECLA）组织 13 位中拉资深学者合力撰写，由中国外文局朝华出版社出版的新著，获得了 2018 年国家出版基金资助，是国内第一本系统讲述"一带一路"与拉美发展关系的中文著作。

第二届"中拉文明对话研讨会"的另一大亮点是产生了越来越强的国际影响力和辐射力。在研讨会上，还有一批特别的嘉宾，他们就是参加"中国—拉丁美洲和加勒比新闻交流中心"（CLACPC）的第二期学员、来自拉美 10 国的 13 名记者。他们不仅全程出席了本届研讨会并参与讨论，还和中国的媒体同行一起发出了大量关于本届研讨会的报道。其中的拉美媒体包括巴西的《商业观察报》和《商报》、阿根廷的《方向》杂志和《侧影报》、墨西哥的墨西哥通讯社和《至上报》、巴拿马的《星报》、玻利维亚通讯社、秘鲁安第斯通讯社、厄瓜多尔《电讯报》、哥斯达黎加《共和国报》、古巴《格拉玛报》，以及委内瑞拉南方电视台等。

第三届"中拉文明对话研讨会"无论在规模还是质量上都更上一层楼。研讨会于 2019 年 9 月 21—22 日在江苏徐州召开，会议主题是"中拉七十年：相交相知与经验共享"。会议由江苏省人民政府外事办公室、中国社会科学院拉丁美洲研究所、中国外文局朝华出版社联合主办，江苏师范大学承办，阿根廷布宜诺斯艾利斯大学和萨尔塔天主教大学、智利大学、墨西哥维拉克鲁斯大学、中国知网和徐州市人民政府外事办公室协办，并得到了教育部中外人文交流中心和徐州市人民政府的鼎力支持，共有 15 个拉美国家的专家、学者、政府官员和外交官参加了本届研讨会。在开幕式环节，江苏省政协副主席王荣平、外交部拉美司司长赵本堂大使、墨西哥科阿韦拉州州长米盖尔·里克尔梅（**Miguel**

Riquelme）先后发表致辞，中国外文局副局长陆彩荣、墨西哥维拉克鲁斯大学校长萨拉·拉德隆·古瓦拉（Sara Ladrón de Guevara）、教育部中外人文交流中心副主任杨晓春等分别从中墨双边关系、中国对拉美的文化与出版传播、中墨早期文明的相似性，以及中拉人文交流的现状和未来展望等角度做了精彩演讲和主题阐释。

第三届"中拉文明对话研讨会"聚焦中拉人文交流七十年和发展经验共享，既具有浓郁的历史意义，更具有强烈的现实意义，因为2019年是中华人民共和国成立七十周年。七十年来，中国和拉美在探索建设、改革和发展的道路上始终相知相依，互学互鉴，逐步形成了休戚与共、合作共赢的中拉命运共同体。来自中国、巴西、阿根廷、智利、墨西哥等11个国家的发言嘉宾分别围绕工业园区建设和发展经验共享、城市发展与治理能力提升、中国的拉美研究和拉美的中国研究，以及中国和拉美的形象认知变迁展开了热烈讨论。

第三届"中拉文明对话研讨会"有两大突出的亮点。一是"中拉人文交流研究基地"揭牌成立。该基地由江苏省人民政府外事办公室、中国社会科学院拉丁美洲研究所、教育部中外人文交流中心和江苏师范大学等四家单位共建，践行了《关于加强和改进中外人文交流工作的若干意见》所强调的全社会参与的体制机制，丰富创新了中拉人文交流的参与模式，具有不同寻常的意义。它是国内第一家集咨政、研究、交流、传播于一体，理论和实践相结合的专注于"中拉人文交流研究"的新型专业智库。中拉人文交流研究基地的成立将为"中拉文明对话研讨会"的持续推进和中拉文明对话平台的建设提供坚实的支撑。二是在会上举行了国内第一本记录中华人民共和国成立七十年来中拉人文交流故事的《我们的记忆：中拉人文交流口述史》（中文版）的新书发布式。它是首次以"口述历史"的形式将视线重新聚焦于中拉交往之中被忽略的人文交流领域，用自身力量打捞过去七十年中的微观记忆，努力还原中拉人文交流历程的真实面貌。本书由中拉青年学术共同体历经三年组织策划实施，是中国外文局当代中国与世界研究院的智库合作成果，由中国外文局朝华出版社出版。

在第三届研讨会闭幕式上，江苏省人民政府外事办公室副主任刘建东作了大会总结，同时宣布了2020年第四届"中拉文明对话研讨会"的主题——"发展互鉴：构建中拉新型交流合作关系"。2020年是中国发展史上的一座里程碑，中国的百年发展是不断吸收、借鉴和融合世界各国的发展经验而得以成就的，中国的百年发展同样为世界各国谋求适合本国发展的独特道路贡献了崭新的智慧。同样，在过去百年间，拉美国家也进行了各种发展模式和现代化道路的探索，积累了有益的经验和教训。中拉双方可以通过交流、总结和共享，找到真正适合本国国情的发展道路。这将是第四届"中拉文明对话研讨会"的根本出发点。

第六章

中拉文学互译：
人文交流的先锋

文化交流涵盖文化艺术、教育、体育、新闻出版、广播影视、旅游等诸多领域。文学是文化最重要的载体之一，每部作品都带有其民族与文化的烙印，都承载着一个国家特有的语言、文化、历史和思想。文学具有直抵人心的沟通力量，是文化软实力的重要组成部分，是一国开展对外文化传播、展现本国精神风貌和价值观念的重要媒介，更是让世界了解一国及其文化的主要窗口。

中华人民共和国成立以来，中拉文化交流见证了中拉关系从筚路蓝缕到跨越式发展的历程，而中拉文学作品的译介与交互传播则从一个侧面反映了中拉文化交流的特点与变化。毋庸置疑，文学领域的交流对增进中国与拉美国家的相互认知具有不可或缺的作用，同时也是提升中国在拉美的文化软实力的有效途径之一。本章旨在系统梳理中拉文学作品译介的历史与现状，分析当前中拉文学作品交互传播面临的一系列问题，并就如何通过文化传播促进中拉民心相通、增强中拉相互认知提出建议。

第一节　拉美文学在中国的译介与传播

我们以《全国总书目》所收数据为基础，综合中国国家图书馆、中国知网及国内出版拉美文学类图书的主要出版社等信息，对 1949 年中华人民共和国成立至 2019 年 12 月在中国内地出版的拉美文学类图书进行收集与整理。[A] 通过系统梳理上述文献，本节试图探究拉美文学汉译及其传播过程背后的社会文化

[A]　本章所涉及的 1949—2019 年拉美文学汉译的数据，如无特别说明，均源自作者的统计整理。

因素及其与中拉关系发展进程的相互影响。诚然，中拉文化交流的发展无法脱离新中国文化史、对外交流史和中拉关系史等历史脉络而存在，但具体到拉美文学在中国的译介及传播，其发展历程除了与上述历史框架有诸多契合点外，还呈现出自身的发展特点。因此，综合考虑上述因素，我们将1949年以来的拉美文学在中国的传播分为三个阶段进行考察并分析其特点。

一、政治维度下的拉美文学译介与传播（1949—1978）

中华人民共和国成立至改革开放前这三十年是中国社会主义文化建设全面探索时期。"百花齐放、百家争鸣""古为今用、洋为中用"的文化方针促进了文化事业的发展，为建设现代化的文化科学技术打下了良好基础。"文化大革命"开始后，中国的文化事业遭遇严重挫折，外国文化遭到全面批判，整个外国文学的翻译和出版陷入停滞，拉美文学亦不例外。在此背景下，1949—1978年出版的85种拉美文学作品中，绝大部分出版于"文化大革命"开始前，达到77种。这一时期，拉美文学在中国的译介与传播主要呈现以下特点。

1. 中拉民间外交时期的文学信使

中华人民共和国成立后的前二十年，除古巴在1960年与中国建交外，其他拉美国家均缺席中国的外交版图。为打破这一外交困局，中国的对拉政策主要是推动民间外交，期望在拉美形成"以民促官"的社会力量。文化交流成为当时中拉民间交往的主要形式，文学领域的交往更是在中拉之间发挥着铺路搭桥的重要作用。

拉美作家中最早访华的当数智利诗人巴勃罗·聂鲁达。1951年9月，聂鲁达受"加强国际和平"斯大林国际奖委员会委托，来到北京向宋庆龄颁发该奖项。聂鲁达受到了中国领导人的亲切接见，并成为"周恩来结交的第一位拉美朋友"[A]。聂鲁达的访华，是文化和对外交流领域的一次重要事件。此后

A 黄志良：《新大陆的再发现——周恩来与拉丁美洲》，世界知识出版社，2004，第55页。

直接或间接发生的一系列事件证明，聂鲁达的来访拉近了中拉遥远的文化距离，开启了新中国与拉美国家的友谊篇章。

经聂鲁达推荐，智利画家何塞·万徒勒里访华并长期在华生活。万徒勒里参与了 1952 年在京召开的亚洲及太平洋区域和平会议的筹备工作，积极联络拉美友好人士，对会议的成功召开起到了举足轻重的作用。"参加亚太和平会议的拉美代表团成员对后来推动中拉民间交往发挥了重要作用，成为发展中拉友谊的先驱。"[A] 万徒勒里还是中国西班牙语教育的间接推动者。正是在他的建议下，北京外国语学院（现北京外国语大学）于 1952 年开设了中国第一个西班牙语专业。1952 年 10 月，在聂鲁达、万徒勒里等人的推动下，智利中国文化协会在首都圣地亚哥创建，这是拉美最早成立的对华友好团体。1954年，中国著名诗人艾青和萧三还赴智利参加了庆贺聂鲁达生辰的活动。"智利是中国对拉丁美洲开展民间外交最早，工作做得最多，也是效果最好的一个国家。"[B] 聂鲁达对中智交往的推动作用，无疑在中拉民间外交的拓荒阶段树立了一个标杆。他的影响，并非只局限于文学领域，而是具有中拉交流信使的作用。因此，聂鲁达被周总理称为"中拉友好之春的第一燕"。[C]

新中国拉美文学汉译史也与聂鲁达有着密不可分的关系。1950 年 1月，新群出版社出版了聂鲁达的诗集《让那伐木者醒来》（*Que despierte el leñador*）。这是新中国出版的第一部拉美文学作品。与聂鲁达一样，拉美文学汉译在促进中拉认知的同时，也是中拉民间外交的一种载体，是中拉友谊的文字见证。这一时期引进的拉美文学作品多带有鲜明的现实主义特征，以拉美人民反帝、反殖民、反霸权的故事和他们的现实生活为主要题材。虽然拉美文学汉译作品的题材较为单一，但在当时，此类作品的确向中国读者展示了一个与中国同处"第三世界"的拉丁美洲，加强了中拉人民的民族情

A　贺双荣主编《中国与拉丁美洲和加勒比国家关系史》，中国社会科学出版社，2016，第 79页。
B　黄志良：《新大陆的再发现——周恩来与拉丁美洲》，世界知识出版社，2004，第 131 页。
C　同上书，第 55 页。

谊和阶级友谊。聂鲁达的诗集《让那伐木者醒来》、巴西作家若热·亚马多（Jorge Amado）的小说《饥饿的道路》（*Seara Vermelha*）及《无边的土地》（*Terras do Sem Fim*）多次再版，广受中国读者欢迎。

当时的中拉交往提倡"广交朋友"，主张积极而稳妥地开展中拉民间外交，进而推动官方关系的建立。因此，被译介到中国的作品并非只集中于几个拉美文学大国，而是广泛分布于拉美及加勒比国家。纵观拉美文学汉译七十年历史，只有这一时期的国别分布最为广泛，达到 18 个国家，洪都拉斯、海地、圭亚那和特立尼达和多巴哥等国仅在这一时期拥有汉译作品。

20 世纪 70 年代，中拉关系取得突破性进展。中国与 11 个拉美国家建立了外交关系，和拉美的贸易总额由 1 亿美元增长到 10 亿美元。[A] 中国与建交拉美国家的文化交流也随之打开新局面。不过遗憾的是，此时的拉美文学译介受"文化大革命"的影响陷入停滞，中拉文化交流领域基本处于缺席状态。但不可否认，拉美文学的译介和传播在中拉民间外交时期起到了积极的作用，为增进中国对拉美的认知具有重要意义。

2. 受意识形态影响的拉美文学汉译

20 世纪 50 年代，根据"一边倒"的外交方针，中国与苏联的文化交流是当时对外文化交流中最重要的组成部分。中国与拉美最初的文化交流也与苏联有着密不可分的关系。这一时期，有多位像聂鲁达、万徒勒里这样的拉美左翼文学家、艺术家访华，其中大部分拉美友人是借访问苏联等东欧社会主义国家之际顺访中国的。通过对比美国学者威廉·E.拉特利夫（William E. Ratliff）统计的拉美访华人士名单可以发现，在 1949—1978 年间有 55 位拉美作家的作品被译介到中国，其中有多位作家都曾受邀访问中国，除聂鲁达外，还有巴西作家若热·亚马多、吉里耶尔梅·费格莱德（Guilherme Figueiredo）、古巴诗人尼古拉斯·纪廉（Nicolás Guillén）、危地马拉作家米盖尔·安赫尔·阿斯图里亚斯（Miguel Ángel Asturias）、洪都拉斯作家拉蒙·阿

A 贺双荣主编《中国与拉丁美洲和加勒比国家关系史》，中国社会科学出版社，2016，第138 页。

马亚·阿马多尔（Ramón Amaya Amador）、阿根廷作家阿尔弗雷多·瓦莱拉（Alfredo Varela）和海地作家雅克·斯蒂芬·阿列克西斯（Jacques Stephen Alexis）等人。[A] 聂鲁达和亚马多成为这一时期拥有汉译作品最多的拉美作家，两人的作品占这一时期作品总量的 16%。

　　除了在文化交往上"借力苏联"外，早期的拉美文学汉译也不得不"借力俄语"。如前文所述，我国西班牙语专业及葡萄牙语专业分别创建于 1952 年和 1960 年，当时国内西葡语翻译人才极其匮乏。因此，在 20 世纪五六十年代，绝大部分作品都是从以俄语和英语为主的其他语种转译而来。1958 年，由北京外国语学院青年西语教师编译的第一部西汉词典即是以苏联出版的《西俄词典》为蓝本编撰的。直到 20 世纪 50 年代末，才出现了王央乐、王永年、陈用仪、赵金平、吴健恒等精通西班牙语的译者。

　　20 世纪 60 年代，中苏关系全面恶化，这在拉美文学汉译中也得到了体现。以聂鲁达为例，在这一时期，聂鲁达的汉译作品均为 1950—1961 年间出版，共计 7 种。此外，1957 年还出版了由苏联学者库契希奇科娃和施契因撰写的《巴勃罗·聂鲁达传》的中译本。中苏关系变化后，聂鲁达选择了支持苏联。因此，在整个六七十年代的拉美文学汉译中，他的名字几乎销声匿迹。中国和古巴的关系也受到了一定影响，但因古巴是当时唯一与中国建交的拉美国家，中古关系在 60 年代上半期仍处"蜜月期"。1949—1978 年间，古巴是拥有汉译作品最多的拉美国家，共计 16 种，其中 13 种是在中古关系突飞猛进的 1959—1965 年间出版的。由此可见，对这一时期的拉美文学汉译而言，源自意识形态领域的影响不容小觑。

二、回归文学本位的拉美文学译介与传播（1979—2012）

　　1978 年 12 月中共十一届三中全会召开后，国内政治、经济和文化环境逐渐改善，文艺政策也做出了重大调整。邓小平指出，要尊重文艺和文艺

A　William E. Ratliff, "Chinese Communist Cultural Diplomacy toward Latin America, 1949–1960," *The Hispanic American Historical Review*, Vol. 49, No.1 (1969): 61–63.

家的主体作用，为文艺松绑。文化领域拨乱反正，重新复苏。中拉关系在这一时期呈现务实发展的特征。中国在拉美的外交空间进一步扩大，经贸合作和文化交流更加频繁，拉美国家成为中国"南南合作"战略的重要组成部分。停滞的拉美文学翻译和出版重新启动，并迅速回归文学本位，迎来其在中国出版和传播的第一个高峰。统计显示，1979—2012 年共有 570 种拉美文学图书在中国出版。这一时期的拉美文学译介与传播主要呈现两大特点。

1. 席卷中国文坛的拉美文学热潮

1979 年 10 月，中国西班牙、葡萄牙、拉丁美洲文学研究会（现中国外国文学学会西葡拉美文学研究分会）在南京成立。这是国内最早成立的少数几个文学研究会之一，聚集了当时国内几乎所有高校、科研机构、出版社和媒体单位上百名西葡语文学专家和爱好者。在以该研究会成员为主的专家学者的努力下，多部拉美文学经典作品和一批重要的拉美作家在短时间内就被介绍到了中国。仅 1980—1985 年，就有 83 种作品出版，其中包括哥伦比亚作家加夫列尔·加西亚·马尔克斯（Gabriel García Márquez）、阿根廷作家豪尔赫·路易斯·博尔赫斯（Jorge Luis Borges）、秘鲁作家马里奥·巴尔加斯·略萨（Mario Vargas Llosa）、墨西哥作家胡安·鲁尔福（Juan Rulfo）和卡洛斯·富恩特斯等重量级作家的作品。1979—2012 年的汉译作品涉及 150 多名拉美作家。他们当中大部分是第一次被译介到中国，而且作家的意识形态和政治态度已不再成为影响其作品出版的决定因素。从题材上看，之前那种现实主义、革命主题的"一元化"标准亦不复存在。

20 世纪 80 年代的中国文学掀起了革新的浪潮，"突破"和"创新"成为文坛关键词。外国文学的大量涌入引发了思想与文化的交流与碰撞，有力地推动了中国文学的变革，而拉美文学是其中一股不容忽视的力量。在八九十年代，对中国作家产生重要影响的外国作家中，加西亚·马尔克斯、博尔赫斯和巴尔加斯·略萨是被频频提及的名字。1979—2012 年间，上述三位作家的重要著作都被译介到中国且多次重版重译，三人的汉译作品共出版了 142

种，占这一时期总量的 25%。而拉美文学的魔幻现实主义流派更是在中国文坛引起了巨大反响，"并最终成为影响和启悟新时期中国文学发展的最重要的西方文学思潮之一"。[A]

中国作家对拉美文学的青睐和推崇，对拉美文学在中国的传播起到了巨大的推动作用。这一时期的中拉关系已处于稳步发展阶段，人文交流也愈加频繁。但从某种意义而言，在中拉文化交流的诸多形式中，没有哪种形式像拉美文学这般给中国的文化领域带来了如此广泛和深刻的变化。可以说，这一时期的拉美文学汉译已不仅仅局限于促进中国对拉美文化和社会的了解，而是对中国现当代文学产生了重要影响，在中国文学史上留下了不可磨灭的印记。与此同时，也在中拉文化交流史上留下了浓墨重彩的一笔。

2. 渐趋规范的拉美文学翻译与出版

20 世纪 80 年代，国内西葡语教学已初具规模，一大批有造诣的西葡语人才投身拉美文学译介工作，从其他语种转译作品的比例大大减少，错译和漏译现象也大为改观。参与这一时期拉美文学汉译的近 300 名译者中，绝大部分都通晓原作语言。值得强调的是，多位译者系高校教师或在新闻媒体、国家部委供职的资深译审、记者或外交官，不仅精通外语，还是中拉交往的积极参与者。正是他们以学者的眼光精选精译，为拉美文学经典作家作品的汉译打下了坚实的基础。统计数据显示，赵德明参与翻译或主编的作品达到 50 多种，朱景冬、赵振江、王永年参与翻译或主编的作品达到 20 多种。进入 21 世纪后，西葡语教育得到了蓬勃的发展，中拉之间的教育、科研、学术交流也进一步提升，拉美文学汉译人才梯队正逐步成形。与此同时，中国对拉美文学的研究也起步了。

拉美文学汉译作品的出版在这一时期得到了规范和优化。中华人民共和国成立初期，国内出版业版权意识不强，绝大部分汉译的作品都没有获得合法版权。1992 年，中国正式加入国际著作权公约，开始实施《伯尔尼保护文

A　陈黎明：《魔幻现实主义与新时期中国小说》，河北大学出版社，2008，第 1 页。

学和艺术作品公约》和《世界版权公约》。出版界的版权意识逐渐加强，相关政策法规的执行也渐趋规范。总体来讲，进入 21 世纪后，拉美文学汉译作品的版权才得到规范。比如，获得正式授权的《百年孤独》（*Cien años de soledad*）直到 2011 年才面世，而此前，这本加西亚·马尔克斯的著作已经有十多个版本。滋养了无数中国读者的《百年孤独》主要是来自黄锦炎、沈国正、陈泉的译本（1984 年出版）和吴健恒的译本（1993 年出版）。

除了版权问题，八九十年代还存在一些其他出版"乱象"。一些出版单位片面追逐经济效益，争抢"热门"选题，导致重复交叉出版现象严重，而且有不少内容相似甚至相同的图书，书号使用也较为混乱。仍以《百年孤独》为例，当时销售的十多个版本中，有多个版本不仅译文粗糙，而且还存在抄袭现象，不仅原作的风采荡然无存，也损害了读者的利益。进入 21 世纪后，随着社会主义市场经济的不断完善和出版行业的深化改革，这一现象已基本绝迹。需要指出的是，拉美文学汉译作品中，包括加西亚·马尔克斯、博尔赫斯和巴尔加斯·略萨等著名作家的作品，虽然在八九十年代已经出版，但之后均购买了版权，再次出版。此类名家名作的重版也是造成 1979—2012 年间拉美文学汉译作品种数剧增的原因之一。

三、新时期蓬勃发展的拉美文学译介与传播（2013 年至今）

进入 21 世纪后，风靡一时的拉美文学在中国渐归平静。2012 年，莫言获得诺贝尔文学奖。颁奖词中提及，莫言的文学创作颇具福克纳和加西亚·马尔克斯的风格。在中国掀起重读莫言热的同时，拉美文学也再次回归读者视野。2014 年，加西亚·马尔克斯逝世，中国读者纷纷举行纪念活动，《百年孤独》等作品再次畅销，引发拉美文学的阅读和出版热潮。统计显示，在 2013—2019 年短短七年间，共有 360 种拉美文学图书在中国出版，占七十年来拉美文学汉译总量的 35%。可以说，拉美文学汉译方兴未艾。上述莫言、加西亚·马尔克斯等来自文化领域的因素固然重要，但拉美文学汉译的繁荣与新时代中拉关系的全面发展有着密不可分的关系。

1. 新时代中拉关系助推拉美文学汉译及传播

党的十八大以来，中拉关系进入全面发展新时代。中拉合作不断提升，中拉文化交流不断向纵深发展。在中拉关系史上，中拉文化关系被提到了一个史无前例的高度。

2013 年 6 月，习近平主席指出，"中拉要加强文明对话和文化交流，不仅'各美其美'，而且'美人之美，美美与共'，成为不同文明和谐共处、相互促进的典范"。[A] 2014 年 7 月，习近平在巴西利亚同拉美国家领导人会晤时，宣布将"人文上互学互鉴"作为中拉关系"五位一体"新格局的有机组成部分。2015 年，李克强总理出访拉美时，莫言、铁凝等作家随同出访，在哥伦比亚参加了中拉人文交流研讨会，凸显了增进中拉文化交流的强烈意愿。2016 年中拉文化交流年闭幕式上，习近平主席强调，文化关系是中拉整体外交的重要一翼。此后，在 2018 年发布的《中国与拉共体成员国优先领域合作共同行动计划（2019—2021 年）》中，人文交流被列为中拉七大优先合作领域之一。

通过上述梳理，可见十八大以来文化交流和文明互鉴已跃居中拉关系的"高政治"议程。[B] 在中拉关系发展之初，拉美文学汉译曾助力中拉民间外交。在文化关系成为中拉整体外交重要一翼的新时期，拉美文学汉译也成为中拉文化交流的重要一翼，焕发出空前的活力。通过梳理 1949—2019 年历年出版的拉美文学汉译作品数量，可以看到，在拉美文学汉译初期（1949—1978 年），年均出版量不到 3 种，出版量最高的一年为 1959 年，为 18 种。在拉美文学汉译的第一个高峰期（1979—2012 年），年均出版量上升至 17 种，其中最高的一年是 2008 年，为 31 种。到了 2013—2019 年，年均出版量高达 51 种，其中 2015 年和 2018 年分别达到 69 种和 64 种（见图 6-1）。上述数

A 习近平：《促进共同发展 共创美好未来——在墨西哥参议院的演讲》，载《人民日报》，2013 年 6 月 7 日 01 版。

B 郭存海：《中拉文明对话：意义、目标、路径和机制》，载《拉丁美洲研究》，2018 年第 4 期，第 16 页。

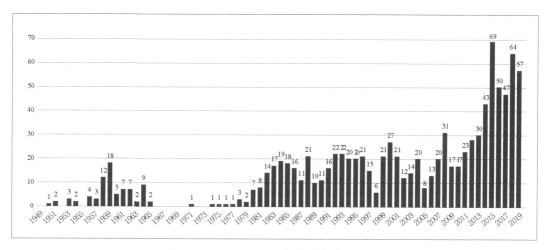

图 6-1　1949—2019 年拉美文学作品汉译情况

资料来源：根据统计数据绘制。

据从一个侧面反映了中国读者对拉美文学及文化的认知需求，展示了中拉文化交流和文明对话的蓬勃发展。

2. 趋向更新、更快的拉美文学译介与传播

长期以来，国内对当代拉美文学的译介严重不足。2013 年以来，随着中拉交往和中外出版行业交流日益密切，拉美文学的翻译和出版呈现更新、更快的特点，进一步促进了中拉当代文学的交流与互鉴。

数据显示，2013 年以来，除了继续出版加西亚·马尔克斯、博尔赫斯、巴尔加斯·略萨等经典作家的重要作品外，"新作家"和"新作品"所占比例也大幅提升。一大批在国外作品畅销的作家成为译介热点，如巴西作家保罗·柯艾略（Paulo Coelho）、智利作家罗贝托·波拉尼奥（Roberto Bolaño）、阿根廷作家塞萨尔·艾拉（César Aira）等。此外，一些活跃在当代拉美文坛的中青年作家也被译介过来，如出生于 20 世纪 70 年代的智利作家亚历杭德罗·桑布拉（Alejandro Zambra）、阿根廷作家萨曼塔·施维伯林（Samanta Schweblin）、出生于 80 年代的墨西哥作家瓦莱里娅·路易塞利（Valeria Luiselli）和智利作家保丽娜·弗洛雷斯（Paulina Flores）等。

翻译和出版的速度也明显提升。一些在国外获奖或备受瞩目的拉美文学作品，几乎在原著出版三四年后就出现中译本，大大便利于中国读者对拉美当代文坛的了解。此外，随着新媒体时代的到来，拉美文学的出版形式也更加多元化。比如由尹承东主编的"西班牙语文学译丛"中的 13 种拉美文学作品，在出版纸质图书的同时还推出了电子书，在亚马逊平台销售，为读者提供了多样化的选择。

第二节　中国文学在拉美的译介与传播

中国文学的海外传播大致经历了三个阶段。第一个阶段是从明清时期到中华人民共和国成立之前，以外国传教士、外交官、记者等自发译介和传播为主。第二个阶段是从中华人民共和国成立到改革开放前，这个时期文学作品成为对外宣传意识形态的一个重要载体，主要由政府组织翻译。第三个阶段是从改革开放至今，这个时期的译介和传播模式日趋多样化，逐渐形成了政府和民间共推、国内和国外合力的良性格局。中国文学在拉美的传播与这三个发展阶段相一致，而且符合其基本特点。一方面，中国文学在海外的传播力和影响力总体上仍然十分有限，且主要集中于英语国家及法国、德国及日本等国。就拉美地区而言，中国文学的译介和传播明显更加滞后，其中既有地理距离遥远的因素，又有语言的巨大障碍。另一方面，外国文学作品的输入远超中国文学的海外输出，中外文学作品的传播和交流存在着严重的逆差。具体到中拉文学作品的交互传播，这种逆差更加明显。

鉴于拉美和加勒比地区共计 33 个国家，中国文学在该地区的出版与传播涉及拉美本地、西班牙、葡萄牙等几十个国家的出版机构，因此目前很难做到像统计拉美文学汉译那样全面梳理中国文学在拉美地区的译介和传播状况。本节特选取拉美三个具有代表性的国家的大学，即阿根廷布宜诺斯艾利斯大学、墨西哥国立自治大学和哥伦比亚安第斯大学，对其图书馆馆藏的西班牙文版中国文学类图书进行检索汇总，并结合在全球知名购物平台亚马逊的墨西哥站点和巴西站点上销售的西文版及葡文版的中国文学类图书情况，以勾勒出中国文学在拉美的译介和出版概貌，并在此基础上分析其在拉美的传播特点。总体来看，中国文学作品在拉美的传播可以分为三个时期，即从 1949 年中华人民共和国成立至改革开放前，改革开放至 2012 年，以及 2012 年莫言获得诺贝尔文学奖至今。中国文学的译介和传播在拉美尚处"拓荒"阶段，作家作品的数量和种类都很有限，因此，本节将重点分析中华人民共和国成立至今，中国文学在拉美传播的整体特点及其发展趋势，不再按上述三个时期逐一论述。

一、中国文学在拉美的译介选题：从以古代文学为主趋向以现当代文学为主

统计数据显示，在拉美传播较广、受关注度较高的中国文学类图书高度集中于古代诗歌和古典名著。古诗多以选集为主，收录唐、宋或多个朝代数位诗人诗作，以集中展现中国古典诗词的魅力。李白、王维、白居易和杜甫是诗作被译介最多的诗人。中国古代神话传说、民间故事、志怪故事等选集，以及《红楼梦》《西游记》《水浒传》《三国演义》等名著在拉美传播较为广泛。

长期以来，拉美地区对中国现当代文学的译介和传播严重不足。从中华人民共和国成立至改革开放前，被译介到拉美的现当代文学主要是毛泽东、艾青、闻一多、徐志摩、郭沫若等的诗歌作品以及鲁迅的短篇小说。改革开放后，这一局面有所改观，巴金、老舍、丁玲、莫言、铁凝、北岛、王安忆、王朔、韩少功、阎连科、苏童、余华、阿来、贾平凹、池莉等作家的作品开始进入拉美读者的视野。值得强调的是，20 世纪八九十年代中国电影在世界影坛取得的辉煌成就对推动中国当代文学的译介起到了积极的作用。莫言的《红高粱家族》、古华的《芙蓉镇》、李碧华的《霸王别姬》等作品在西葡语国家的迅速传播与张艺谋、谢晋、陈凯歌导演的影片取得的成功密不可分。

2012 年莫言获得诺贝尔文学奖，大大推进了莫言作品在西语国家的译介和传播。莫言的作品中第一部被翻译成西班牙文的是《红高粱家族》，它由

英文版转译而成，并于 1992 年在西班牙出版。截至目前，莫言已有 17 部作品被翻译成西班牙文，其中超过半数的作品为 2012 年其获得诺贝尔文学奖后译介的，且多由中文直译（见表 6-1）。诺贝尔文学奖的宣传效应，加之莫言的文学创作又受到了拉美文学的影响，莫言的作品在拉美引发普遍关注。莫言作品的大规模译介与传播还激发了拉美读者对中国现当代文学的阅读兴趣。近几年，中国当代文学在拉美的作家名单中又增添了麦家、于坚、阿乙、慕容雪村等名字。

表6-1 莫言作品西班牙文版译介及出版情况

出版年份	西文版书名及原著书名	译者、出版社及再版信息	其他信息
1992	*Sorgo rojo*《红高粱家族》	安娜·波尔加克（Ana Poljak） 穆奇尼克出版社（Muchnik） 2002 年、2009 年、2012 年由阿莱夫出版社（El Aleph）再版	英文转译
2007	*Grandes pechos amplias caderas*《丰乳肥臀》	马里亚诺·佩柔（Mariano Peyrou） 凯伊拉斯出版社（Kailas）	英文转译
2008	*Las baladas del ajo*《天堂蒜薹之歌》	卡洛斯·奥塞斯（Carlos Ossés） 凯伊拉斯出版社 2013 年再版	英文转译
2009	*La vida y la muerte me están desgastando*《生死疲劳》	卡洛斯·奥塞斯 凯伊拉斯出版社 2012 年再版	英文转译
2010	*La república del vino*《酒国》	科拉·蒂埃德拉（Cora Tiedra） 凯伊拉斯出版社 2013 年再版	英文转译
2011	*Shifu, harías cualquier cosa por divertirte*《师傅越来越幽默》	科拉·蒂埃德拉 凯伊拉斯出版社 2012 年再版	英文转译
2011	*Rana*《蛙》	李一帆（Yifan Li） 凯伊拉斯出版社 2013 年再版	中文直译

续表

出版年份	西文版书名及原著书名	译者、出版社及再版信息	其他信息
2012	*Cambios* 《变》	安妮－伊莲娜·苏亚雷斯 （Anne–Hélène Suárez Girard） 塞伊克斯·巴拉尔出版社 （Seix Barral）	中文直译
2013	*¡Boom!* 《四十一炮》	李一帆 凯伊拉斯出版社	中文直译
2014	*El suplicio del aroma de sándalo* 《檀香刑》	布拉斯·皮涅罗·马丁内斯 （Blas Piñero Martínez） 凯伊拉斯出版社	中文直译
2015	*Trece pasos* 《十三步》	胡安·何塞·西鲁埃拉 （Juan José Ciruela） 凯伊拉斯出版社	中文直译
2016	*El clan del sorgo rojo* 《红高粱家族》	布拉斯·皮涅罗·马丁内斯 凯伊拉斯出版社	中文直译
2016	*El manglar* 《红树林》	布拉斯·皮涅罗·马丁内斯 凯伊拉斯出版社	中文直译
2017	*El mapa del tesoro escondido* 《藏宝图》	布拉斯·皮涅罗·马丁内斯 凯伊拉斯出版社	中文直译
2017	*El rábano transparente* 《透明的红萝卜》	布拉斯·皮涅罗·马丁内斯 凯伊拉斯出版社	中文直译
2018	*El clan de los herbívoros* 《食草家族》	布拉斯·皮涅罗·马丁内斯 凯伊拉斯出版社	中文直译
2019	Una carretera en obras 《筑路》	布拉斯·皮涅罗·马丁内斯 凯伊拉斯出版社	中文直译
2020	*Júbilo* 《欢乐》	布拉斯·皮涅罗·马丁内斯 凯伊拉斯出版社	中文直译

资料来源：根据统计数据整理。

　　近几年来，中国文学的译介不仅呈现"由古及今"的趋势，文学作品的风格也更趋多元化。除了占主导地位的严肃文学，中国当代类型文学也现身拉美，并取得了极好的传播效果，其中最典型的当数科幻作家刘慈欣的作品。2015 年，刘慈欣凭借《三体》获得世界科幻协会颁发的"雨果奖最佳长篇小说奖",其作品很快就被译介到西葡语国家,并在拉美多国迅速传播。统计数据显示,亚马逊墨西哥站点上西班牙文版《三体》的读者评分为 4.2 分(最高分为 5 分),且高居"冒险类及科幻类小说排行榜"第 8 位。[A] 在亚马逊巴西站点"外星人入侵类科幻小说畅销榜前 30 位"榜单中,刘慈欣的葡文版作品占 6 席之多,分别为第 6、9、17、27、28 及 29 位。[B] 刘慈欣作品在拉美受欢迎的程度可见一斑。

二、中国文学在拉美的译介与传播:从"借助外力"趋向"直接对话"

在相当长的一段时期内,拉美读者接触到的中国文学鲜有从汉语直译的作品。如阿根廷著名作家博尔赫斯在 20 世纪 30 年代就曾撰文介绍曹雪芹的《红楼梦》和施耐庵的《水浒传》。但博尔赫斯是通过德国著名汉学家弗兰兹·库恩(Franz Kuhn)的德文译本才了解到这两部古典名著的。[C] 墨西哥诗人、1990 年诺贝尔文学奖获得者奥克塔维奥·帕斯(Octavio Paz)对东方文化十分痴迷,他对中国诗歌颇有研究,还翻译了庄子、王维、李白、韩愈、白居易、杜甫、李清照等人的作品。帕斯坦言:"我在 1957 年翻译了一些中国古典文学的诗文短章。巨大的语言障碍并未令我望而却步,当然,我是从英文和法文转译的。这对原著语言或有不敬,但我真的认为那些作品应该被翻译成西班牙文,不仅因其文采斐然、辞藻精妙,更因其文辞隽永、意味深长。"[D]

在中国文学走进西葡语国家的初期阶段,转译无疑是一种最快捷的途径。中华人民共和国成立后,随着中国和西葡语国家文化交流的逐渐展开,

---

A 亚马逊墨西哥站点网站,https://www.amazon.com.mx/gp/bestsellers/books/9569899011/ref=zg_b_bs_9569899011_1,访问日期:2020 年 4 月 19 日。

B 亚马逊巴西站点网站,https://www.amazon.com.br/gp/bestsellers/books/16311718011/ref=pd_zg_hrsr_books,访问日期:2020 年 4 月 19 日。

C Jorge Luis Borges, "Tsao Hsue Kin: *El Sueño del Aposento Rojo*," 19 de noviembre de 1937, en *Textos Cautivos* (Madrid: Alianza, 1998), p.343.

D Octavio Paz, "Versiones y diversiones," edición revisada y aumentada (Barcelona: Círculo de Lectores, S. A y Galaxia Gutenberg, S. A., 2000), p.497.

这种从其他语种转译的状况也开始有所改观。黄玛赛（Marcela de Juan）是中国文学西译史上里程碑式的人物。她自出生起，似乎就注定要与中国、西班牙及拉丁美洲结下不解之缘。黄玛赛 1905 年出生于古巴哈瓦那，其父系清朝外交官黄履和，其母为西班牙裔比利时人。黄玛赛出生后不久，黄履和调任西班牙，全家迁居马德里。1913 年，黄履和奉调回国，黄玛赛又随家人定居北京，直至 1928 年。其间，黄玛赛不仅深入了解了中国文化，还与胡适、林语堂等人成为好友。回到西班牙后，黄玛赛开始积极推介中国文化，并着手翻译中国文学作品。她翻译的中国古代传说和诗歌散见于报刊，其中包括西班牙最有影响力的杂志之一《西方杂志》（Revista de Occidente）。值得强调的是，黄玛赛翻译的诗歌中，不仅有《诗经》、唐宋明清的古诗，还包括"新文化运动"时期的作品，以及数篇毛泽东诗词。

从中华人民共和国成立至改革开放前，像黄玛赛这样精通中西文且涉猎中国文学翻译的译者寥寥无几，具体到拉美地区，连从其他语种转译的译者也屈指可数。智利作家、外交家、翻译家路易斯·恩里克·德拉诺（Luis Enrique Délano）曾于 20 世纪 50 年代末供职于北京外国语学院，他从英文转译了鲁迅的《阿 Q 正传》等小说，还有李白、毛泽东的诗歌等。墨西哥作家、外交官塞尔希奥·皮托尔（Sergio Pitol）从英文转译了鲁迅的《狂人日记》，并于 1971 年在西班牙出版。

不可否认，在中国文学译介由转译跨向直译的过程中，西班牙汉学家发挥了至关重要的作用。可以说，西班牙汉学家是中国文学通往拉美的关键桥梁，是中国文学在西葡语国家得以传播和推广的初始力量。20 世纪 80 年代，汉语及中国研究在西班牙兴起，催生了一批西班牙汉学家。如塔西安娜·菲萨克（Taciana Fisac）曾因翻译钱锺书的《围城》和巴金的《家》等作品，于 2012 年获得"中华图书特殊贡献奖"[A]，成为西班牙语国家首个获此殊荣的汉

A 该奖项由原新闻出版总署于 2005 年设立，旨在表彰在介绍中国、翻译和出版中国图书、促进中外文化交流等方面做出重大贡献的外国翻译家、作家和出版家。

学家。[A] 阿莉西亚·雷林克（Alicia Relinque）长期从事中国古代文学的翻译与研究，译作包括《文心雕龙》《西厢记》《牡丹亭》等。

时至今日，西班牙汉学家仍是译介中国文学的主要力量。如上文莫言作品的西班牙文版译介情况所示，布拉斯·皮涅罗·马丁内斯是从中文直译的主要译者，译介莫言的作品达到 8 部。刘慈欣的作品也主要由西班牙青年汉学家哈维尔·阿尔塔约（Javier Altayó Finestres）翻译。根据 2017 年 3 月公布的"世界汉学家数据库"显示，在全球 5925 位汉学家中，拉美地区仅占 21 人。[B] 而且，拉美汉学家多致力于中国问题研究，从事文学作品译介与研究的汉学家屈指可数。比较知名的有秘鲁翻译家吉叶墨·达尼诺（Guillermo Dañino），译作以李白、杜甫、白居易的诗歌为主。墨西哥学院教授莉莉亚娜·阿尔索夫斯卡（Lilijana Arsovska）则以翻译中国当代作家的作品为主，如王蒙的《坚硬的稀粥》、刘震云的《我不是潘金莲》《一句顶一万句》、贾平凹的《极花》等。不过，令人欣喜的是，随着中拉人文和学术交流的蓬勃发展，近年来涌现了几位拉美本土的青年汉学家，如 1979 年出生的阿根廷诗人、翻译家米盖尔·安赫尔·佩特雷卡（Miguel Ángel Petrecca），已翻译了近十部作品，包括鲁迅的短篇小说集、萧红的《呼兰河传》《小城三月》、格非的《隐身衣》、阿乙的《下面，我该干些什么》、于坚的《卡他出塔的石头：于坚诗选》、西川的《夕光中的蝙蝠》等。

中国文学在拉美的出版也长期"借助外力"。从中华人民共和国成立至改革开放前，以外文出版社为主的中国出版机构是出版中国文学外译作品的主力。外文出版社成立于 1952 年，隶属中国外文局，向拉美地区输出的文学作品以中国民间故事、古典名著和诗词为主。但受传播渠道限制，中国出版机构出版的图书在拉美的影响非常有限。西班牙出版社是中国文学进入拉美的主要渠道。一方面，西班牙出版社在全球西班牙文图书市场所占份额本身就较大。整

A 塔西安娜·菲萨克还于 1992 年在马德里自治大学创立"东亚研究中心"，这是西班牙首个致力于以中国和日本研究为主的学术机构。

B 北京外国语大学、国际儒学联合会等："世界汉学家数据库"，http://www.hanxuejia.net/，访问日期：2017 年 6 月 11 日。

体估算西班牙文图书市场，西班牙占比 46%，墨西哥、阿根廷、哥伦比亚、智利和秘鲁 5 国合计占 45%，其他十几个国家占 9%。[A] 另一方面，相较于拉美的出版社，西班牙出版中国主题图书的历史更悠久、种类更多、渠道也更通畅。如世界上最大的西班牙文图书出版商西班牙普拉内塔出版集团（Grupo Planeta），其旗下的塞伊克斯·巴拉尔出版社出版了鲁迅和余华的大部分作品，莫言的作品均由西班牙出版社出版，其中又以凯伊拉斯出版社为最多（见表 6-1）。

　　根据我们统计，从中国当代文学类图书的出版地来看，西班牙出版的图书数量占总量的 62%，拉美地区出版的图书占总量的 23%，中国出版的图书则占 15%。值得强调的是，近几年来中国出版的图书占比增长明显。2012年，五洲传播出版社积极开拓拉美市场，截至目前，已译介麦家、刘震云、王蒙、王安忆、路遥、迟子建、史铁生等 20 多位当代作家的 30 多种文学作品。五洲传播出版社成为继外文出版社后，向拉美传播中国文学最多的中国出版社。随着中拉人文交流的日益深入，拉美国家民众对中国的认知需求也迅速增长，一批拉美本土的出版社开始积极引进中国文学作品，如阿根廷的阿德里安娜·伊达尔戈出版社（Adriana Hidalgo）和智利的罗姆出版社（LOM Ediciones），近年来开始专注对中国当代文学的译介，将阿乙、李敬泽、鲁敏、盛可以、路内等作家介绍到拉美，丰富了中国文学在西语世界的版图。

第三节　中拉文学作品交互传播的思考及建议

一、中拉文学作品交互传播的特点

　　通过梳理中国和拉美文学作品的译介和传播历程，可以发现中拉文学作品交互传播具有明显的"逆差"。这种特征除了前文所说的"数量差"之外，

A　傅西平：《聚焦阿根廷出版业》，载《出版参考》，2015 年 9 月，第 17 页。

还主要体现在以下三方面。

1. 中拉相互认知的"时间差"

中华人民共和国成立之初，在中国民众眼中，拉美和中国同为亚非拉第三世界，因此对拉美有一种天然的亲近感。中国读者在 20 世纪五六十年代就已经接触到不少拉美文学作品，对拉美有了一定了解。但在那个年代，美国采取孤立中国的敌视政策，拉美国家普遍对中国存有较大疑虑而与中国保持距离。除古巴于 1960 年与中国建交外，其他拉美国家直至 70 年代才陆续与中国建交。因此，对大部分拉美国家的读者而言，直到 20 世纪七八十年代，中国才慢慢走入他们的视野；而直到进入 21 世纪，中国形象才逐渐从"想象"变得趋于相对可见。这种"时间差"导致了中拉读者在阅读、理解和接受彼此文学作品时的基础和水平的差异。

2. 中拉交流沟通的"语言差"

从语言本身看，汉语与西语和葡语分属汉藏语系和印欧语系，彼此之间的关联度和相似度极低。西语和葡语属于较容易掌握的外语，而汉语属于最难掌握的外语之一[A]。就此而言，中国人学习西葡语的难度要远远小于西葡语国家的人学习汉语的难度。从语言教学的发展状况看，拉美的汉语教学和中国的西葡语教学也存在着很大差距。中国的西语和葡语本科学历教学始于 20 世纪五六十年代，并在 20 世纪末就已发展到研究生层次的学历教学。而拉美的汉语教学和推广长期以来主要依赖华侨学校和孔子学院。近些年来，虽然在拉美掀起"中文热"，不少高校开设了中文专业，但其教学规模还不大，师资力量仍比较薄弱。这种"语言差"导致中国的西葡语专家、译者和学生要远远多于拉美的汉语专家、译者和学生，在拉美提升汉语教学和传播可谓任重而道远。

3. 中拉文学的"影响差"

拉美文学在中国拥有一个相对稳定且仍在不断增长的读者群。加西

A "¿Cuáles Son los Idiomas Más Fáciles y Difíciles de Aprender?", en *ABC*, 31 de marzo de 2014, http://www.abc.es/sociedad/20140331/abci–lenguas–dificultad–201403281938.html，访问日期：2017 年 6 月 11 日。

亚·马尔克斯、博尔赫斯、聂鲁达等都是中国读者熟悉的名字，《百年孤独》常年位居最受欢迎的外国小说榜单。拉美文学对中国当代文学创作留下了不可磨灭的印记。莫言曾多次提到《百年孤独》给他带来的震撼，讲述"面对巨著产生惶恐和惶恐过后蠢蠢欲动"的感触。[A] 阎连科将拉美文学喻为中国新时期文学的催生剂，认为"其影响之剧，可能超过世界上任何一个时期的任何一个流派、主义和文学团体，对中国文学造成的振动基本和地震或火山爆发一样"。[B] 中国学界对拉美文学的研究也取得了一定成就。统计数据显示，1949 年至今，由中国学者编撰的拉美文学史类别的图书有近 20 种，专著类图书近 50 种。发表在各类学术期刊的拉美文学研究论文有数千篇，"仅1979—2017 年间发表的关于博尔赫斯的论文就有 1630 篇"。[C]

鉴于中国文学在拉美的译介和传播存在一系列限制条件，中国文学在拉美的影响仍非常有限。虽如上文所述，刘慈欣的作品在拉美多国畅销，但关注中国严肃文学的读者人数仍较为有限，且大多数读者对中国文学的认知仅局限于唐诗宋词等古典文学和诺贝尔文学奖得主莫言的作品。具体到对中国文学的研究，成果更是寥寥。不过，近几年来，中拉作家之间的交流日益频繁。一方面，以麦家、阿乙为代表的中青年作家对西葡语文学热情不减，在继续阅读经典作家作品的同时也积极开展与拉美当代作家的对话与交流。另一方面，拉美作家对中国的兴趣也与日俱增。萨曼塔·施维伯林、瓦莱里娅·路易塞利等当下拉美文坛的一线作家都在近年访问中国，与中国读者、作家、出版界深入交流，并参与了一些合作项目。中拉文学的"影响差"或能在不远的将来逐渐缩小。

二、提升中拉文学交互传播的建议

从上述分析可以发现，中拉文学作品交互传播存在着严重的不对等，

A 莫言：《黔驴之鸣》，载《青年文学》，1986 年第 2 期。
B 阎连科：《我的现实 我的主义》，中国人民大学出版社，2011，第 265 页。
C Lou Yu, "Borges en China (1949—2017)," en *Variaciones Borges*, N.45 (2018): 12.

而且就其传播的影响力和有效性而言，仍有相当大的提升空间。因此，中国文学要充分发挥联结中拉民心相通的桥梁作用，可谓任重道远。然而令人欣喜的是，中拉双方均有着强烈的增进相互了解的意愿和行动，尤其是中方始终彰显其主动精神，发起了一系列倡议，提供了相应的政策支持。这无疑为扩大中拉文学的交互传播提供了良机，我们就此提出以下四点建议。

1. 加强规范协调，形成对拉传播合力

自 2014 年习近平主席在联合国教科文组织总部发表演讲第一次提出"新文明观"以来，文明交流互鉴成为中国外交的亮点和焦点。在此背景下，中拉文化关系的地位获得大幅提升。中国政府出台了一系列推动中拉人文交流的政策和倡议，其中在对外出版和传播方面，既有包括拉美在内的面向全球的综合项目 A，也有诸如"中拉思想文化经典互译工程"B 等专门项目。这些有利的环境为对拉出版与传播提供了良好基础。

然而目前来看，对拉出版传播存在着两个值得关注的问题。一方面，综合项目以英语图书为主，西葡语图书的比例相对较小；C 另一方面，专门项目虽在进展中，但就其效率和效果而言不敢过度乐观。就对拉出版和传播而言，要取得良好的效果需要切实加强三个方面的努力。其一，要完善和规范入选作品的遴选机制，努力做到"请准专家、优选作品、精选译者"。唯有把好入口，才有保障出口效果的可能性，毕竟传播的本质重在质量，而非数量。其二，目前对外项目繁多，亟待建立各项目间的协调机制，以增强对拉整体传播的质量。比如，可以探索考虑将国家汉办发起的"孔子新汉学计

A 此类项目主要包括"中国图书对外推广计划""中国文化著作翻译出版工程""中外图书互译计划""国家社科基金中华学术外译项目""中国当代作品翻译出版工程""丝路书香工程重点翻译资助项目"等。

B 该项目由中国文化部于 2016 年"中拉文化交流年"背景下设立。

C 以启动最早、收效最大的"中国图书对外推广计划"和"中国文化著作翻译出版工程"为例，截至 2016 年年底，两个项目资助的西语图书前者仅占 4.3%，后者约占 7%，资助的葡语图书尚不足 5 本。姜珊、胡婕：《不忘初心，连通中国与世界："中国图书对外推广计划"项目十年进展情况介绍》，载《出版参考》，2017 年 9 月，第 18—20 页。

划"博士项目同文化部主导的汉学家和青年汉学家研修项目及上述翻译项目统筹安排与融合，以形成互补和合力。其三，对拉出版传播关键在于激发民间活力。中国政府主导对外出版的局面在短期内难以改变，但从实际执行层面、可持续性和有效性来看，民间机构是关键主力。这就需要支持和鼓励中拉双方的高校、智库、出版社和文化传播机构之间增强交流与合作，而目前最缺乏的是交流和信息分享平台。政府相关部门在此方面可以发挥独特优势和作用。

2.拓展传播渠道，推动立体合作出版

相较于与英语国家、法国、德国、日本等国的交流，中拉出版界的沟通极少，基本还处于"零星对话"阶段。国内只有个别出版社有涉拉项目。除上文提及的五洲传播出版社外，外语教学与研究出版社利用外语和高校平台的优势，主打与拉美高校出版社的合作项目。当前，该社已与阿根廷布宜诺斯艾利斯大学出版社和墨西哥国立自治大学出版社开启合作，正在推进《中国文化读本》《中华思想文化术语》等作品的西文版出版及阿根廷名著《法昆多》的中文版出版。四川文轩出版集团则依托四川大学西班牙语系和拉美研究所的支持，成立了西语出版中心，主打特色出版，推广川籍作家和川蜀文化走向拉美。

尽管如此，中国对拉出版仍"小荷才露尖尖角"，开辟拉美出版市场仍需要稳扎稳打。首先，积极参加拉美国际书展，尤其是具有国际影响力的墨西哥瓜达拉哈拉国际书展和阿根廷布宜诺斯艾利斯国际书展等，获取出版信息和合作伙伴。既要重视与拉美本土出版商的合作，也应加强与西班牙出版商的合作，利用西班牙在拉美占主导地位的出版资源和渠道"借船出海"。其次，在当前阶段，中国出版机构宜以信息共享、合作共赢为要旨，抱团开拓拉美市场。同时，各出版机构宜进行产品和市场细分，形成各自的特色和比较优势，特别要避免产品的同质性。最后，针对日新月异的出版传播形势，宜打造由版权贸易、传统出版与数字化出版、书展合作、在海外开设书店和图书专柜、联合兴办出版社等业务板块构成的"立体化"对外合作模式，这样不仅可以使产品内容多元化，而且可以使出版和传播渠道多元化，以提高中国作品在拉传播的复合效果。

值得一提的是，人民文学出版社和总部设在布宜诺斯艾利斯的仟雨出版社（Mil Gotas）积极探索合作模式，推出了中拉作家同主题互译项目。作为成果之一的《融合：动物》（*Tándem, Chino-latinoamericano animales*）已于2019年在阿根廷出版西班牙文版，中文版也即将面世。该选集汇集了中国和拉美最活跃的青年作家，以期通过"同主题互译"及交互出版的形式，构建中拉作家、译者和出版人的交流平台，有效加强中拉文学的对话和传播。人民文学出版社和仟雨出版社的这一合作为提升中拉文学交互传播提供了有益探索，具有十分重要的借鉴意义。

3. 改进人才培养模式，适时推进分流教育

语言差异是横亘在中拉文化交流之间的藩篱，更是文学作品对外传播面临的首要问题。进入21世纪后，中拉之间的"语言差"有所缩小。一方面，中国的西葡语教育取得了长足的发展。如前文所述，截至2020年3月，中国大陆地区开设西班牙语本科专业的院校从1999年的12所上升至100所，开设葡萄牙语专业的院校则从1999年的2所上升至41所。自2018年起，西班牙语正式列入中国高中课程，这进一步促进了西语教育在中国的发展。此外，塞万提斯学院也是西语人才培养的重要基地。据塞万提斯学院2019年度报告数据，2019年中国西语学习者共计55816人，其中中小学8874人，大学34823人，塞万提斯学院3253人，其他培训机构8866人。[A]2019年中国西语学习者总人数较2018年的31154人增加了79%，在各国西语学习者数量排行榜上，中国的排名也由2018年的第31位上升至第22位。[B]另一方面，拉美的汉语教育也有所提高。如前文所述，截至目前，拉美共设立了45所

A Instituto Cervantes, "El Español: una Lengua Viva," Informe 2019, p.14, https://www.cervantes.es/imagenes/File/espanol_lengua_viva_2019.pdf，访问日期：2020年4月1日。

B Instituto Cervantes, "El Español: una Lengua Viva," Informe 2018, p.11, https://www.cervantes.es/imagenes/File/espanol_lengua_viva_2018.pdf，访问日期：2020年4月1日。

孔子学院和 18 个孔子课堂，拉美国家的注册学员数量呈逐年递增态势。

中国西葡语学习者和拉美汉语学习者人数的不断增加，为扩大中国文学对拉传播提供了稳固的基础和更大的可能性。但这并不足以转化为对拉文学传播的可用人才，要实现这一点还需要对人才培养模式适时进行细分。比如，国内西葡语教学可根据学生学习特点和意愿，在高年级进行分流化教学，有意识地培养专业化的翻译人才和出版传媒人才。拉美孔子学院的汉语教学则可以充分利用或结合"孔子新汉学计划"等项目，着力培养深入了解中国的高水平汉语人才，特别是在"青年汉学家研修计划"等项目中建立比较规范的人才选拔机制，加强孔子学院、智库、高校诸机构间的协调，尽最大可能将来华留学、访学、研修的名额提供给真正符合资格且适合的人选。此外，同样重要的是，亟须搭建中拉学者、译者和出版社之间的信息沟通和分享平台，以便于开展合作翻译。毕竟就中国文学作品输出的质量和效果而言，最佳翻译模式无疑是中国译者和拉美译者的合作或协作翻译。

4. 优化传播内容，增强传播效应

中国文学走出去不是一个单向的推广过程，而是一个与海外读者进行跨文化交流和心灵对话的过程。一部作品只有走进外国读者的内心，使他们通过阅读了解中国、感受中国，进而理解中国，才能真正实现其感染力和影响力。总体来看，中国文学作品对拉传播以中国方面自我传播、主动"送出去"为主，西葡语国家汉学家或研究者自主选取、"拿走"作品进行译介为辅。从传播和接受效果看，"拿走"取得的成绩往往更为突出。究其原因，"送出去"的有些作品过分强调政治正确或者主流话语，而忽视了作品的文学性和海外读者的"他者眼光"，与市场实际需求相脱节。

因此，中国文学不仅要走向拉美，更应强调真正走进拉美。这就需要联合国内外相关机构，加强对拉美图书市场、读者阅读喜好和接受心理的调研，尤其要考虑到拉美国别众多、文化多元的特点，适当考虑区别化的市场战略。如以谍战题材著称的中国作家麦家的小说《解密》，在阿根廷上市不到一个月就跃居文学类销售排行榜第一名。这并非偶然，因为"没有哪种文学体裁能像侦探小说这般深深扎根于 20 世纪阿根廷叙事文学"[A]。再参照 20 世纪八九十年代拉美文学在中国的传播效应可以发现，正是因为中国的译者和研究者了解哪些作家、作品容易在中国引起共鸣，因此由他们"拿来"的拉美文学才在中国读者心中激起了广泛的反响。此外，从可持续性角度来看，当前尤其要提高对图书市场的敏锐性，勇于与拉美市场对接，同时也要学会"包装"和设计内容。比如近些年儿童图书成为国内外出版市场的一大热点。在此背景下，应适时推出一些优秀的儿童文学作品进入拉美市场。

纵观中国文学对拉美的传播过程和特点可以发现，政治或政府长期是中国文学对拉传播的主要动力，这在很大程度上限制了传播的可渗透性和可持续性。要改进这种局面无疑需要转换文学传播的动力机制，适时增强市场机制的作用。不过，我们也必须承认，市场并不是万能的，因为即使"回归文学本位"之后，文学在促进中拉民心相通、提升中国在拉美的文化软实力方面的作用仍然有限。这在相当大程度上源于既缺乏对拉文学传播的整合平台和协作机制，又缺乏对人才的精细化培养，还缺乏适合对拉传播的优选文学作品。事实上，如果在充分调研拉美出版市场、深谙拉美历史文化，以及洞察读者阅读心理的基础上，再因地因人地制定适宜的传播方案，相信会取得预期的效果。

毋庸置疑，中拉文学作品的译介与传播在中拉文化交流史上发挥着积极的作用。一书一砖，架起沟通中拉人民心灵、促进中拉相互认知的文化桥梁。较之于中拉的政治和经贸关系，中拉文化关系发展仍比较滞后。当前，人文交流已成为中拉合作的新支柱，中拉文化交流的有利因素也与日俱增。在此背景下，除了继续推进拉美文学的汉译外，还亟待加强中国文学在拉美的译介和传播。唯如此，中拉文学交流的"数量差""时间差""语言差"和"影响差"等失衡现象才能得到改善，中拉文学才能更好地实现对话沟通和互学互鉴。

A　Jorge Lafforgue, *Cuentos Policiales Argentinos*, Buenos Aires: Alfaguara, 1997, prólogo.

第七章

中拉学术共同体：
融合发展

学术研究被认为是最具深度和使命感的人文交流和文明对话方式，这是因为学术研究的过程也是知识生产的过程。它不仅以其深刻的思想和智慧同另一种文明或社会的同行交流，而且更重要的是它还以知识生产为其他领域的交流与合作提供认知基础和服务。就此而言，区域或国别研究对于增进两国或两个地区的认知和理解具有巨大的支撑和推动作用。

中国的拉美研究和中拉关系的发展紧密相连。它既是应中拉关系的发展需要而生，又为中拉关系的高质量发展提供知识和智慧保障。从 1949 年中华人民共和国成立至今，中国的拉美研究经历了从无到有，从停滞到恢复，及至当前的"井喷式"发展。七十多年来，中国的拉美研究在软硬件基础设施建设方面已取得长足发展，然而过度的"政策导向"抑制了学术性研究的活力，反过来又限制了政策性研究的效力，以致拉美知识的生产始终无法满足中国社会对拉美的理解需要。这种差距反映出拉美知识的生产一方面存在数量上的不足和质量上的参差不齐，另一方面又因重复生产而出现相对过剩，由此迫使中国的拉美研究在研究视野、研究方法和研究内容诸方面面临转型挑战。

与此同时，同样受中拉关系快速发展的驱动，拉美的中国研究也逐步发展起来。从 1949 年至今，拉美的中国研究经历了从革命和意识形态向经济和国际关系的历史性转变。特别是进入 21 世纪以来，拉美的中国研究获得了相对较快发展：涉华研究机构和学者明显增多，研究议题相对集中且日趋多元，研究成果形式多样，中国研究网络初具雏形。展望未来，拉美的中国研究大有可为，但在机构发展、研究资源以及人才建设诸方面都将面临挑战。

本章拟从平行视角梳理和分析中国的拉美研究和拉美的中国研究的发展

阶段、发展特点和面临的挑战，并尝试寻找推动中国的拉美研究和拉美的中国研究的融合发展之道，使之真正成为增进中拉相互认知的内容提供者和传播媒介。

第一节　中国的拉丁美洲研究

拉丁美洲和加勒比虽然是距离中国最遥远的地区，但拉美研究作为区域研究的重要组成部分，起步却并不晚，甚至是国内发展最早的几个区域研究之一。从 1949 年中华人民共和国成立至今，中国的拉美研究经历了从"碎步前进"到疾速发展的巨大变化。为全面深刻把握当前中国拉美研究机构的发展现状，由中国拉丁美洲学会牵头组织、设计并实施了"中国拉美研究机构发展状况调查（1949—2019）"调研项目。同时，为摸清中国拉美研究的成果状况，又对中国唯一专门研究拉美的学术刊物《拉丁美洲研究》自 1979 年创刊至 2019 年 6 月四十年发表的全部学术论文逐一统计整理，辅以分析中国拉美研究的发展特点。本节所做的分析正是基于本次问卷调查和该刊统计整理的学术数据。

一、"中国拉美研究机构发展状况调查"的动因、目标和方法

1949 年、1979 年和 2019 年，这三个年份不仅之于中国重要，之于中国拉美研究的发展也同样重要。

首先，中国的拉美研究是中华人民共和国成立之后才逐步发展起来的，因此 1949 年应被视为更适宜的起点。[A]2019 年正值中华人民共和国成立七十年之际，系统回顾、总结和反思中国拉美研究七十年的发展，对于中国拉美研究"重抖精神再出发"是非常必要，也是非常重要的。

A　王晓德、雷泳仁：《中国拉丁美洲史研究回顾》，载《历史研究》，2000 年第 5 期，第 150 页。

其次，紧随中国改革开放的步伐，中国的拉美研究"旧貌换新颜"。因此，1979 年应被视为中国拉美研究"科学化""学术化"和"制度化"的开端。

"中国的拉美教学与研究最早是从聚焦历史问题开始的"，[A] 但与开拉美研究之先河，以反帝、反封建、反殖民为主要特色的拉美文学译介一样，起步阶段的"拉美史的研究……应景性的文章过多，扎扎实实的科学研究不足，许多研究成果高腔大调，缺乏客观性"，[B] 因此很难称其为学术研究。而几乎与此同步的另一大研究主题——拉美现实问题研究，"主要偏重介绍拉美国家的一般国情和政治经济基础知识……综合研究工作很薄弱，以时事与政论分析为主。很大的精力放在收集资料、国外重要文献的编译、资料收集整理"。[C] 之后，十年"文化大革命"导致拉美研究机构遭裁撤、教学科研人员被下放，刚刚起步的拉美研究被扼杀于萌芽状态，拉美研究就此中断。因此，本质上而言，这个时期并没有开展真正意义上的学术研究，而主要是为拉美研究的"科学化"准备条件。

1978 年全国科学大会的胜利召开宣告了"科学的春天"的到来，"拉美研究的春天"也随之降临。1979 年 10 月，中国西班牙、葡萄牙、拉丁美洲文学研究会在南京宣告成立；11 月，中国第一份专门研究拉美问题的学术刊物《拉丁美洲丛刊》正式创刊 [D]；12 月，中国拉丁美洲史研究会在武汉宣布成立。1984 年，中国研究拉美问题迄今最大的全国性民间学术团体——中国拉丁美洲学会也宣告成立。至此，无论在学术平台建设，还是学术团体的制度化发展方面，拉美研究都迈出了实质性的一步，开启了中国拉美研究的真正历史。

A 郭洁：《比较视野下的中国拉美研究》，载《国际政治研究》，2016 年第 5 期，第 86—108 页。

B 王晓德、雷泳仁：《中国拉丁美洲史研究回顾》，载《历史研究》，2000 年第 5 期，第 153 页。

C 袁东振等：《中国拉丁美洲研究 70 年》，载周弘主编《国际问题研究 70 年》，2020。

D 《拉丁美洲丛刊》是中国唯一专门研究拉美的学术刊物《拉丁美洲研究》的前身，开始为季刊，1982 年改为双月刊。陈舜英、周俊南：《拉美所所刊的创办与发展》，载刘国平主编《中国哲学社会科学发展历程回忆（国际卷）》，中国社会科学出版社，2014，第 184 页。

最后，随着中国崛起为新兴世界大国和中拉关系的愈益密切，中国的拉美研究迈入新阶段，呈现"井喷式"发展。这种"井喷"既意味着生长的迅猛，也意味着发展的无序。因此，把脉中国拉美研究的现状、特点和趋势，服务和引领大量新兴的拉美研究机构向制度化和科学化发展就成为必需。

系统摸排当前中国的拉美研究机构及其现状，探索其发展历程，总结成就和反思其局限，对于拉美研究的未来发展具有重要的现实意义。2019年7月，由中国拉丁美洲学会牵头组织的"中国拉美研究机构发展状况调查（1949—2019）"项目开始实施。这里需要说明的是拉美研究机构的认定标准。本调查所指的"中国拉美研究机构"是指设在科研机构或高等院校且以拉美地区或拉美国家为主要研究对象的机构，并不包括以下4类机构：仅仅涉及拉美地区或国别而以金砖、新兴经济体或地区/区域研究冠名的研究机构；北京外国语大学—墨西哥国立自治大学墨西哥研究中心，因该机构的性质是墨西哥国立自治大学的在华代表处而并非研究机构；民间拉美研究组织，因其没有科研经费和办公地址，或者没有研究职能而仅充当平台性质的民间智库或其下设机构，如察哈尔学会拉美研究中心；曾经设立、现已消亡的研究机构，比如1964年成立的复旦大学拉丁美洲研究室。但是，以下保持历史传承的情况仍列为统计范畴，只是在时段上有所区别：如果机构从未中断，后以新的名称运作，则以创始时间计入，比如1964年成立的南开大学拉美史研究室；如果机构中间中断，后以新名称恢复，则以恢复日期重计，比如1978年成立的湖北大学巴西研究室，其在2012年更名为巴西研究中心。根据上述标准，本次调查认定的中国拉美研究机构共56家，共定向发放问卷56份，收回问卷54份，其中有效问卷53份，无效问卷1份，数据统计至2019年7月。[A] 问卷调查的内容设计主要围绕三大板块："机构基本状况调查"，

A　本次调查结束后的2019年9月和11月，江苏师范大学和山东聊城大学相继宣布成立"中拉人文交流研究基地"和"加勒比研究中心"，因此，截至2019年底共有拉美和加勒比研究机构58家。

主要包括成立时间、机构性质、依托院系等；"研究人员状况调查"，包括研究人员数量、学历结构、职称结构、外语结构、学科背景、年龄结构以及研究领域等；"研究成果状况调查"，包括学术活动次数、学术成果数量以及成果或活动推广平台等。

本章将主要依托本次"中国拉美研究机构发展状况调查（1949—2019）"，并辅以《拉丁美洲研究》杂志四十年论文数据库，分析中国拉美研究的发展特点。

二、中国拉美研究的发展特点

七十年来，中国的拉美研究经历了从无到有、从停滞到恢复，至近几年的"井喷式"发展。观察其发展历程并结合本次调查结果，我们可以发现中国的拉美研究和美国等西方主要国家相比既有其相似性，更有其独特的发展特征。

1. 政策导向性是中国拉美研究发展的总特征

经过几十年特别是近二十年的快速发展，中国的拉美研究在各方面均实现了一定突破，呈现出一些新的发展特点。整体而言，政策导向性仍然是中国拉美研究发展的总特征，这一特征贯穿拉美研究发展的各个阶段和层面，迄今没有削弱迹象。

早在 20 世纪五六十年代，拉美史研究概以"革命"为题，以"阶级斗争"为纲，导致研究缺乏学术性和客观性。[A] 改革开放后的 1984 年，原中国社会科学院副院长宦乡在致中国拉丁美洲学会成立大会的贺词中强调："应该以拉美问题研究的实际成果，为我国四化建设提供可资借鉴的经验教训，为中央制定对外政策和社会经济发展战略提供参考依据。"[B] 受此原则指引，迄今创刊已四十年、国内唯一致力于拉美研究的学术刊物《拉丁美洲研究》杂志始终

A　王晓德、雷泳仁：《中国拉丁美洲史研究回顾》，载《历史研究》，2000 年第 5 期，第 153 页。
B　徐世澄：《中国拉丁美洲学会的成立和发展》，载刘国平主编《中国哲学社会科学发展历程回忆（国际卷）》，中国社会科学出版社，2014，第 189 页。

坚持"按照中国现代化建设的现实需要选登文稿"。[A] 在新的时期，为推动高校拉美研究大发展，教育部在 2015 年颁布的《国别和区域研究基地培育和建设暂行办法》中，第二条便明示"国别和区域研究基地要以咨政服务为首要宗旨，以政策研究咨询为主要任务"。[B]

作为区域研究的拉美研究因政策驱动而兴，研究为政策服务本无可厚非，毕竟非中国独然，世界皆然。然而，在堪称拉美研究之典范的美国，这种政策导向性早已被稀释，已在很大程度上引流至作为公共产品的学术研究。这种以基础研究为导向、看似无用的知识生产，恰恰是"无用之用"，既推动了拉美研究的科学性，又反哺了政策研究，提高了政策研究的质量。

反观中国，这种政策单一导向不仅大大限制了作为学术本身的拉美研究，而且政策研究的质量难以提高、政策影响力难以彰显。更令人担忧的是，似乎有一种越来越清晰的趋势，即政策导向性的中拉关系研究正取代拉美研究。对中国拉丁美洲学会成立迄今举办的 28 次年会[C]的主题进行统计发现，大多数会议主题或者"醉翁之意不在酒"，而在"他山之石，可以攻玉"——论拉美"以资为鉴"，或者径直以中拉关系为主题。进一步统计发现，从 1984 年到 2019 年共有 9 次年会以中拉关系为主题，接近总数的三分之一。进入 21 世纪以来，这种趋势更加明显。自 2005 年迄今 15 年间举行的 8 次年会中有 5 次以中拉关系为主题，而近 5 年间连续 3 次年会（2015年、2017 年、2019 年）均以中拉关系为主题。甚至以拉美史为志业的中国拉美史研究会，其年会主题也渐次演变为民族民主解放运动、现代化、全球

A 陈舜英、周俊南：《拉美所所刊的创办与发展》，载刘国平主编《中国哲学社会科学发展历程回忆（国际卷）》，中国社会科学出版社，2014，第 184 页。

B 教育部关于印发《国别和区域研究基地培育和建设暂行办法》的通知，教外监［2015］4号，2015 年 1 月 21 日，http://old.moe.gov.cn/publicfiles/business/htmlfiles/moe/s7068/201502/xxgk_183702.html，访问日期：2019 年 11 月 20 日。

C 从 1984 到 1999 年，中国拉丁美洲学会每年举行一次年会，此后每隔一年举行一次。详情可参见 http://ilas.cssn.cn/lmxh/nhxshybd/，访问日期：2019 年 11 月 18 日。

化，以及中拉关系。[A]

　　这种拉美研究的"中拉关系化"趋向潜藏着一系列的隐忧。首先，在中拉关系研究中，对整个地区的宏大研究多，而对单个国家的深刻分析少。其次，在国别研究中，聚焦和中国的双边关系者居多，而从跨学科视角关注国别的不同层面者寥寥。再次，在研究方法上，着力于文献分析和"闭门思策"者居多，而走向田野、参与式调研者少见。事实上，这几乎是政策单一导向的拉美研究难以逃脱的"陷阱"。不唯如此，这种拉美研究发展的总特征还表现在发展的各个阶段，体现在各个层面。

2. 拉美研究机构的发展节奏同重要的政策节点一致

　　在最近二十年里，中国拉美研究的发展尤其迅猛。根据中国拉丁美洲学会的问卷调查，从 1961 年第一家拉美研究机构成立到 2019 年 7 月，中国的

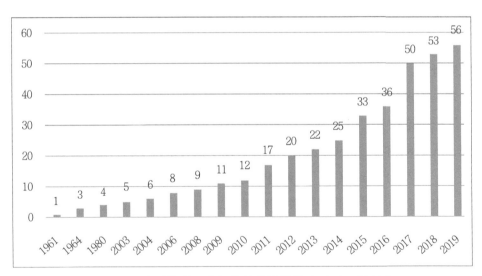

图 7-1　中国拉美研究机构的快速发展（1949—2019）

资料来源：《中国拉美研究机构发展状况调查（1949—2019）》[B]，中国拉丁美洲学会。

A　韩琦：《大陆高校的拉美研究及与台湾高校合作的前景》，载《拉丁美洲经贸季刊》（台湾），2017 年 6 月第 29 期，第 10 页。

B　这里按实际认定机构 56 家进行统计，而非有效问卷数量，以反映中国拉美机构的总体增长态势。

拉美研究机构已有 56 家（见图 7-1）。其中 2000 年之前成立并存续至今的拉美研究机构仅有 4 家，^A 超过 92% 的机构是在进入 21 世纪之后成立的；而在 21 世纪成立的 52 家拉美研究机构中，仅有 8 家是在 21 世纪头十年成立的，2011 年（含）之后成立的拉美研究机构有 44 家，其中又有一半以上（33 家）是在最近 5 年（2015—2019 年）成立的。

新成立的拉美研究机构绝大多数设在高等院校，这同教育部启动国别和区域研究基地计划密不可分。2011 年，刘延东副总理在全国教育工作会议上强调要"推动有条件的高校加强相关国别和区域问题研究"。^B 教育部随后开始制定国别和区域研究行动计划，并于 2012 年召开了国别和区域研究培育基地第一次工作会议，会上宣布成立首批 37 个国别和区域培育基地，其中包括两个拉美研究基地。^C 2015 年和 2017 年教育部相继出台了《国别和区域研究基地培育和建设暂行办法》^D 和《国别和区域研究中心建设指引（试行）》，借以加强国别和区域研究学科建设，培育新兴交叉学科，造就大批满足国家重大政策研究需求的"国别通""领域通""区域通"人才。^E 受上述政策因素的直接驱动，高校拉美研究机构疾速发展。从 2011 年开始，拉美研究机构的增速尤其迅猛（见图 7-2），年均增加 5 家，特别是 2015 年增加了 8 家，2017 年增加了 14 家，除此之外的其他年份也基本保持年均增加 3 家的速度。

A 一些较早成立的拉美研究机构因后继无人而逐步萎缩消失，比如 1964 年成立的复旦大学历史系拉丁美洲研究室（后划入复旦大学国际问题研究院拉丁美洲研究室），2011 年后不复存在。

B 刘延东：《坚持改革创新，狠抓工作落实 努力开创教育事业科学发展新局面——在 2011 年全国教育工作会议上的讲话》，2011 年 1 月 24 日，http://www.moe.gov.cn/jyb_xwfb/moe_176/201102/t20110224_115216.html，访问日期：2019 年 11 月 15 日。

C 分别是西南科技大学拉美研究中心和天津外国语大学拉美研究中心。

D 《教育部关于印发〈国别和区域研究基地培育和建设暂行办法〉的通知》，教外监〔2015〕4 号，2015 年 1 月 21 日，http://old.moe.gov.cn/publicfiles/business/htmlfiles/moe/s7068/201502/xxgk_183702.html，访问日期：2019 年 7 月 20 日。

E 《教育部办公厅关于做好 2017 年度国别和区域研究有关工作的通知》，教外厅函〔2017〕8 号，2017 年 2 月 23 日，http://www.moe.gov.cn/srcsite/A20/s7068/201703/t20170314_299521.html，访问日期：2019 年 11 月 28 日。

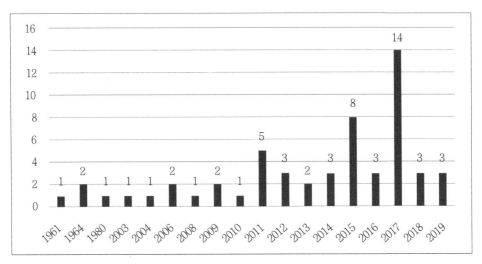

图 7-2 中国拉美研究机构的年增量

资料来源:《中国拉美研究机构发展状况调查（1949—2019）》,中国拉丁美洲学会。

"一带一路"倡议的提出和实施成为拉美研究机构发展的加速器。2013年中国政府提出了"一带一路"倡议并于 2015 年正式发布了《推动共建丝绸之路经济带和 21 世纪海上丝绸之路的愿景与行动》。拉美不仅是"21 世纪海上丝绸之路"的自然延伸,而且是"一带一路"不可或缺的重要参与方。[A] 这种表态正式确认了"一带一路"和拉美的关系。此后在不到一年半的时间里,先后有 19 个拉美国家同中国签署了"一带一路"共建协议,占拉美国家总数的近 60%。[B] "一带一路"倡议的推进亟须有关"一带一路"共建国家的知识支撑,这对包括拉美研究在内的区域研究提出了更迫切的要求,为拉美研究带来了前所未有的发展机遇。

拉美研究机构的地理分布也体现出相应的政策和经济发展特点。从图

A 郭存海等:《"一带一路"和拉丁美洲:新机遇与新挑战》,朝华出版社,2018,第 VI 页。

B 郭存海:《"民心相通"推动中拉共建"一带一路"跃入新境界》,光明网理论频道,2019 年 4 月 25 日,http://theory.gmw.cn/2019-04/25/content_32778646.htm,访问日期:2019 年 11 月 26 日。

7–3 可以看出，目前拉美研究机构已经覆盖全国 18 个省市，^A 其中仅北京一地，就多达 22 家，上海次之，但也有 7 家。也就是说仅京沪两市的拉美研究机构就占全国的一半以上。这种地理分布既同京沪的政治和经济的地缘优势相关，又同其国际大都市定位及优质高校大量集中相关。紧随京沪两市之后的是江苏、广东和河北。个中原因或是，江苏和广东两省同拉美国家经济关系密切，亟须相关知识和政策智慧的支撑，而河北目前是同北京联系密切的京津冀协同发展区。事实上，在几乎所有同拉美有密切合作的地区都有了拉美研究机构，以满足地方发展对拉合作的需要。

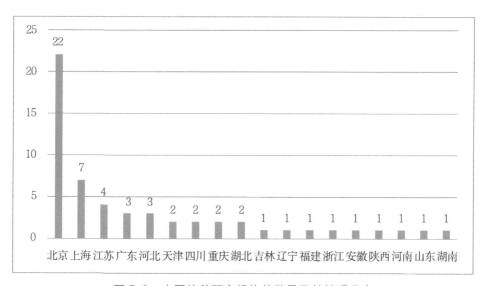

图 7-3　中国拉美研究机构的数量及其地理分布

资料来源：《中国拉美研究机构发展状况调查（1949—2019）》，中国拉丁美洲学会。

3. 机构性质 "虚多实少" 限制了拉美研究的发展潜力

尽管在过去 15 年间，拉美研究机构数量增长了 833%，达到 56 家，但对这些机构进一步细分发现，"虚多实少" 是其本质特征。机构繁荣并不意味着研究繁荣，机构的性质和级别在很大程度上决定着资源配置，进而影响拉

A　此处统计不包括台湾地区、香港和澳门两个特别行政区。

美研究发展的潜力。通过对全国 56 家拉美研究机构的摸排发现，只有 17 家也就是 30% 的拉美研究机构属于实体（见图 7-4）。这就意味着至少在人、财、物等资源配置上能够得到一定的保障，从而为研究工作的开展提供相对较好的基础设施环境。相对而言，其余 39 家是非实体，即约 70% 的拉美研究机构在争取基础设施保障方面面临挑战，这无疑会影响拉美研究的动力和成效。

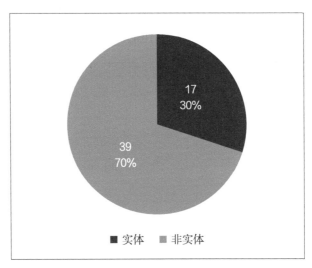

图 7-4　拉美研究机构的数量及其比重：按机构性质

资料来源：《中国拉美研究机构发展状况调查（1949—2019）》，中国拉丁美洲学会。

　　高校可谓是中国拉美研究的主力，也是增量最集中的来源。在 56 家拉美研究机构中，共有 50 家属于高校研究机构，占比接近 90%。因此，有必要对高校系统的拉美研究机构做特别分析。第一，从教育部国别和区域基地的入选情况来看（见图 7-5），只有 2 家（占 4%）高校拉美研究机构于 2011 年入选第一批教育部国别和区域培育基地名单，另有 19 家（占 38%）在 2017 年成规模地进入备案基地名单。与此同时也有 29 家，也就是说接近 60% 的高校拉美研究机构既不属于培育基地，也不属于备案基地。

　　第二，拉美研究机构的建设有 43% 属于校级科研平台，是占比最高的

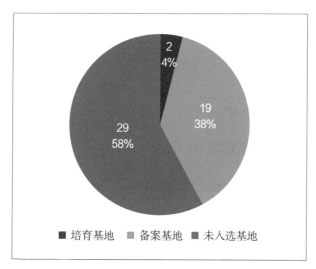

图 7-5　入选教育部国别和区域基地的拉美研究机构

数量及其比重

资料来源：《中国拉美研究机构发展状况调查（1949—2019）》，中国拉丁美洲学会。

（见图 7-6）。这种校级机构大体包括两类：或者是实体，无须依托其他院系；或者属于"低职高配"，即虽是校级平台，但其发展仍主要依托外语类院系或国际关系类院系。除此之外，拉美研究机构所依托的院系依次是外语类院系（21%）、国际类院系（13%）、经管类院系（9%）和历史类院系（6%）等，还有少部分机构则依托民族学和社会学、政治学和公共管理等。这种分布对其研究领域产生了相应的影响。

　　研究机构的性质及是否入选教育部国别和区域研究培育基地或备案基地名单，会影响高校对拉美研究机构的重视程度，进而影响资源的配置。在返回的 53 份有效问卷中，只有 25 家机构（占 47%）有年度预算，一半以上的机构（28 家）没有年度预算 A。年度预算的缺失通常意味着难以进行科研规

A　有年度预算意味着有稳定化和制度化的资金支撑，通常在上一年制定预算金额和开支范围；而无年度预算则意味着拉美研究经费无法获得制度性保障，但无年度预算并不意味着没有资金支持，差别在于"无年度预算"情况下，学术活动或课题支出通常需要临时申请，额度也受限。

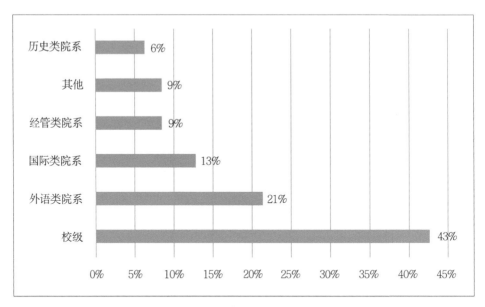

图 7-6　中国高校的拉美研究机构分布：按依托院系

注：此处数据仅包括返回有效问卷的 53 家机构。

资料来源：《中国拉美研究机构发展状况调查（1949—2019）》，中国拉丁美洲学会。

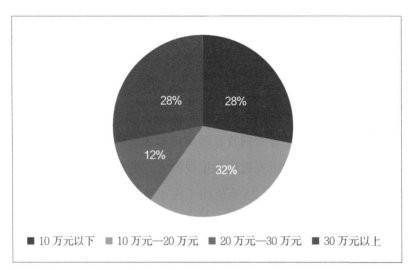

■ 10 万元以下　■ 10 万元—20 万元　■ 20 万元—30 万元　■ 30 万元以上

图 7-7　有年度预算的拉美研究机构的比重：按年预算额

资料来源：《中国拉美研究机构发展状况调查（1949—2019）》，中国拉丁美洲学会。

划，科研的可持续性就成为问题。对有年度预算的 25 家机构进一步分析，可以发现年度预算的分布情况。如图 7-7 所示，凡是拥有年度预算的拉美研究机构，有 40% 的机构预算额度在 20 万元以上。尽管如此，仍有 28% 的机构，其年度预算额度在 10 万元以下。而在无年度预算的拉美研究机构中（见图 7-8），有 79% 的机构，年度经费支出低于 20 万元，有 54% 的机构年度经费支出不足 5 万元。由此可以看出，缺乏年度预算通常意味着资金不足或者可持续供给不足，进而影响着拉美研究的动力和成效。

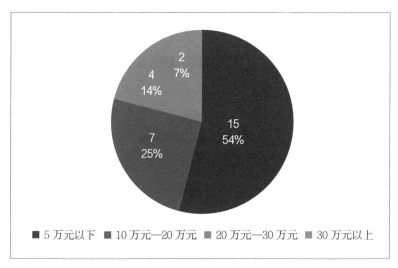

图 7-8　无年度预算的拉美研究机构的比重：按年度经费支出额

资料来源：《中国拉美研究机构发展状况调查（1949—2019）》，中国拉丁美洲学会。

4.研究人员的整体素质相对提升，但结构有待优化

和 2000 年之前相比，无论在学历层次、外语水平，还是在学科背景等方面，当前拉美研究人员的整体素质都得到了明显提升，但其结构仍有相当大的优化空间。

首先，全职和兼职人员结构失衡。在中拉关系趋热和前述系列政策驱动下，出现了拉美研究机构的"大跃进"，但支撑这些机构的研究人员并没有同步跟上。毕竟人才培养不能一蹴而就，需要一个相对漫长的过程。一些机构尽管没有任何研究基础或者相关研究人员，或者被"拉美研究热潮"所席卷，或者主动趁机挂牌占坑，甚至径直挺进了备案名单——这在一定程度上可以解释为何仅2017年当年就新增14家拉美研究机构。这就导致中国拉美研究发展的一种"怪现状"：极个别机构甚至"只挂牌不挂人"或者"只挂牌挂人头"，相对好一些的机构采取"全职＋兼职"的办法来应对当前研究人员不足的尴尬。不过，有些机构完全靠兼职人员支撑，其中的关键问题是，一些兼职研究人员实际上是"兼而不职"，以至于多年没有什么学术产出。针对46家给予有效反馈的研究机构的统计发现[A]（见图7-9），在申报的全部552名研究人员中，全职研究人员仅占30%，为163名，兼职人员高达389名，占比70%。如果我们进一步分析，剔除6家[B]非高校智库的全职研究

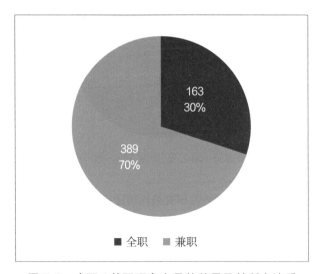

图 7-9 全职 / 兼职研究人员的数量及其所占比重

资料来源：《中国拉美研究机构发展状况调查（1949—2019）》，中国拉丁美洲学会。

A 个别接受问卷调查的机构或许误解了全职和兼职的根本区别，以致填报数据与事实差距较大，因为这与其填报的科研成果数量完全不相容。这里剔除了全职数量奇高而与事实不符的研究机构，仅保留相对有效的46家机构。图7-9—图7-11均基于46家机构的调查数据。

B 包括中国社会科学院拉丁美洲研究所和世界历史所拉丁美洲史研究室、中国现代国际关系研究院拉丁美洲研究所、中国国际问题研究院拉丁美洲和加勒比研究所、商务部研究院美洲和大洋洲研究所、上海国际问题研究院美洲研究中心。

人员 62 名之后，每个高校拉美研究机构的全职研究人员平均不足 3 人，其中有 13 家机构没有全职人员。

其次，研究人员的学历、职称和外语结构整体相对趋好。高学历、高职称和较高的外语能力是开展高质量拉美研究的基本条件和基础保障。无论从横向还是从纵向比较来看，当前拉美研究人员在这方面的表现总体趋好。

就学历层次而言，有 54% 的研究人员拥有博士学位，33% 的研究人员拥有硕士学位，还有 13% 的研究人员只拥有学士学位（见图 7-10）。这说明，尽管拉美研究人员总体上拥有相对较好的学历基础，但仍有相当多的研究人员面临提升学历层次的迫切需要。不过，这种结构相较于 2000 年前已有很大改善，而且相较于西班牙语师资的学历结构，仍胜一筹。根据郑书九教授的统计，[A] 2018 年，在全国高校 799 名西班牙语教师中拥有博士学位或博士在读的比重仅为 32.1%，而将近 70% 的教师仅拥有硕士学位。

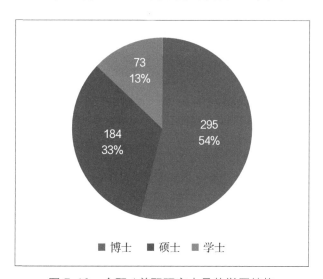

图 7-10　全职 / 兼职研究人员的学历结构

资料来源：《中国拉美研究机构发展状况调查（1949—2019）》，中国拉丁美洲学会。

A　郑书九主编《全国高等院校西班牙语教育研究》，外语教学与研究出版社，2015，以及郑书九对该报告的后续更新数据。

拉美研究人员的职称结构也大致如此（见图 7-11）。拥有教授 / 研究员职称的研究人员占比 28%，副教授 / 副研究员达 24%，两者合计占比 52%，合计超过一半的拉美研究人员拥有高级职称，这一比重远高于西班牙语师资情况。2018 年，拥有教授和副教授职称的西班牙语师资分别只有 4% 和 10%，合计不足 15%。[A] 不过，拉美研究人员和西班牙语师资在中级职称结构上，拥有大体相似的比重分布，分别只有 43% 和 53%。这充分说明，拉美研究人员的职称结构虽然优于西班牙语师资，但仍有很大的提升和改进空间。

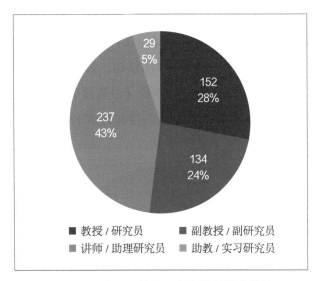

图 7-11　全职 / 兼职研究人员的职称结构

资料来源：《中国拉美研究机构发展状况调查（1949—2019）》，中国拉丁美洲学会。

外语能力满足拉美研究的基本需要。外语能力是从事区域研究的基本能力，而懂英语，特别是懂西班牙语或葡萄牙语是开展深入拉美研究的必备技能。从当前的外语能力结构来看，尽管仍有提升空间，但已经大大改善了，可以满足从事拉美研究的基本需要。调查发现，有 47% 的拉美研究人员懂英语，懂西班牙语和葡萄牙语的比重分别占 21% 和 7%，而能够熟练使用两种

A　郑书九主编《全国高等院校西班牙语教育研究》，外语教学与研究出版社，2015，以及郑书九对该报告的后续更新数据。

外语（英语和西班牙语，或者英语和葡萄牙语，或者西班牙语和葡萄牙语）的比重也达到 25%（见图 7-12）。不过，需要指出的是，比较理想的状态应当是研究人员在掌握英语的前提下，另外掌握一门研究对象的主要语言——西班牙语或葡萄牙语。这应当是从事拉美研究的基本要求，或许也是最高要求。目前来看，距离这一目标仍有很长的路要走。

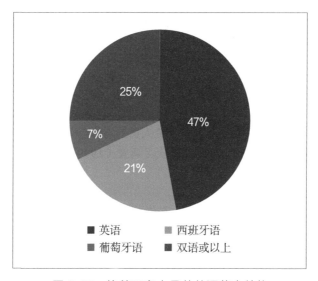

图 7-12　拉美研究人员的外语能力结构

资料来源：《中国拉美研究机构发展状况调查（1949—2019）》，中国拉丁美洲学会。

拉美研究人员年龄结构优化，人才断层大大缓解（见图 7-13）。从年龄结构上来看，当前中青年已经成为拉美研究的主力，此前曾出现的拉美研究人员年龄结构断层问题得到大大的缓解。30—49 岁的青年研究人员占比超过61%，其中 30—39 岁人员占比最高，达到 34%，40—49 岁占比为 27%。这种年龄结构为拉美研究的可持续性发展提供了人才保障。

拉美研究人员的学科背景从传统类别日益向多元化转变。传统上，拉美研究人员大多是外语、历史和（国际）政治等学科出身，因此限制了拉美研究的跨学科和综合研究能力，客观上也难以满足拉美研究的现实需要。进入21 世纪以来，青年有生力量的持续加入为拉美研究队伍注入了新鲜血液，也

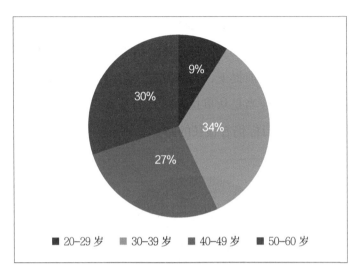

图 7-13 拉美研究人员的年龄结构

资料来源:《中国拉美研究机构发展状况调查（1949—2019）》，中国拉丁美洲学会。

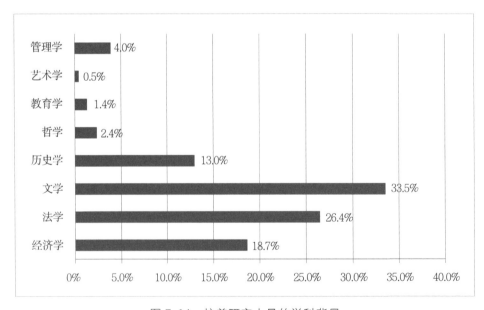

图 7-14 拉美研究人员的学科背景

资料来源:《中国拉美研究机构发展状况调查（1949—2019）》，中国拉丁美洲学会。

推动着拉美研究人员的学科背景向多元化趋势发展（见图 7-14）。首先，文学和法学 [A] 占据优势的传统没有明显改变，当前仍位居前列，分别为 33.5% 和 26.4%。不过，传统上占据优势的历史学的地位相对下降，占比只有 13%。其次，经济学、教育学和管理学等学科背景的研究人员作为新兴力量开始占据重要地位或者成为新的力量补充，比如经济学背景的研究人员占比达到 18.7%，而教育学和管理学也占有一定比重，分别占 1.4% 和 4%。这大大丰富并更新了拉美研究人员的传统学科背景，从而也有利于优化拉美研究的内容结构。

学科背景的日益多元化在很大程度上推动着研究领域的多元化。根据受调查机构的填报资料（见图 7-15），尽管政治、经济、国际关系依然是传统的三大研究领域，分别占比 13%、14.9% 和 15.8%，但此前相对缺乏研究

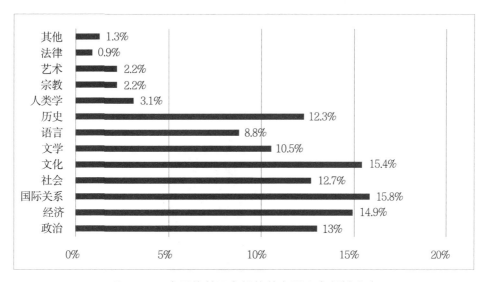

图 7-15　中国拉美研究机构的主要研究领域分布

资料来源：《中国拉美研究机构发展状况调查（1949—2019）》，中国拉丁美洲学会。

A　学科背景的问卷设计基于学科门类，这里的法学主要指其下所涉一级学科政治学（0302），主要包括 8 个二级学科：政治学理论、中外政治制度、科学社会主义与国际共产主义运动、中共党史、马克思主义理论与思想政治教育、国际政治、国际关系、外交学。

的领域也开始获得新的关注，比如社会和文化等领域，分别占比 12.7% 和 15.4%。这说明在相对更实用的研究领域之外，研究机构也开始认识到知识生产的重要性，致力于挖掘非典型研究领域。中国的拉美研究虽然发轫于历史研究，但拉美历史研究和现实需求的关联度不高，因此一直不温不火，当前所占比重为 12.3%。不过，令人欣喜的是，拉美研究的领域不断向外扩展，甚至法律（0.9%）、艺术（2.2%）、宗教（2.2%）、人类学（3.1%）也开始受到越来越多研究人员特别是青年研究人员的关注。鉴于新人、新机构和新领域在学术生产上具有相对滞后性，并不能即刻带来研究成果的变化，但可以想象，未来拉美研究的成果必将更加宽广和多元化。

5. 机构活跃度相对不高，成果推介意识有待增强

尽管近年来中国的拉美研究机构不断加速发展，但机构的学术活跃度相对不高，成果或活动的对外传播意识也普遍较低。调查发现，有 57% 的机构平均每年仅举行一次学术会议，举行两次学术会议的机构占比也只有 30%（见图 7-16）。举办学术会议、探讨学术问题是研究机构最重要的职能之一，

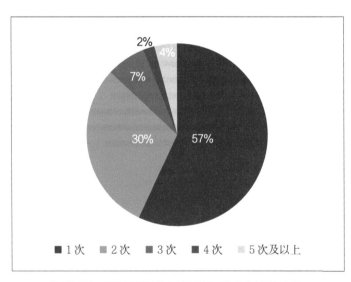

图 7-16　受调查机构每年举行学术会议的次数

资料来源：《中国拉美研究机构发展状况调查（1949—2019）》，中国拉丁美洲学会。

学术活跃度不足显然无益于机构学术氛围的营造和培养。不过，这或许是因为如前所述，许多机构没有年度预算或者经费相对有限，抑或机构人员不足，难以举办一定规模的学术会议。

相对于学术会议，学术讲座显然更加便捷、成本更低，因此更容易执行。如图 7-17 所示，有 44% 的拉美研究机构平均每年举行 4—6 次学术讲座，甚至有 22% 的机构活动次数更多：有 10% 的机构活动次数在 10 次及以上，有 12% 的机构活动次数在 7—9 次。学术讲座的次数相对增多对于拉美知识的传播是非常有益的，但同时也反映出许多新设机构有过度依赖这种学术形式来刷存在感的嫌疑。

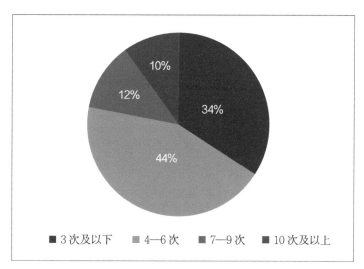

图 7-17　受调查机构平均每年举行学术讲座的次数

资料来源：《中国拉美研究机构发展状况调查（1949—2019）》，中国拉丁美洲学会。

尽管学术活跃度相对不高，但令人欣慰的是，科研机构的学术成果并不少。受访的 53 家拉美研究机构（考虑到其中许多机构是近几年成立的），不仅科研成果总体表现不错，成果表现形式也相对多样（见图 7-18）。根据统计，53 家拉美研究机构共申报各类学术成果 504 篇 / 部，平均每家机构不足10 篇 / 部。其中中文论文 302 篇，占比 59.9%；外文论文 120 篇，占比

23.8%；专著 30 部，占比约 6%；译著 25 部，占比约 5%；编著 27 部，占比约 5.4%。比较令人生疑的是，外文论文多达 120 篇，这是一个与常识不太相符的数字。进一步了解发现，一些新成立的拉美研究机构直接聘用拉美学者做研究人员，或者邀其做 3—12 个月不等的访问学者，聘用或访问期间的学术成果计入研究机构的年度成果。专著和编著的数字略高，也令人生疑。据了解，其背后原因仍然主要是上述情况的存在，但也包括前些年成果正好集中在 2018 年出版，以及一些拉美研究机构对拉美学者的考核相对宽松，对其成果形式不像对国内科研人员那样严苛，导致编著成为重要的成果表现形式。

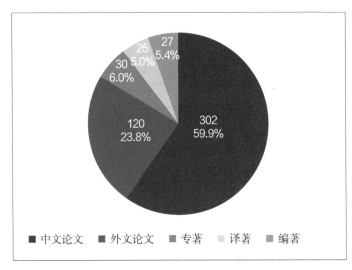

图 7-18 拉美研究机构 2018 年度科研成果总量

资料来源：《中国拉美研究机构发展状况调查（1949—2019）》，中国拉丁美洲学会。

如果按年均学术成果数量对机构进行细分的话，可以发现学术成果在不同机构间的分布是极其不平衡的（见图 7-19）。统计表明，2018 年度科研成果总量在 10 篇以上的机构共有 13 家，占全部受调查机构的 24%；而有 22 家机构的科研成果量在 1—5 篇 / 部，占比 42%；有 7 家机构的学术成果为零，不过可以理解的是，这些机构大多是近两年才成立的。

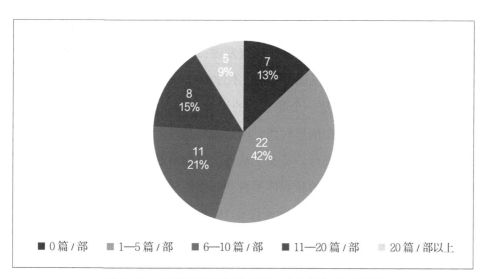

图 7-19　拉美研究机构的分类：按年均学术成果量

资料来源：《中国拉美研究机构发展状况调查（1949—2019）》，中国拉丁美洲学会。

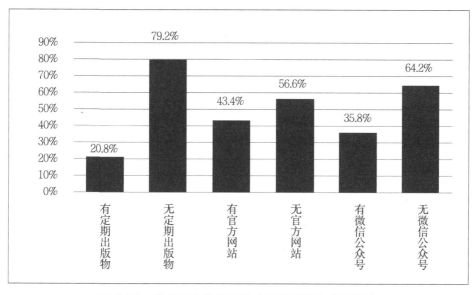

图 7-20　拉美研究机构的学术品牌塑造和成果推介

资料来源：《中国拉美研究机构发展状况调查（1949—2019）》，中国拉丁美洲学会。

大多数拉美研究机构不注重练"外功",即机构学术品牌的塑造,以及学术活动或学术成果的对外推介。调查发现,有42家机构没有定期出版物,占受调查总数的近80%(见图7-20)。不过相对于更早时期,目前已有11家机构有定期出版物,这是一个非常大的进步。调查同时发现,有56.6%的机构没有官方网站——在信息时代,网站无疑是一个机构的名片。和网站相比,社交媒体平台更加流行,事实上从各个层面来看也都更加便捷。理论上而言,利用当前国内流行的新媒体平台——微信公众号,应当成为一种主流的活动发布或成果展示平台。然而仅有19家机构开通了微信公众号,占比只有35.8%,有64.2%的受调查机构没有微信公众号。既有微信公众号,又有官方网站的"双有"机构仅有13家,占比24.5%;与之相反,有47.2%的机构属于"双无"机构:既没有微信公众号,又没有官方网站。

6. 学科发展高度失衡,国别研究分布不均

尽管从各机构申报的研究领域来看,对政治、经济、文学、文化和历史都保持了一定的关注,甚至宗教和艺术也都有一些机构涉入,但这种研究意向和实际研究成果之间存在着巨大的差异。这里仅以《拉丁美洲研究》(包括改名前的《拉丁美洲丛刊》)为样本,系统分析1979年创刊迄今刊登的全部学术论文[A]的领域分布。如图7-21所示,按照中图分类法,在《拉丁美洲研究》上刊登的学术论文接近80%是关于经济和政治(含国际关系)的,其中经济类论文发表量排名第一,计1339篇,占比43.2%;政治、法律(含国际关系)类论文,计1123篇,占比36.5%;关于历史地理类的论文共有335篇,占比10.9%。除此之外的文化、文学、艺术、哲学、宗教等,虽然也占有一定比重,但总体来看,数量偏少。这种研究目标的分布和实际研究成果的分布存在严重的偏离,个中原因或许主要有二。其一,目前的拉美研究机构大多数是最近五年,特别是最近三年才成立的,目标领域

A 从1979年11月到2019年7月《拉丁美洲研究》(1979—1985年名为《拉丁美洲丛刊》)共发表3658篇文章,扣除会议综述、新闻稿或各种资讯动态共597篇,学术论文合计3061篇。

的设定相对于实际产出具有一定的滞后性。其二，这同《拉丁美洲研究》杂志的定位有关。尽管在前半期，该刊也间或刊载涉及拉美文化、宗教、哲学，甚或文学的论文，但中后期已经主要从一种人文社会科学杂志转向了社会科学杂志。许多新成立的，甚至包括成立较早的拉美研究机构在创建"新型智库"方针的指引下，也大都青睐研究直接满足现实或政策需要的政治、经济或国际关系议题。

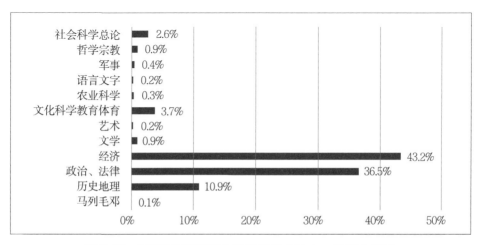

图 7-21 《拉丁美洲研究》发表的学术论文：按研究领域

资料来源：基于中国知网（https://www.cnki.net）对《拉丁美洲研究》杂志（1979—2019）的整理统计。

从研究所涉地区或国别来看，也存在着明显的分布不均（见图 7-22）。整体来看，自《拉丁美洲研究》杂志创刊以来，刊登的学术论文几乎涉及所有的拉美和加勒比国家，[A] 无论国家大小，无论是否同中国建交。首先，地区问题是关注的首要焦点。该杂志刊登的全部学术论文中，有超过 55%（即 1697 篇论文）是讨论地区性问题的。其次，国别研究高度倾斜于三大国，即巴西、墨西哥和阿根廷，占比分别达到 11.1%、9.4% 和 5.1%，涉及论文分别达到 341 篇、290 篇和 158 篇。再次，一些中等国家的关注度也获得显著提升，比如古巴、

A 个别国家所涉论文数量过少，不具统计意义，未在此图上显示。

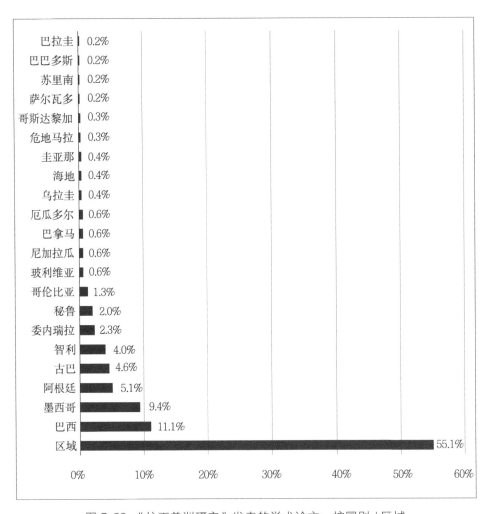

图 7-22 《拉丁美洲研究》发表的学术论文：按国别／区域

资料来源：基于中国知网（https://www.cnki.net）对《拉丁美洲研究》杂志（1979—2019）的整理统计。

智利、委内瑞拉和秘鲁等国，关于这些国家的学术论文比重在 2%—4.6% 之间。遗憾的是，近年来一些同中国关系更加密切或者更具研究价值的国家并没有获得应有的关注，比如哥伦比亚、厄瓜多尔以及巴拿马等国。

三、中国拉美研究的转型挑战

《中国拉美研究机构发展状况调查（1949—2019）》表明，受政府政策和中拉关系快速发展的双重驱动，中国的拉美研究特别是近四十年来在基础设施软硬件建设方面都取得了巨大的进步。尽管如此，这种进步仍无法满足中国社会对拉美研究的需求：无论是当前中国对拉美的政策需要，还是中国企业走进拉美的运营需要，抑或是中国公众对拉美的知识需要。这种差距反映出拉美知识的生产一方面存在数量上的绝对不足，另一方面又因重复生产而出现相对过剩，由此对中国拉美研究的深入发展提出了严峻的转型挑战。

1. 研究视野的转型

很长时间以来，中国的拉美研究一直服从和服务于两大目标，一是对拉政策决策，二是"以资镜鉴"。也就是说，尽管后者具有部分知识生产的功能，但同样具有很强的实用主义色彩。更重要的是，这种"从中国来，到中国去"的线性思维本质上有沦为"自我中心主义"的危险，以致"某些观察和结论更像是我们学者的臆断和希望，而不是基于深入了解后的所得"。[A] 而在研究实践中，囿于视野所限，还存在一种将"拉美问题化"和将"问题拉美化"的趋向。

当前，中国的拉美研究环境发生了巨大的变化，研究视野也亟待随之改变。首先，随着全球化进程的持续推进，拉美在全球治理中的重要性大大增强，由此受到越来越多的研究机构和人员的关注。这种关注不仅聚焦于拉美地区本身，也愈来愈聚焦于拉美的利益相关方。其次，随着中国的崛起和中拉全面战略合作伙伴关系的不断深化，中国成为拉美地区一个越来越重要的利益相关方，由此引起研究中国的机构以及研究拉美的机构的关注。也就是说，在新的时期，中国问题研究和拉美问题研究在"中国和拉美"问题上找到了交汇点。国际上一些致力于中国研究，甚或国际问题研究的著名学术刊物频出"中国和拉美"特辑，更不用说一些关注拉美研究的学术刊物拿"中国和拉美"大做主

A 唐世平、张洁、曹筱阳：《中国的地区研究：成就、差距和期待》，载《世界经济与政治》，
2005 年第 11 期，第 12 页。

题文章了。[A] 这种新的变化要求中国的拉美研究走出"中国",加强与包括拉美地区在内的国际同行的横向交流与对话。中国的拉美研究唯有在地理和思维上走出"中国",才能为对拉政策提供更好、更优的决策智慧,同时也能创造公共知识,以满足新时期中国社会对拉美研究的迫切需要。

当然,这种"走出中国",并不是不要中国视角和中国立场,而是要以更广阔的世界眼光和全球视野关照中国的拉美研究,即从世界出发到达拉美并最终回到中国。在新的研究框架下,拉美首先是全球视野中的拉美,其次是拉美视角中的拉美,最后才是中国视角中的拉美。正基于此,中国的拉美研究要有融通中外,特别是融通中西(中美、中欧等)和中拉的学术新视野,注意吸收借鉴其他国家的拉美研究经验,同时秉承本国的学术传统及自主和创新精神,构建有中国特色的拉美研究学术体系。

2. 研究方法的转型

受地理距离和财政资源的限制,中国的拉美研究在相当长的一段时间里一直无法实现"方法上的在地",[B] 研究手段主要依靠信息文献分析——诚然如此,信息文献也一度成为稀缺资源。在新的时期,随着全球化和网络化的全速推进,信息文献已然不是一个问题,问题在于传统的研究方法已经无法适应新形势的挑战。从旁观式研究到参与式研究或是即将到来的转变。

A 比如,美国《中国季刊》(*The China Quarterly*)2012 年 3 月出版特刊《从长城到新大陆:21 世纪的中国和拉美》,德国的《当代中国研究杂志》(*Journal of Current Chinese Affairs*)2012 年第 1 期出版特刊《拉美对中国崛起的反应》,丹麦的《中国与国际关系学刊》(*Journal of China and International Relations*)2016 年出版特刊《世界秩序变革年代的中拉关系》,新加坡的《问题和研究》(*Issues & Studies*)2017 年第 1 期出版特刊《中拉关系的政治经济分析》和《海外华人杂志》(*Journal of Chinese Overseas*)2017 年第 2 期出版特刊《拉美和加勒比地区的中国移民:历史和现状》,美国的《拉丁美洲地理杂志》(*Journal of Latin American Geography*)2018 年第 2 期出版特刊《中拉关系的新地理》和《美洲季刊》(*Americas Quarterly*)2019 年第 2 期出版特刊《中拉关系 2.0》,墨西哥的《网络产业竞争与监管杂志》(*Journal of Competition and Regulation in Network Industries*)2019 年秋季出版特刊《丝绸之路的另一端:中国对拉美基础设施的投资》,澳门的《澳门巴西研究杂志》(*Macau Journal of Brazilian Studies*)2019 年出版特刊《中国在巴西和拉美的经济治理:在政策转换和新兴范式之间》等。

B 杨昊:《东南亚区域研究的技艺:新生代国际关系学者应有的方法解放论》,载《亚太研究论坛》(台湾),2011 年 12 月第 54 期,第 131 页。

拉美研究有其作为区域研究的本质特性，那就是语言和在地化。尽管对全国拉美研究机构发展状况的调查表明，相当大一部分研究人员已经掌握了拉美地区的两种主要官方语言——西班牙语和葡萄牙语，但仍有将近一半的研究人员只掌握英语。事实上，单纯的英语能力已无法适应新时期的挑战，甚至可以说只掌握英语的研究人员不能算是合格的拉美研究学者。语言本地化是实现研究在地化的基本条件，在拉美地区更是如此。因此，对西班牙语和葡萄牙语的掌握无论如何强调都不为过。应以语言为利器，鼓励更多的拉美研究人员走向拉美前线，通过跟踪观察和感同身受的参与式研究，获取一手的体验和一手的资源。在此基础上，将田野发现同传统的文献分析相结合并辅以深厚的理论分析，以尽可能最大程度地保证研究的科学性和客观性。借此研究路径不仅有助于研究人员正确地认识拉美、研究拉美，而且其呈现给社会的研究成果也将是一个更加真实、客观和多元的拉美。

3. 研究内容的转变

鉴于政策导向是中国拉美研究发展的总特征，由此可以理解为什么尽管中国的拉美研究始于拉美历史，却并没有成为研究的主流。甚至并不罕见的是，拉美历史专业毕业的硕士或博士研究生在新机构就职后也开始转向现实问题研究。事实上，全国拉美研究机构发展状况的调查结果印证了我们的猜想：拉美研究高度集中于政治、经济和国际关系三大传统领域，这三项通常被视为和中拉关系密切且直接相关的"有用之用"。

和中国相比，作为拉美研究之典范的美国，其研究领域更加多元化，甚至愈发关注"无用之用"。以美国拉丁美洲研究协会（LASA）的官方刊物《拉美研究评论》（*Latin American Research Review*）为例，在 2017 年发表的 45 篇学术论文中，有 58% 集中于人文科学（人类学、历史、文学和文化研究），42% 集中于社会科学（经济学、政治学、国际关系和社会学），其中文学和文化研究成为近年来最突出的研究领域。[A] 而我国的《拉丁美洲研究》

A Aníbal Pérez-Liñán, "Report from the Editor (2018)," *Latin American Research Review*, Vol.53, No.3, pp. 425-428, DOI: https://doi.org/10.25222/larr.635.

杂志虽然号称"综合性学术期刊",在创刊早期也一度刊登过拉美文学类的研究论文,但近期反而更加聚焦经济、政治和国际关系等现实性问题。当然,这或许与其更新的办刊宗旨有关,即"主要刊载有关拉美地区和中拉关系的重大理论与现实问题、重点热点问题及前沿问题的开创性、突破性科研成果"。[A]

正是在政策导向和快出、易出成果的驱动下,拉美研究在内容上存在普遍的相对失衡。总结来看,大致可以归为"十多十少":区域研究多,国别研究少;宏观研究多,微观研究少;大国研究多,小国研究少;应用研究多,基础研究少;热点研究多,冷门研究少;重复研究多,创新研究少;现实研究多,历史研究少;"有用"研究多,"无用"研究少;碎片性研究多,系统性研究少;单学科研究多,跨学科研究少。事实上,这些"多"和"少"的背后都反映出当前的拉美研究充斥着浓烈的实用主义色彩,即过分注重实用性研究,而忽略基础性的学术研究。然而,值得警醒且业已被印证的是,没有足够雄厚的学术积累和基础知识支撑,就无法提供有价值的深刻的政策建议。换而言之,"注重学术意义和为政府提供好的政策建议之间本身不应该是矛盾的,而应该是相互促进的"。[B]

在新的时期,随着拉美研究队伍的扩大,特别是新生研究力量的学科背景更加多元化,拉美研究的内容也必将在未来呈现多元化趋势。但研究内容的多元化,一方面靠研究机构和研究人员的自觉自为,另一方面靠学术刊物(比如《拉丁美洲研究》)和学术团体(比如中国拉丁美洲学会)的积极引导。

4. 面向新时代的中国拉美研究

经过七十年,特别是近四十年的发展,中国的拉美研究打开了一个新的局面,也走到了一个新的历史时刻:面向新时代,服务新时代。"进入新时代的中国,日益走近世界舞台的中央,标志着中国的发展状态、发展趋势、

A 《拉丁美洲研究》期刊简介,http://ilas.cass.cn/xsqikan/qkjianjie/,访问日期:2019 年 12 月 11 日。

B 唐世平、张洁、曹筱阳:《中国的地区研究:成就、差距和期待》,载《世界经济与政治》,2005 年第 11 期,第 14 页。

发展愿景，与世界潮流同向同势，相互交织、相互激荡，中国深刻改变着世界，世界也深刻影响着中国。"[A] 在这个新的历史起点上，中国对拉美研究的需求会更大，要求会更高、更强、更指向未来。面对新的历史时刻，中国的拉美研究机构和学者亟待转变观念和思维，以更广阔的世界视野、更科学的研究方法、更多元的研究对象，大力加强基础研究，既为"厚积"学术素养之谋，又为"薄发"政策研究之用。

不过，需要清醒地认识到，中国的拉美研究要实现深刻转型绝非一日之功。尽管经过前五十年的碎步前进和后二十年的疾速发展，当前中国的拉美研究仍处于初级阶段，并将在未来一个相当长的时期内无法摆脱这个阶段——高精准地服务于国家对拉战略的政策尚需时日，知识生产的使命道阻且长。而告别这个初级阶段恐怕至少需要两三代人的积极作为和主动转变。就目前而言，面对挑战，中国拉丁美洲学会的转型亟待先行，以成为这一宏大转型的先导。作为全国最大的综合性拉美研究团体，面对拉美研究的"井喷式"发展，中国拉丁美洲学会或许喜忧参半：为"蓬勃发展"而喜，为"野蛮生长"而忧。面向新时代的中国拉丁美洲学会，未来需要做的恐怕不只是将其宗旨从"团结"转向或者附加"服务"和"引领"职能，而要以切实的行动帮助越来越多的新兴研究机构跨过"历史的三峡"，助其从数字上的"有形"力量转变为真正的生力军。这将是站在新的历史起点上告别初级阶段的第一步，也是重要的一步。

第二节 拉丁美洲的中国研究

和欧美发达国家相比，拉丁美洲和加勒比地区的"汉学"或"中国研究"是比较滞后的。随着近年来中拉关系日益密切，"中国研究"愈发受到关注。

A 同心：《论新时代》，载《求是》，http://www.qstheory.cn/dukan/qs/2019-01/01/c_1123923778. htm，访问日期：2019 年 11 月 26 日。

作为海外中国研究的一部分，拉美的中国研究对于推动中华文化走出去、构建中国的软实力和提高中国话语权都具有重要的意义。习近平主席《在哲学社会科学工作座谈会上的讲话》中就曾明确指出要"支持和鼓励建立海外中国学术研究中心，支持国外学会、基金会研究中国问题，加强国内外智库交流，推动海外中国学研究"。[A]

鉴于当前国内对"拉美中国研究"的研究几乎一片空白，本节拟先初步梳理中国研究在拉美的发展脉络，在此基础上分析其发展特点和面临的挑战，并就如何进一步增强和支持拉美的中国研究提出初步思考。

一、拉美中国研究的发展阶段

西方汉学大体分为游记汉学、传教士汉学和专业汉学三个分期，其中游记汉学的奠基之作当属《马可波罗游记》。[B] 拉美汉学的真正源头事实上也始于游记，[C] 最早或可追溯至哥伦比亚汉学家唐可·阿尔梅洛（Nicolás Tanco Armero）1861年出版的《穿过鸦片的硝烟》[D] 和巴西汉学家李诗圃（Henrique Carlos Ribeiro Lisboa）1888年出版的《中国和中国人》（*A China e os chins: Recordações de viagem*）。这两部由拉美人撰写的游记汉学著作对后世影响颇深，而今却鲜为人知。前者是哥伦比亚甚或拉美第一部全方位记录中国的游记汉学著作——作者对中国认知的两面性深刻地映射出拉美知识精英作为克里奥尔人身份的双重性。后者则是巴西第一部由外交官撰写的关于中国的游

A 习近平：《在哲学社会科学工作座谈会上的讲话》，载《人民日报》，2016年5月19日 02版。

B 张西平：《西方游记汉学的奠基之作——〈马可波罗游记〉的历史价值》，载《社会科学论坛》，2017年第8期，第115—122页。

C 张铠研究员认为，何塞·德阿科斯塔、胡安·德帕拉福克斯—门多萨和石铎琭是"拉美的早期汉学家"，但这种归属并不科学。这个时期的拉美仍属西班牙殖民地，除门多萨出生于墨西哥之外，其他人都在西班牙本土出生，因而被视为西班牙汉学家更为恰当。事实上，作者最新出版的《西班牙的汉学研究（1552—2016）》（中国社会科学出版社，2017，第564页）一书就将三位汉学家收录其中。参见张铠：《拉丁美洲早期汉学家研究（16—18世纪）》，载《国际汉学》，2014年第1期，第138—158页。

D 唐可·阿尔梅洛：《穿过鸦片的硝烟》，郑柯军译，北京图书馆出版社，2006，第293页。

记著作，作者"向巴西展现了中国和中国人的可敬之处，认为巴西可以向中国学习并与其建立切实的商业和政治伙伴关系"。[A] 可以说，这两部早期的拉美汉学著作是真正站在东西方文化交流的第三极审视中国的，反映出早期拉美知识精英对于中国认识的复杂性。

在此后很长一个时期里，拉美地区介绍中国的著作渐稀，直到 1949 年以后才出现了一批有关新中国的游记著作，由此开启了当代拉美研究中国的历史。下面简单介绍一下中国研究在拉美的三个发展阶段。

1. 拉美中国研究的先声（20 世纪五六十年代）

中华人民共和国成立后发起的文化外交催生了一批介绍新中国的游记著作，由此带来的一个意外效果是帮助开启了拉美的中国研究。从 1949 年到 1960 年，中国邀请了 1500 多名有影响力的拉美人士访华，其中有相当大一部分是作家、记者、画家、艺术家等，其中仅 1959—1960 年间就有拉美 9 国（阿根廷、玻利维亚、巴西、智利、古巴、厄瓜多尔、墨西哥、秘鲁和乌拉圭）的 40 多名记者访华。[B] 这批受邀来华者在返回本国后，将对中国的认知和感触书之成文出版，给后世留下了一批记述新中国见闻的著作，成为这个时期拉美中国研究的一种特别表现形式。墨西哥人民党总书记维森特·隆巴尔多·托莱达诺（Vicente Lombardo Toledano）1950 年出版的《新中国旅行日记》（*Diario de un viaje a la China nueva*）就是拉美第一部这样的著作。此后，又有一些记者和作家的中国著作问世，比如阿根廷记者、诗人劳尔·贡萨雷斯·图尼翁（Raúl González Tuñón）1954 年出版了访华笔记《四海之内皆兄弟》（*Todos los hombres del mundo son hermanos*）。阿根廷作家诺贝尔托·弗隆蒂尼（Norberto Frontini）和玛丽娅·罗莎·奥利弗（María Rosa Oliver）

A Henrique Carlos Ribeiro Lisboa, "A China e os chins: Recordações de viagem," (Rio de Janeiro: Fundação Alexandre de Gusmão (FUNAG)/CHDD, 2016), p.5. 1894 年，他出版了另一本关于中国的著作《第四类中国人：中国与中国人的延续》（*Os Chins do Tetartos: continuação de a China e os chins*）。

B William E. Ratliff, "Chinese Communist Cultural Diplomacy toward Latin America, 1949-1960, " *The Hispanic American Historical Review*, Vol. 49, No.1 (1969): 53-79.

于 1955 年合作出版了《我们所知道的中国》（*Lo que sabemos hablamos: testimonio sobre la China de hoy*）；阿根廷作家贝尔纳多·科尔顿（Bernardo Kordon）从 1958 年开始相继出版了包括《中国传统戏剧》（*El teatro chino tradicional*）在内的 5 本专著，还创办了中阿友谊之家，致力于推动两国知识分子之间的交流。而巴西法官奥斯尼·杜瓦特·佩雷拉（Osny Duarte Pereira）则先后于 1956 年和 1957 年出版了两本关于新中国的著作《我们与中国》（*Nós e a china*）和《今日中国》（*A China de Hoje*）。[A]

1960 年以后，中国对拉美的文化外交开始降温。尽管如此，文化外交的遗产并没有随之消散。中国在拉美的文化存在和影响开始波及学术界，拉美地区最早的两家涉华研究机构相继成立：1964 年墨西哥学院亚非研究中心成立，1967 年阿根廷萨尔瓦多大学东方研究院成立。亚非研究中心涉华研究侧重于中国语言、文化、历史、政治等问题，而后者则侧重于研究中国的文化和哲学，特别是佛教。阿根廷和墨西哥两国相继建立涉华研究机构并开启了拉美地区专业研究中国的先河。

2. 拉美中国研究的进阶（20 世纪 70—90 年代）

20 世纪 70 年代之前，除古巴之外的拉美国家同中国均没有正式外交关系，这无疑成为中国研究的一大客观障碍。1970 年 12 月，南美洲的智利率先同中国建交，由此开启了一个中拉建交潮。到 20 世纪 90 年代末，拉美 33 个国家中已有 19 个同中国建交。中国和拉美国家关系的正常化大大便利了中国研究的推进。这个时期，中国研究的开拓者主要先是由拉美的援华专家和外交官构成，随后则主要由专业学者驱动。前者如秘鲁的吉叶墨·达尼诺（Guillermo Dañino）、哥伦比亚的恩里克·波萨达（Enrique Posada），以及墨西哥的欧亨尼奥·安吉亚诺·罗奇（Eugenio Anguiano Roch）。吉叶墨是秘鲁著名汉学家，从 1979 年受邀援华在中国大学任教直至 1991 年，后定居北京研究中国文化，至 2002 年才重返秘鲁天主教大学东方研究中心（1987 年成立）

A　傅一晨：《巴西及其视域中的"多个中国"：巴西学术界如何理解中国》，载《拉丁美洲研究》，2019 年第 4 期，第 45 页。

继续中国文化研究。由他开创的中国文学文化的翻译和研究，甚至影响了整个拉美的中国研究学者，迄今他已翻译或独撰中国主题图书 26 部。[A] 波萨达则是一位集援华专家、学者、记者和外交官等身份于一身的哥伦比亚汉学家。他自 20 世纪 60 年代中期第一次访华始，先后在中国工作学习近二十年。回国后，他又先后创办了豪尔赫·塔德奥·洛萨诺大学孔子学院和亚太虚拟观察站（OVAP, 2005），致力于培养中国研究学者和推动中哥学术交流。欧亨尼奥·安吉亚诺·罗奇是墨西哥第一任驻华大使（1972—1976 年），后又再次担任这一职务（1982—1987 年）。他可谓是从驻华大使向中国研究学者转型的典范。卸任回国后，他继续活跃在墨西哥和拉美的中国研究舞台上，曾担任墨西哥学院亚非研究中心主任和研究员（1994—2008 年），出版了 10 部中国主题的著作。

这个时期，特别是从 20 世纪 80 年代末和 90 年代初起，第一批从事中国研究的专业学者也开始成长起来。其中的代表人物之一是爱德华多·丹尼尔·奥维多（Eduardo Daniel Oviedo）。他是阿根廷第一个中国政府奖学金获得者，后成长为阿根廷乃至拉美中国研究的第一代职业学者。奥维多 1989—1993 年间先后在北京语言大学和北京大学学习中文和攻读国际政治专业研究生。他学术功底扎实，中文能力优秀，可谓拉美第一代中国研究学者的标杆和典范。从 90 年代中后期开始，随着中国企业向拉美发展，拉美学者开始特别关注中拉经贸关系方面的研究。

3. 拉美中国研究的初兴（21 世纪以来）

进入 21 世纪以来，中国在世界舞台上的地位更加显著，与此同时中拉关系疾速发展，到 2014 年中国已经成为多数拉美国家的第一、第二大贸易伙伴。拉美知识界敏锐地捕捉到这种趋势，研究中国和中拉关系的学者日益增多。这种"增加"大体可以分为两个阶段，其性质也有不同。

在 21 世纪头十年，这种增加主要是源于现有机构和人员的研究领域的

A 郭存海主编《我们的记忆：中拉人文交流口述史》，朝华出版社，2019，第 135 页。

"扩容"而非"新起炉灶"。比如 1987 年成立的秘鲁天主教大学东方研究中心起步于日本研究,自 1994 年就在该中心从事日本经济研究的卡洛斯·阿基诺(Carlos Aquino)从 21 世纪初开始将研究重点扩大到中国经济和中拉关系。[A] 而阿根廷二月三日国立大学亚太和印度研究中心(CEAPI-UNTREF)的卡洛斯·莫奈塔(Carlos Moneta)教授在 2000 年之前一直从事拉美政治和经济一体化研究,聚焦中拉关系,特别是经贸关系。正是源于这一点,这个时期开始涉足中国研究的学者,尽管拥有较深的专业功底,但通常不懂中文,跟中国也少有联系。他们所在的研究机构多冠之以"东亚""亚洲""亚太"或"东方"之名。这一特点和 21 世纪第二个十年并不相同。后十年间,从事中国研究的拉美学者都相对年轻,大多受过专业训练,曾在中国学习语言或留学,获得了硕士或博士学位。对他们而言,中文能力已经不是一个主要问题,不像许多老一代学者在这方面有明显局限,只能单纯地依靠非中文文献从事中国研究。此外,新设研究机构或项目多直接冠以"中国"之名,研究对象更有具体性和指向性。总而言之,21 世纪以来的拉美中国研究已现初兴景象。

二、拉美中国研究的发展特点

近二十年来,拉美的中国研究发展迅速。这尤其表现在涉华研究机构和人员的快速增加,新生代研究力量的整体崛起,以及中国研究网络的初步构建。基于我们所做的初步访谈和统计,下面尝试分析拉美中国研究的发展特点。

1. 研究机构的"虚体化"

进入 21 世纪后,拉美越来越多的研究机构和人员开始将中国纳入研究视野,与此同时一些新的中国研究机构和组织也如雨后春笋般兴起。根据我们的初步统计(见图 7-23),截至 2019 年底,拉美地区共有涉华研究机构 66 家,其中有 56 家设在高等教育机构,10 家属于社会智库。就国别分布而

A Carlos Aquino Rodríguez, "Acerca de los estudios sobre China en el Perú," en *Pensamiento Crítico,* Vol.18. N.2(2014): 7-18.

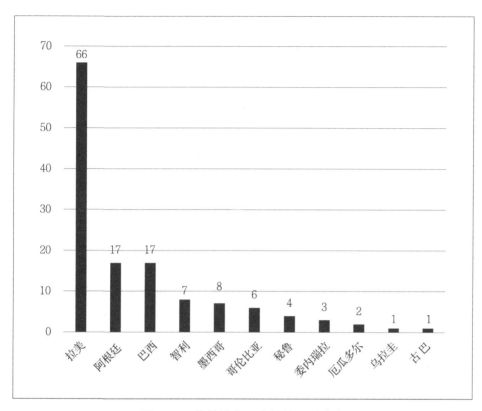

图 7-23　拉美涉华研究机构国别分布

资料来源：根据访谈和统计制表。

言，其特点也比较明显。首先，涉华研究机构广泛分布于对华关系密切的国家，其中既有大国，也有中小国家，反映出国家间关系对学术研究的深刻影响。其次，拉美大国和对华关系比较紧密的中等国家，涉华研究机构的增加比较显著。统计发现，阿根廷和巴西是涉华研究机构最多的两个拉美国家，均多达 17 家。墨西哥、智利、哥伦比亚等国增速也相对较快，迄今分别达到 8 家、7 家和 6 家。其中墨西哥的涉华研究机构表现最为突出，这不仅因其有着悠久的中国研究的历史和传统，而且在成果数量和学术网络平台建设方面的表现亦可圈可点。

不过需要指出的是，在这些数字背后潜藏着一个真切的现实，即研究机构的"虚体化"。这突出表现在三个方面：其一，这些机构有一半以上是

"涉华"研究机构。在初步统计的这 66 家研究机构 [A] 中，有 36 家是以"亚太""亚洲""东亚"或"东方"冠名，且中国在机构中未以任何一种形式单列。其二，这些研究机构就性质而言，除墨西哥学院亚非研究中心和维拉克鲁斯大学中国—维拉克鲁斯研究中心之外，均非研究实体。其三，直接冠名"中国"的 30 家研究机构或组织，其性质也复杂多样。其中有注重学术机构性的研究中心（Centro）17 家，占比超过 55%，学术兴趣团体（Grupo）6 家、研究项目（Programa）3 个、现有硕士课程（Especialización）2 个。上述特点充分反映出，尽管中国研究在拉美引发了一股"热潮"，但主要体现在"量"上，而非"质"上。

2. 新生代研究力量崛起

在最近十年间，拉美中国研究快速发展过程中的一大现象是新生代研究力量的崛起。这主要是受到三大因素的驱动：其一，进入 21 世纪以来，中拉联系日益紧密，中国成为影响许多拉美国家经济和社会发展的重要因素。其二，孔子学院和汉语在拉美的快速发展为培养新一代中国研究力量开辟了道路。如前所述，从 2006 年第一所孔子学院在墨西哥成立迄今十多年间，拉美已有 25 个国家开设了 45 所孔子学院。其三，教育部中外语言交流合作中心首倡的"新汉学计划"及其他各类留学机会吸引了大量拉美留学生来华攻读硕士和博士研究生。这批留学生，特别是博士研究生，归国后大多选择在高校或科研机构从事和中国相关的教学或研究工作，由此中国研究力量不断充实壮大。

访谈和初步统计发现：和 21 世纪头十年不同的是，最近十年成立的涉华研究机构有一半以上直接冠以"中国"之名，且大多数是由在华留学或

A 联合国拉美和加勒比经济委员会（CEPAL）未统计在内，因该机构并未冠以"亚洲"或"东亚"之名，却是近年来研究中国问题最有分量和最有影响力的拉美智库，单其官方网页上就有 20 多万条与中国相关的条目。从 1994 年至今，该机构已经以英文、西班牙文和葡萄牙文出版了 171 部中国主题的图书、年度报告和学术论文等，主题广泛涉及中国经济和中拉关系。参见联合国拉美经委会官方网站：https://www.cepal.org/es/publications/list?search_fulltext=china。

受训回国人员创办或主导的，他们是近年来拉美中国研究的主要推动力量。这个群体的普遍特征是：年龄以 30—40 岁居多，拥有扎实的专业功底和良好的中文能力，怀有深厚的中国情结和开拓创新精神，能够与时俱进接受新变化。他们非常善于和乐于对外交流和网络传播，[A] 例如在脸书上创建主页，在推特上开设账号，及时对外发布本机构资讯，并和机构或学者相互关注或转发中国主题的推送。一些新设机构甚至还建立了专门的官方网站，这在拉美中国研究史上可谓是前所未有的。不唯如此，他们主动发声，和媒体密切互动，接受采访或撰稿；举办各类线上线下学术活动，将研究中国和传播中国有机地结合起来；积极倡导构建学术网络，汇聚中国研究力量。新生代成为拉美最具活力的中国研究力量，可谓是中国研究的希望和未来。

3. 研究议题相对集中且日趋多元

鲜明的时代性是拉美的中国研究在内容上的一个显著特点，这也是和专注于历史、文化和哲学的西方汉学的明显差异。在 20 世纪 80 年代之前，中国的时代主题是政治和革命，这也体现在拉美知识分子对中国的关注点。且不说五六十年代文化外交盛行时期出版的大批反映当时中国现状的旅行著作和毛泽东思想的书籍，[B] 甚至涉华研究机构的先行者，比如墨西哥学院亚非研究中心，在文学、文化和哲学这些传统领域之外也聚焦革命和意识形态层面。进入 80 年代后，虽有墨西哥学院亚非研究中心和萨尔瓦多大学东方研究院等机构继续钻研中国传统文化和哲学，然非主流。一些从事历史研究的拉美学者将其视角转向亚洲，且怀有浓烈的现实关怀。比如在亚洲史领域颇有研究积淀的委内瑞拉中央大学历史学院，就将中国作为研究重点之一。80年代该院学者关注的议题集中于中苏关系、中共党史、马克思主义在中国，

A 巴西绝大多数涉华研究机构或组织都没有开设脸书主页或推特账户，15 家涉华机构中只有 3 家利用其中一种社交媒体，占比仅 20%。

B 拉克尔·伊萨马拉·莱昂·德拉罗莎：《伊比利亚美洲的汉学：试论一种整体观的建立》，载《江苏师范大学学报（哲学社会科学版）》，2016 年第 2 期，第 29 页。

以及农民和革命等。[A]

进入 20 世纪 90 年代，特别是 21 世纪以来，无论是现有的涉华研究机构还是新成立的中国研究机构，绝大多数研究的重心都聚焦中国经济以及中国和拉美或其中某一国家的双边关系。甚至新成立的一些中国研究机构从其名称中就能直接反映出这种现实关切，比如较早成立的墨西哥国立自治大学中国—墨西哥研究中心、墨西哥维拉克鲁斯大学中国—维拉克鲁斯研究中心、阿根廷布宜诺斯艾利斯大学中国—阿根廷研究中心、巴西坎皮纳斯州立大学中国—巴西研究小组、巴西瓦加斯基金会巴西—中国研究中心，以及有影响力的智利社会智库"跨学科聚焦中拉网络"等。可以说，拉美的中国研究总体上具有较强的应用性和现实性，回应了中拉社会的重大关切，其研究内容既是对中拉各方面关系的总结和反映，同时也为中拉关系的持续发展提供了意见和指引。

不过，在当前中国研究相对集中于中拉关系的背后，还潜藏着一种日益多元化的趋向。随着中拉人文交流的密切和全面合作伙伴关系的不断加强，拉美中国研究的内容日益深刻和广泛，越来越从相对集中的政治、经济和国际关系等领域向历史、社会、文化、科技、思想、环境、人类学等众多领域扩展。这将有助于更加全面地反映和呈现中国的历史和现在，勾画中拉关系的未来。

4. 研究成果的表现形式多元化

拉美中国研究的快速发展不仅反映在机构和人员的壮大，也体现在研究成果的不断增加。研究成果的基本载体是学术杂志。早在 20 世纪 50 年代，拉美的知识分子就创办了被认为是最早的研究中国的期刊，即《中国文化》（ *Cultura China* ）。该刊由阿根廷诗人劳尔·贡萨雷斯·图尼翁、画家胡安·卡洛斯·卡斯塔吉诺（Juan Carlos Castagnino）、作家玛丽娅·罗莎·奥利弗和诺贝尔托·弗隆蒂尼共同创办，其理想是借此沟通"中国和阿根廷，东方和西方：

A Neruska Rojas y Jesus Camejo, "Apuntes sobre los estudios de China en Venezuela," en *Humania del Sur*, Año 13, No.25 (Julio–Diciembre, 2018): 103–120.

条条大路通友谊。我们选择了文化之路，因为它是一条传播思想的阳关大道——两国人民可以借此相识相知"。[A] 但遗憾的是，这份承载"理解和友谊"的期刊只出版了两期（1954 年和 1955 年）就停刊了。尽管如此，它在中阿乃至中拉文化关系史上都具有深远的影响。当前拉美地区影响力最大、承载同样使命的《当代》杂志（*Dangdai*）奉其为前驱，以示敬意。

为便于考察拉美的中国研究的成果，这里我们暂以杂志及其他连续出版物为对象，而对另一种重要的成果表现形式——图书拟于未来单独研究。根据我们的初步统计，截至目前，拉美涉华研究机构发表中国相关研究的连续出版物共有 10 种（见表 7-1）。这些连续出版物总体上具有以下几个特征：第一，出版物的出版介质，既有传统的纸质出版形式，也有更具现代意识的电子出版形式。近几年创办的刊物多以电子形式出版，其中既有节约成本的考虑，也有即时分享学术成果的顾及。不过，其中 4 种传统的纸质出版物目前均同步出版电子版，学术严肃性和分享便利性兼具。第二，除《亚非研究》外，其他出版物均是 21 世纪以来，特别是最近十年间创办的。这意味着拉美的中国研究成果和成果呈现平台的增加。第三，出刊以半年刊、季刊或四月刊居多，双月出刊多是单篇工作论文或学术论文。墨西哥亚非研究中心是拉美最早的涉华研究机构，其创办的《亚非研究》是出刊时间最长、出版期数最多的学术刊物，截至目前已经连续出版 53 年171 期。[B] 最后还需要特别指出的是，这些出版物都非常重视研究成果的对外推广和传播，均开设了出版物的发布网站、脸书主页或推特账号等，甚至以这几种形式同时对外发布，大大有利于中国研究成果的交流、分享和传播。

A Federico von Baumbach, "Revista Cultura China, un antecedente de Dangdai," en *Revista de Dangdai*, N. 21 (2018): 37, http://dangdai.com.ar/joomla/index.php?option=com_content&view=article&id=8862:revista–cultura–china–un–antecedente–de–dang–dai&catid=2:cultura&Itemid=9.

B 1966 年《东方研究》（*Estudios Orientales*）创刊，1975 年改为现名《亚非研究》。1966 年和 1974 年为半年刊，中间其余年份均为四个月出刊；1979 年至 1987 改为季刊，自 1988 年起恢复四个月出刊至今。https://estudiosdeasiayafrica.colmex.mx/index.php/eaa.

表7-1　拉美涉华研究机构创办的连续出版物统计

刊物名称	创刊时间	出刊频次	已出期数	出版介质	主办机构
亚洲和拉美杂志（*Revista Asia y América Latina*）	2015	半年	6	电子	阿根廷布宜诺斯艾利斯大学社会科学学院亚洲和拉美研究小组
当代（*Dangdai*）	2011	季度	27	纸质	阿根廷国会大学中国文化之家
亚非研究（*Estudios de Asia y África*）	1966	四个月	171	纸质	墨西哥学院亚非研究中心
中国研究笔记（*Cuadernos del Trabajo del CECHIMEX*）	2010	双月	49	电子	墨西哥国立自治大学中墨研究中心
东方杂志（*Revista Orientando*）	2011	半年	19	纸质	墨西哥维拉克鲁斯大学中国—维拉克鲁斯研究中心
南方人文（*Humania del Sur: Revista de Estudios Latinoamericanos, Africanos y Asiáticos*）	2006	半年	27	纸质	委内瑞拉洛斯安第斯大学人文教育学院
中国笔记（*Cuadernos de China*）	2019	半年	2	电子	委内瑞拉洛斯安第斯大学委内瑞拉中国研究会
拉美媒体看中国（*Informe China en la Prensa Latinoamericana*）	2011	季度	33	电子	智利安德烈斯·贝略大学拉美中国研究中心
工作论文（*Working Paper Series de REDCAEM*）	2017	双月	14	电子	跨学科聚焦中拉网络 (REDCAEM)
中国—拉共体报告（*Informe CELAC-China*）	2019	半年	4	电子	跨学科聚焦中拉网络——拉美加勒比国际关系理事会

资料来源：基于访谈和调查统计制表。

5. 中国研究网络初见雏形

鉴于很长时间以来拉美的中国研究主要被置于"亚洲""东方"或"亚太"研究框架下，中国研究学者常常"各自为战"，充其量在其所属高校或国别形成一些兴趣小团体，直至21世纪头十年，这种情况都未有大的改观。

从整个地区来看，中国研究学者大体保持着一种零落、散居状态，亟待"构建和巩固一个超越封闭学术场域的文化生产网络……以完善现有的组织架构，推动中国研究朝向更高水平发展"。[A]

中国研究网络构建的第一波动力是 1976 年拉丁美洲亚非研究协会的成立。该会秘书处设在墨西哥学院亚非研究中心，宗旨是促进拉美亚非研究机构和学者之间的交流、协作和信息分享，推动拉美亚非研究的发展，增进拉美对亚非的认知和了解等。[B]截至目前，除墨西哥总部之外，该学会还发展了阿根廷、巴西、智利、哥伦比亚、古巴、秘鲁和委内瑞拉等 7 个国别分部，举行了 15 届拉美亚非研究学会国际会议，第 16 届原定于 2020 年 7 月 29 日至 8 月 1 日在厄瓜多尔基多举行，但因新冠疫情取消。拉美亚非研究协会是拉美地区历史最悠久、制度化最强的涉华学术网络，它的存在非常有利于聚合本地区的中国研究力量。

进入 21 世纪第二个十年，更多中国研究机构的成立为拉美中国研究网络的形成提供了新的强大支撑。这十年间，先后有拉丁美洲和加勒比地区中国学术网（墨西哥，2012 年）、亚太虚拟观察站（哥伦比亚，2013 年）、巴西中国研究网络（巴西，2017 年）、委内瑞拉中国研究会（委内瑞拉，2018 年）和亚洲拉美研究网络（哥伦比亚，2019 年）等涉华或中国研究平台被搭建起来。这里重点介绍三个以中国为主题的国别学术网络。拉丁美洲和加勒比地区中国学术网由墨西哥国立自治大学中墨研究中心主任恩里克·杜塞尔（Enrique Dussel）于 2012 年创建，旨在为拉美国家从事中国相关研究的学者提供交流和分享平台，平台的组织框架主要由墨西哥学者构成。该平台主要是会议平台，每两年以固定主题"中国和拉美与加勒比：21 世纪的机遇和挑战"召开研讨会，在机制建设方面较为薄弱。尽管如此，该平台已经在拉美地区产生了非常大的影响力。从 2012 年至今，已连续举办了 4 届国际研讨会，覆盖经济、贸易、投资、国际关系、人力资

A　毕嘉宏：《阿根廷的中国研究：机构变迁与研究现状》，载《拉丁美洲研究》，2019 年第 4
　　期，第 39 页。

B　参见 https://aladaainternacional.com/2018/10/sobre-aladaa/。

源和环境，以及语言、历史和文化等广泛议题。^A 在拉丁美洲和加勒比地区中国学术网框架下，目前已经出版了 22 本论文集，形成了一个制度化的中国研究学术品牌。成立于 2017 年的巴西中国研究网络是一个更加广泛的学术网络，旨在团结和联络全世界范围内从事中国相关工作的巴西籍学者、记者、企业家、外交官等共同促进对中国的理解。2018 年和 2019 年该网络分别在米纳斯吉拉斯天主教大学和坎皮纳斯州立大学举行了第一届和第二届巴西中国研究网络会议，从各领域探讨中国和巴西的关系。坎皮纳斯州立大学从 2017 年起还连续三年举办了"当代中国研究研讨会"。2018 年委内瑞拉也成立了类似的中国研究团体——委内瑞拉中国研究会。相对于巴西和墨西哥的规模，委内瑞拉中国研究会更聚焦于从小处做起。他们创办了电子刊物《中国笔记》，每期从不同层面刊发一篇重磅学术论文，作者以委内瑞拉本国学者为主，但广泛吸收其他拉美国家学者的加入。

尽管许多学术网络都以学术会议为支撑，比如前述拉丁美洲和加勒比地区中国学术网、巴西中国研究网络等均是如此。不过，近年来一系列以中国研究为主题的国际会议对拉美中国研究学术网络的形成也发挥了巨大的推动作用，比如阿根廷拉普拉塔国立大学分别于 2011 年和 2019 年举行了第一届和第二届拉美中国研究学术研讨会，还参与主办了 2018 年世界中国学论坛首届拉美分论坛；哥斯达黎加大学于 2012 年举行了"中国研究国际研讨会"并出版了《从拉美视角看中国研究》一书，^B 又于 2019 年举行了第一届拉丁美洲国际中国研究论坛，会议主题是"和中国相遇"。

三、拉美中国研究的机遇和挑战

1. 拉美中国研究的前景

经过近二十年的积累和发展，拉美的中国研究已现初兴景象，蕴藏着巨

A 参见 https://www.redalc-china.org/v21/es-es/。

B Susan Chen Mok, Jorge Bartels Villanueva, Ricardo Martínez Esquivel (eds.), *Estudios sobre China desde Latinoamérica: Geopolítica, religión e inmigración*, (Sección de Impresión del SIEDIN, 2013), p.288.

大的发展潜力。随着未来一个时期中拉全面合作伙伴关系的持续推进，拉美的中国研究必将获得更大的发展动力和空间。这得益于中拉关系在各个层面的大发展和大交流。首先，发轫于经济驱动的中拉关系正逐步形成命运共同体，双方的相互依存度日益增强。中拉双方亟须通过文明对话和发展互鉴推动发展战略对接，助力中拉互利共赢关系的可持续发展。这种新情势既为中拉学术界提供了研究课题，又为中拉学术交流提供了机会。其次，人文交流已经成为中拉关系的新支柱。受此驱动，未来留学中国的拉美学生无论在数量规模上还是学习专业上都将进一步扩大，这既有利于为拉美的中国研究储备人才，又有利于拉美的中国研究向纵深发展。与此同时，赴拉美留学攻读硕士和博士研究生的中国学生人数近年来也在持续增加，未来必将进一步壮大。这些中国留学生的存在，将有利于弥补拉美涉华研究机构没有中国学者的不足，刺激和帮助拉美中国研究的发展。最后，近年来，中国的拉美研究热给拉美学者赴华工作和学习提供了新的机会，本质上也有利于拉美中国研究机构和人员的发展。

总而言之，中国因素在拉美社会的强大存在，以及中拉学术界的大交流与大发展都将带动更多的拉美学者关注中国议题。比如于 2020 年 9 月在拉普拉塔国立大学举行的第 12 届阿根廷社会人类学大会就特别新增一个中国工作组，专门讨论"中国在全球的崛起及由此带来的新相遇、新角色和新视界"。这是该组织第一次将中国纳入主题，也是本届会议的唯一涉外主题。事实上，随着中拉全面合作伙伴关系向纵深发展，彼此关注的重大理论和现实问题也将从纯粹的政治、外交和经济等传统领域拓展至环境、劳工、社会、文化、历史、科技等众多领域。这势必吸引不同专业背景的拉美学者加入讨论，从而帮助壮大拉美的中国研究人才队伍。

2. 拉美的中国研究面临的挑战

尽管拉美中国研究的春天已经来临，前景可期，但要真正发展起来，仍有很长的路要走。拉美的中国研究特别是在机构发展、研究资源和人才建设等方面仍面临重重限制。

　　首先，和其他区域研究相比，中国研究虽新近遇"热"，但总体上仍处于边缘地带。迄今为止，拉美的涉华或中国研究机构除墨西哥学院亚非研究中心和维拉克鲁斯大学中国—维拉克鲁斯研究中心之外，基本上没有其他研究实体。一些涉华研究机构的中国研究很多情况下充其量是一两个人在支撑，一些中国研究中心本质上和研究小组没有太大区别，更像是一个研究兴趣团体。缺乏制度化和机制化的支撑，在相当大程度上限制了中国研究向纵深发展。

　　其次，配套研究资源缺乏大大限制了中国研究的拓展和中国话语权的建设。就我们访谈所知，许多中国研究机构都比较缺乏文献资源，特别是由中国以中文、英文、西班牙文或葡萄牙文出版的中国主题的纸质图书、期刊和电子数据库。再加上汉语能力的限制，拉美的许多中国研究学者都不得不选择阅读欧美学者的中国研究文献。经此"西方介质"而缺乏东方一手文献的参照，在相当大程度上影响了拉美学者对中国的认知和判断。少数中国研究机构虽同孔子学院相结合，但孔子学院的配套图书，无论是数量还是质量都无法满足机构和学者的文献需求。

　　最后，中国研究的专业人才建设亟待加强和提升。目前拉美地区从事中国研究的学者主要有两类，一类是在"亚太"或"亚洲"研究框架下从事涉华研究的学者，其术业并非专攻中国研究，中国只是其研究对象之一。这类学者基本上不懂中文，对中国了解有限，甚至从未来过中国。他们是中国研究队伍可以争取的对象，关键是拓展其对中国的了解和接触，增强其对中国研究的力度。一类是在高校或研究机构专门从事中国研究和教学的学者。这类学者通常对中国了解较多，往返中国也相对频繁，对中国某个领域的研究相对较深。他们是中国研究的主力，主要面临语言能力的进一步提升和推动自身研究向纵深发展的挑战。总而言之，上述两类学者都需要更多的机会和空间加强与中国同行的交流与接触。需要提及的一点是，在拉美，上述两类学者都不是专门从事学术研究的，而往往需要兼顾教学与研究。这虽然给其中国研究带来了平衡压力，但也提供了绝好的学术传承机会。目前，除墨西哥学院亚非研究中心提供中国研究方向的硕士和博士学位之外，阿根廷的拉普拉塔国立大学和拉努斯国立大学也开设中国研究相关的硕士学位课程。当然在巴西、墨西哥、阿根廷、秘鲁等国的许多大学还面向本科生开设了包括中国研究在内的亚洲研究课程。

第三节　构建中拉学术共同体，推动融合发展

通过对拉美研究在中国和中国研究在拉美的平行发展分析，可以发现，中国的拉美研究和拉美的中国研究尽管起步时间不同，发展程度不一，但在许多方面都有共性和相通性。比如，两者有共同的根本驱动力，即中拉关系的愈益密切和快速发展制造的客观需求和主观需要；两者都聚焦政治、经济和国际关系诸领域，反映出中国的拉美研究和拉美的中国研究均具有强烈的务实性和政策指向，旨在服务于中拉关系疾速发展的现实。此外，无论中国的拉美研究还是拉美的中国研究都陆续步入转型期，即从单纯的社会科学领域扩展到更加广阔的人文社会科学领域，借以增强对两个地区更加全面的认识，同步实现区域/国别研究的双重目标：既服务于决策需要的政策研究，又服务于社会公众的知识生产。事实上，中国的拉美研究和拉美的中国研究不仅具有相似的发展特性，还面临着相似的发展问题，比如研究机构"虚"多"实"少，研究人才的规模和质量有待提升，以及研究方法的"在地化"难题。这些都切实阻碍着中国的拉美研究和拉美的中国研究的进一步发展。

构建一种新型互助合作关系，推动拉美的中国研究和中国的拉美研究融合发展，或许是应对这些共同挑战的一大可行路径。先期调查表明，中国的拉美研究在过去二十年里实现了"井喷式"发展，[A] 但面临的一大瓶颈就是"在

A　郭存海：《中国拉美研究70年：机构发展与转型挑战》，载《拉丁美洲研究》，2019年第4期，第1—24页。

地化"问题[A]。通过将中国的拉美研究和拉美的中国研究有机地结合起来,事实上不仅有助于解决双方均面临的"在地化"问题,而且还能通过交流和交换实现彼此教学与研究资源的优化配置,从而使拉美的中国研究和中国的拉美研究相得益彰,共同发展。当然,由此还能获得一个重要的意外之喜:巩固拉美的中国研究网络,优化中国的拉美研究网络,助力中拉学术共同体的形成。

[A] 郭存海:《中国拉美研究 70 年:机构发展与转型挑战》,载《拉丁美洲研究》,2019 年第 4 期,第 22 页。

第八章

中拉整体合作的长驱动力：人文交流机制

中拉整体合作是 21 世纪第二个十年间中拉关系发展的重要阶段性成果和里程碑,其潜力和价值仍有待进一步发掘和发扬光大。我们将采用国际关系研究中有关区域间主义和跨区域交流的视角,探讨中拉整体合作的定位、功能和特征。中拉关系的历史演变、世界局势的深刻变化、人文交流的独特价值以及拉美区域合作和一体化进程的最新动态等因素,决定了人文交流和软实力构建可以成为新时期中拉整体合作的驱动源泉,而整体合作也可以为人文交流和软实力构建搭建适宜的平台。

第一节　中拉整体合作概况

中拉整体合作自 2014 年 7 月正式出台,至今已于 2015 年 1 月和 2018 年 1 月召开两届部长级会议,中拉论坛各分论坛以及整体合作涉及的各项功能性合作正在稳步推进。根据中拉论坛首届部长级会议上通过的《中拉论坛机制设置和运行规则》,中拉论坛的定位是,由中国和拉共体成员国外交部牵头的政府间合作平台,主要机制包括部长级会议、中国—拉共体"四驾马车"外长对话、国家协调员会议(高官会)。中拉论坛各专业领域论坛和会议包括:中拉农业部长论坛、中拉青年政治家论坛、中拉民间友好论坛、中拉智库论坛、中拉企业家高峰会、中拉科技创新论坛、中拉基础设施合作论坛、中拉政党论坛、中拉地方政府合作论坛、中国—拉美环境与发展政策圆桌对话等。中拉整体合作是中拉全面合作的一个组成部分、一个层次,可简洁地概括为"1+33"且同时"1+1"的对话与合作模式,其中"1+33"中的"33"为拉美和加勒比 33 个主权国家,"1+1"为中国和拉共体(通常以轮值主席国和"四驾马车"为代表）。

2014 年以来，有关中拉整体合作的状况已经有了若干较为深入的分析，粗略地讲，这些分析集中于两个方面：一是指出中拉整体合作的来龙去脉和前因后果，着重分析其演变历程、背景动因和机遇挑战；二是考察整体合作本身的内容和动态，包括其合作领域、规划、原则，特别是其路径、机制。

第一个方面关注的问题主要有如下几点：第一，中国外交战略布局，既涉及中国领导人提出的外交新理念和新倡议，如"命运共同体""一带一路"，也涵盖外交政策实践中适时遇到和应该解决的一系列问题，如对外战略布局的"双覆盖"，即发展中国家整体对话和合作机制的全覆盖和拉美国家包括非建交国的全覆盖；第二，拉美国家外交政策选择，如平衡传统的以欧美为重心的外交格局，面向亚太特别是搭乘中国发展的快车；第三，中拉关系演进的一个阶段性成果，即适应 21 世纪中拉关系迅速升温的现实，在双边和小多边之上搭建深化合作的更大平台已有必要和可能；第四，中拉双方各自内部发展的需要，尤其是双方各自经济结构和模式转型均可在对方身上找到战略对接口，形成互有所需格局，同时拉方在区域层次上的一体化既为整体合作提供了前提，也可借助这一新的平台进一步向前推进；第五，全球格局的态势包括跨区域交流和南南合作的最新趋势以及近年来的最新变化，包括经济周期、全球化进程的异动都对中拉整体合作产生了并将持续发挥着重要作用。

就第二个方面的分析而言，大多数研究不约而同地强调整体合作应以经贸关系为主线，根据中拉经贸关系发展的阶段性特点，指出下一步推进的动力和方向，如贸易、投资"双引擎"的提出以及中拉合作文件明确的"1+3+6"和"3×3"等合作方案。与此同时，许多研究也指出了整体合作范围的全方位性质，即双方合作包括政治、外交和社会文化等各个领域的交往。而整体合作的规划和原则则对应"五位一体"的中拉全面合作，包括政治互信、经贸升级换挡、公共外交、国际协作和整体双边互动等内容。但中拉整体合作最受关注的一点，当数整体合作的路径和机制建设，大部分分析将整体合作路径作为自己研究和政策建议的中心任务，其内容涵盖了经贸主线、公共外交、整体双边互动、已有平台机制的作用、中方引领及与中方战略的相互支撑等多种选项。关于机制建设，大多数研究肯定了中拉论坛机制设置和运行规则的成果文件，指出其灵活务实和开放包容的特点，同时点明了其"软性机制"（弱制度化）的制度安排。

我们应准确理解全面合作与整体合作的关系，以及整体合作的"实质性"内容和"程序性"安排。我们常常提及"五位一体"的中拉全面合作，包括政治互信、经贸交往、人文交流、国际协作和整体双边互动，整体合作与双边合作相互促进只是全面合作的一个组成部分。当我们宣称中拉关系已进入"整体合作阶段"时，应注意"整体合作"与"全面合作"的联系与区别。整体合作项下的各种"功能性合作"与全面合作项下的各个领域属于不同层次，在实践中各有侧重。这就涉及在整体合作框架下如何处理各种"功能性合作"的问题，例如，在整体合作项下如何展开经贸交往？按照一般的理解，在"全面合作"框架下，经贸交往按其本身性质和要求进行务实合作，涉及并落实到具体的国别、部门、企业、项目，那么"整体合作"的主要任务就应该理解为负责提供愿景、创造氛围、谋求共识、总体协调。

关于整体合作的"实质性"内容还是"程序性"安排问题，这里的"实质"与"程序"仅具有相对的意义。按照"五位一体"的中拉全面合作的正式表述，整体合作是与双边合作相对的一种关系层次，它的基本含义是拉美各国作为一个"整体"与中方展开对话与合作，反映的是（就拉方而言）所有拉美国家的意愿。就此而言，它被视为"程序性"的。至于中拉双方各个领域的务实合作，在整体层次上展开，于拉方而言确有现实困难，因此整体上"务虚"恰恰可能是更为"现实"的路径。在这里，形式决定了内容，因而整体合作所要关注的内容也需要具体问题具体分析，并且有可能通过分析上的明晰来解决政策实践中的困境。

中拉整体合作的议题设置是一个随着政策实践而与时俱进"自然演进"的过程。以经贸合作为例，经常在讨论中提及的如"双引擎"或"三大引擎"

（主要由贸易推动发展为贸易加上投资和金融）、"1+3+6"（除引擎外将中拉五年合作规划和包括能源、基础设施、农业、制造业、科技和信息技术等六大领域综合在一起的合作战略思路）以及"3×3"（将企业、社会、政府互动，基金、信贷、保险融资，物流、电力、信息通道整合为一体的经贸合作模式）等，无一不体现了21世纪第二个十年中拉双方经济关系的现状和需求，既与此前（如21世纪第一个十年）有了质的提升，也必将在下一步（如21世纪第三个十年）得到全新的充实和增进。以问题意识的视角观之，其研究议题的选择空间具有巨大的可伸缩性。

这里有两个重要的问题需要加以注意：其一，这是目前拉美区域合作和一体化条件下最为现实可行的安排，其基本含义及路径方向已足够明确，需要进一步讨论的问题是整体与双边的协调，以及功能性合作的总体设计，而具体落实取决于双边或小多边的利益和意志；其二，功能性合作即各合作领域的实际操作并无主线和次线的区别，如政治安全、国际事务或人文交流，完全有可能在某个时间节点上成为整体合作特别优先关注的问题。21世纪初期形成的主流观点是，经贸合作作为中拉全面合作的基础，长期稳居合作主线地位。但在整体合作层次，经贸关系的总体目标和愿景谋求达成共识后，具体运作必须落在双边或小多边层次。而除经贸关系外的其他领域合作，却更有可能在整体层次上进行谋划并实际运作。

第二节　跨区域交流与中拉整体合作

一、区域间主义的类型与功能

跨区域交流一般是指世界各大地理区域之间的人员、物产、信息等的交往和互动，这里的区域概念是宽泛的，有可能是指大洲、大陆，也有可能是指某大洲特定地域或文化范围的一组国家，其中一些地区也可能被称为

"次区域",如拉丁美洲可以视为一个特定区域,而其中的中美洲、安第斯或南锥地区则称为次区域。跨区域交流指的就是这种区域和次区域之间的关系,它是一种历史悠久的现象,但在 20 世纪下半叶却有了新的界定方式和意义。

随着第二次世界大战后"区域建设"的发展,即区域或次区域国家间合作和一体化,特别是区域组织和制度的建立和发展,"区域间"的关系和互动成为国际关系研究中一个新的层次和现象。这既包括区域组织(如欧盟、东盟)之间的交往,也包括不同区域国家或国家集团之间形成的跨区域合作论坛(如亚太经合组织、亚欧会议)。区域主义(国家及国家间处理区域化和区域安全、经济挑战的合作、整合政策行为)由此催生和演变成了"区域间主义"(世界各大地理区域间的制度化的关系)。国外学者的相关研究自 20 世纪 70 年代欧洲共同体的对外关系分析开始,至 90 年代末形成国际关系的一个新的研究对象。我们扼要梳理现有区域间主义研究的类型界定和理论探讨,希望为中拉整体合作的认知找到一些可资借鉴的分析思路。

关于区域间主义的类型界定。第一种分类方法将制度化的区域间关系分为五种形式,即:区域组织或区域集团与另一区域某一国家之间的关系,区域组织与另一区域的区域组织之间的关系,区域组织与另一区域的区域集团之间的关系,区域集团与另一区域的区域集团的关系,来自两个或更多区域的国家、国家集团和区域组织之间的关系。[A]

第二种分类方法将区域间主义分为:"双区域主义"或"双边区域间主义",即不同区域国家集团间的对话;"跨区域主义",即其成员以独立身份参与的更为松散的安排,同时区域组织成员未必全部参与,各区域内部的协调

A　Heiner Hänggi, "Interregionalism as a multifaceted phenomenon," in Heiner Hänggi, Ralf Roloff and Jürgen Rüland (eds.), *Interregionalism and International Relations* (London and New York: Routledge, 2006), pp.31–62.

程度也有所不同。[A]

上述两种分类方法都包含了单个国家与区域组织或国家集团之间发展关系的内容。世纪之交形成的区域间主义研究，与当时国际关系研究主流话语相应，反映了新现实主义和新自由制度主义理论的分野，一些学者还采用了建构主义逻辑来解释区域间主义现象。全球化和全球治理研究以及政治经济学，也成为分析区域间和跨区域关系的理论工具。根据上述理论流派，可以归纳出区域间和跨区域关系的若干功能，这些功能也是各国参与区域间或跨区域联系的动机所在。例如：追求平衡或追随，即区域组织、国家集团或单个国家利用区域间和跨区域论坛作为维持力量均衡的制度工具；制度建设，即区域间和跨区域论坛通过增加一个层级的制度安排有助于扩大国际体系的多样性；合理化，即区域间和跨区域关系可以分割并细化全球论坛的决策，分摊超负荷运转的全球组织议程；议程设置，即区域间和跨区域论坛提供了向全球论坛引入新议题的平台；身份建构，即区域间和跨区域互动及其对区域凝聚的要求会增进集体身份认同，进而强化区域性；促进发展，即以促进不发达成员和区域的发展和一体化为目标建立区域间和跨区域关系。[B]

二、"跨区域交流"概念与中拉整体合作

我们这里所要处理的问题是中拉整体合作，而梳理区域间主义或跨区域主义的研究是为了借用一种分析问题的理论视角。综合上述研究的基本状

A　Jürgen Rüland, "Inter- and Transregionalism: Remarks on the State of the Art of a New Research Agenda," *National Europe Center Paper* No.35 (Paper prepared for the Workshop on *Asia-Pacific Studies in Australia and Europe: A Research Agenda for the Future,* Australian National University, July 5-6, 2002); Jürgen Rüland, "Interregionalism: An unfinished agenda," in Heiner Hänggi, Ralf Roloff and Jürgen Rüland (eds.), *Interregionalism and International Relations* (London and New York: Routledge, 2006), pp.295-313.

B　Heiner Hänggi, Ralf Roloff and Jürgen Rüland, "Interregionalism: A new phenomenon in international relations," in Heiner Hänggi, Ralf Roloff and Jürgen Rüland (eds.), *Interregionalism and International Relations* (London and New York: Routledge, 2006), pp.10-12; Jürgen Rüland, "Interregionalism: An unfinished agenda," in Heiner Hänggi, Ralf Roloff and Jürgen Rüland (eds.), *Interregionalism and International Relations* (London and New York: Routledge, 2006), pp.300-310.

况，我们在分类界定、功能分析和特征归纳等问题上采取下述立场：采用"跨区域交流"的提法，原则上将学者有关"区域间"和"跨区域"现象及其"主义"论述全部涵盖其中，避免陷于概念或定义的狭义与广义的争论，也无须在具体的名称或标签中为某一类特定的行为体争取正当性。我们认为，中拉整体合作就是这样一种跨区域交流。将中拉整体合作称为"准区域间主义"或"跨区域主义"，就概念最初的含义界定而言并无不妥，但这一国际关系新层次或新现象毕竟是在"区域建设"的基础上发展起来的，"区域"之间关系的任何研究在涉及单个国家的时候总会遇到概念界定的难题及其争论。与此同时，国外学者在将欧美关系界定为"跨区域主义"，而将中国等国家与区域组织的关系界定为"区域组织的对外关系"时，考虑的显然是这些关系的历史及其广度和深度。在中国对外关系迅速发展的今天，以及必将进一步发展的未来，这种考虑已经没有意义。另外，"跨区域"概念与"跨国"概念相关，其中含有层次的意义，即"跨区域"涉及区域层次之下的行为体（如国家），而"跨国"则往往指涉国家层次之下的行为体（非国家、次国家角色）。用"跨区域交流"将区域间的过程、主义以及跨区域的层次意义概括起来应该是一种方便的用法。中拉整体合作可以在"跨区域"的过程、政策行为和层次意义上加以认识。

三、制度主义与文化分析

在区域间和跨区域主义议程逐步展开的过程中，相关研究在制度主义和文化分析之间保持了一种大致的平衡。[A] 制度化的问题与学界对"新""旧"区域主义的研究相关，即相对于旧区域主义的"深度"制度化、成员同质性、保护主义贸易政策倾向、肯定性一体化（加强国家调控能力）以及选择性超国家主义等特征，新区域主义被界定为一种"开放的区域主义"，旨在回应

A　Heiner Hänggi, Ralf Roloff and Jürgen Rüland, "Interregionalism: A new phenomenon in international relations," in Heiner Hänggi, Ralf Roloff and Jürgen Rüland (eds.), *Interregionalism and International Relations* (London and New York: Routledge, 2006), pp.8–10.

国际关系和世界经济日益深入的复合相互依存状况对于合作机制的要求，其特征因而就会呈现为灵活的非正式的结构、浅显而软性制度化水平、政府间主义以及不干涉内政原则等，其成员趋于异质化（包括发达和发展中国家），而政策取向则是自由贸易和减少国家干预。作为新区域组织主要成员的发展中国家，特别热衷于将这些制度特征转移到区域间关系之上，即倾向于推出协商式论坛，以避免有约束力的决定和严密组织架构过高的治理成本。而这种倾向无疑对区域间关系的效果、效率产生重要影响。同时，制度化的问题还涉及"行为体性"的探讨，特别是欧盟与其他区域组织的比较研究，以及关注新区域主义的危机处理能力，例如亚洲金融危机以及其后不久巴西、阿根廷的危机，不仅陷区域机制于困境，而且导致区域间关系的"制度萎缩症"。[A] 今天，经过约二十年的实践和演变，跨区域交流的制度化问题一定有了全新的实证案例和观察视角，特别是伴随着 2008 年金融危机和当今全球治理体系面临的巨大不确定性，群体崛起的新兴经济体和正在调整航向的欧美发达世界如何处理跨区域关系，无疑是一个在理论和政策上都值得探讨的问题。

与此同时，学界对跨区域交流的"文化"分析同样值得关注。区域组织乃至区域间关系的制度安排不仅与全球化和区域化的要求相应，而且还取决于成员国的某些文化特征。虽然这类分析会面临文化本质论的陷阱，实证研究还是表明世界上不同地区可以培育出特定的合作文化，而特定区域共有的和想象的文化癖性和行为规范则是这种合作文化的土壤。在跨区域交往中，特定的区域性合作文化还可以催生集体身份认同，如东亚和欧盟的跨区域互动就强化了区域性的认同，除了历史遗产（如殖民经历及独立初期的弱势地位）外，经济腾飞和政治自信的增强也是这种东亚身份构建的助推因素。这种相对于前宗主国的独立姿态，体现在拒斥欧洲普世主义的亚洲文化相对论

A　Heiner Hänggi, Ralf Roloff and Jürgen Rüland, "Interregionalism: A new phenomenon in international relations," in Heiner Hänggi, Ralf Roloff and Jürgen Rüland (eds.), *Interregionalism and International Relations* (London and New York: Routledge, 2006), pp.8-9.

中，亚洲价值以及处理国际关系的"亚洲方式"成为东亚国家独具特色的一种软实力，并对全球性规则制定进程产生了一定影响，其标志性规范包括务实、灵活、非正规、共识决策、政府间主义、弱制度化及不干涉原则等。在依"硬规则"和"软规则"运作的不同区域组织间的互动中，需要探讨的问题就必然涉及不同的合作文化对区域间和跨区域论坛的效应、作用范围及解决问题能力。[A]

国内学者对跨区域交流的研究多关注发展中大国并做出相应的案例分析，尤以中国与发展中世界区域集团的集体对话与合作机制为研究重心。国内学者为这些机制归纳的各种特征多强调政府主导、弱制度运行及不干涉原则等符合发展中地区和国家对外关系的普遍规范，同时也注意到不同区域的合作机制会在合作领域和机制建设中有不同侧重。例如，中非合作论坛中援助问题的重要位置、[B] 中阿合作论坛推出的能源合作主轴、[C] 中国中东欧合作中"中欧班列"的意义等合作内容，[D] 以及中非合作论坛与中拉论坛在设计时对于非建交国的不同考虑和处理、[E] 中非合作论坛和中拉论坛中区域组织定位的细微差别、[F] 中国中东欧合作中区域组织的阙如[G] 等架构安排，既可以在政策行为的说明中列入合作需要和双方舒适度，也不妨根据利益和制度分析的逻辑加以解释。这里相对缺失的一个薄弱环节是文化分析。新兴大国集体对话与合

A Heiner Hänggi, Ralf Roloff and Jürgen Rüland, "Interregionalism: A new phenomenon in international relations," in Heiner Hänggi, Ralf Roloff and Jürgen Rüland (eds.), *Interregionalism and International Relations,* (London and New York: Routledge, 2006), pp.9–10.

B 楼项飞：《中拉机制化整体合作的进程及特点解析——以地区间主义为视角》，载《拉丁美洲研究》，2015 年第 6 期，第 62—73 页。

C 高尚涛：《为中阿全方位合作提供新机遇》，载《光明日报》，2018 年 7 月 10 日 12 版。

D 任鹏：《中东欧国家欢迎中欧班列隆隆驶来》，载《光明日报》，2018 年 7 月 10 日 12 版。

E 扈大威：《中国整体合作外交评析——兼谈中国—中东欧国家合作》，载《国际问题研究》，2015 年第 6 期，第 75—88 页；王鹏：《中拉关系：在充满不确定性的时代开拓前行》，载《当代世界》，2017 年第 4 期，第 64—66 页。

F 楼项飞：《中拉机制化整体合作的进程及特点解析——以地区间主义为视角》，载《拉丁美洲研究》，2015 年第 6 期，第 62—73 页。

G 扈大威：《中国整体合作外交评析——兼谈中国—中东欧国家合作》，载《国际问题研究》，2015 年第 6 期，第 75—88 页。

作机制的"软性制度"靠什么支撑？交易费用、信息和组织成本等难题并非依靠严密的约束机制加以解决，何以可能？区域或跨区域安排锁定的目标，如贸易收益、市场准入、谈判能力、改革需求、战略联系及多边互动可以给出部分解释 ^A，但难以形成完美解释的充要条件，尤其是大量反例更难以在直接的利益诉求中找到根据。即使有政治或外交因素的介入，也一定离不开特定的社会文化氛围，区域或跨区域安排的运作有时仅仅凭人的因素——领导力或文化的作用，就会决定成败得失。关于发展中大国区域合作和集体对话的个案研究，尤其是有关其共性和个性的比较分析，缺乏文化因素的考察，总会显得过于表面化而难以达到最恰切的认知。

第三节　中拉整体合作：人文交流进路与软实力构建

中拉整体合作迄今的研究重心，除分析中拉双方政策、内部动力和外部条件外，主要围绕经贸合作这一主线与路径展开，而中拉全面合作的领域、原则和参与主体则与整体合作基本复合重叠。在中拉全面合作的新阶段和整体合作出台时间尚短的情况下，这种全面、宏观的探讨实属正常，其核心内容落在"务实合作"这一概念上。务实合作既是中拉合作最基本的原则，也是合作领域（主要指经贸合作）的浓缩指代，乃至可以用来概括双方合作的路径、方向，涵盖合作的内容和形式、实质与程序。在一个相当长的历史阶段内，务实合作仍然是中拉关系中最重要而且不可取代的基石，政策选择和学术讨论也仍会沿着这一基本方向运行，即所谓的"路径依赖"。学界对整体合作的研究和提出的政策建议，也多以探讨整体合作的"路径"为中心任务，这也是另一种意义上的"路径依赖"。

但是，值得注意和进一步探讨的是，对外政策实践的内容和方式取决

A　John Whalley, "Why do countries seek regional trade agreements?" *NBER Working Paper* No.5552, National Bureau of Economic Research, April 1996.

于特定时空条件及其要求。中拉关系及其全面合作涉及方方面面的事务和领域，其处理方式和"路径"也是千差万别的，关键在于特定时期双方的主要诉求以及实现这些诉求的条件。原则上讲，"五位一体"的全面合作中的每一项内容，都有可能占据某一历史时期双方关系的中心位置。而作为全面合作形式或程序的"整体"合作，也即"1+33"或"1+1"的合作运行框架，则必须适应并服务于特定时期的中心任务。

就全面合作与整体合作而言，全面合作某领域的内容决定了整体合作的形式，如政治、外交政策的对话、协调可以在这一层次上展开。而整体合作框架处理某一领域的合作事务时，其形式也决定了内容，如经贸合作在整体层次上的主要任务就是协调、规划、谋求共识、制定目标、指出方向，而具体的贸易实务、投资项目等则只能在整体框架之外有效地实施。在这种意义上，作为全面合作"五位一体"之一的人文交流，就是一种可以在整体框架适时展开的交流活动。它与经贸领域的一个重要差别在于，这是在整体、双边和小多边层次之间相互排斥最小的一个合作领域。

上述思路可以根据两条线索展开：第一，中拉关系的历史演变。中华人民共和国成立后，中国与拉美国家开展了民间外交。自 20 世纪 50 年代末古巴革命胜利后，中国与拉美国家的政治关系有了突破，开始建交和建立官方联系。70 年代，中国与拉美国家间出现了建交高潮，大多数拉美国家与中国正式建立关系，开始加强经贸关系并在国际舞台上频繁互动、协调立场。八九十年代，经贸关系成为双方交往的重要内容，至 21 世纪初叶，贸易、投资、金融均进入一个迅猛发展的阶段。21 世纪第二个十年，中拉关系定位的官方表述是"五位一体"的全面合作，中拉关系的一个新的历史时期已经开启，[A] 除日益紧密的政治、经济、外交联系外，人文交流和整体合作是这一时期强调的崭新内容。

中拉整体合作面临的内外环境正在发生深刻的变化。21 世纪第二个十年

A   赵重阳、谌园庭：《进入"构建发展"阶段的中拉关系》，载《拉丁美洲研究》，2017 年第 5 期，第 16—30 页。

的前半期，我们谈论较多的是世界经济的新常态、中拉双方经济转型及中拉经贸关系的提质升级。其后，我们逐步明确了中拉关系进一步发展的各项原则、目标、路径，但仍觉吃力的是能够具体落地的实施方案，似乎经过快速发展以后形成了某种瓶颈，亟待出现新的突破口或增长点。2016 年以后，欧美发达国家出现的情况直接冲击了全球化进程的原有态势和全球治理体系，设想中的重组世界经济格局并重塑其游戏规则的跨太平洋和跨大西洋伙伴关系构建不知会走向何方，新兴经济体正在紧张地调适自身以应对新局势，并维持来之不易且日益上升的国际地位。中拉双方在整体合作出台之际都有跟进跨区域交流趋势的考虑，但如何协调立场，共同面对当今仍不确定的全球治理各层次的变局，既需要在大的原则上寻求基本的共识，也应力争找到能够具体落实的方案。就中拉全面合作"五位一体"而言，只有将政治互信、经贸交往，外交协调等置于理念上、认同上的共鸣基础之上，才能真正避免短期行为，打造更为牢固的关系纽带。换言之，在世界格局剧烈变化和国家、族群、宗教乃至文明间互动日益触及深层结构的历史关头，中拉关系发展在今天也许要放在"五位一体"缺一不可且强调人文交流、民心相通这一着力点上。从问题导向的角度出发，这无疑是中拉整体合作需要回应的主要关切之一，也是整体合作不断发掘新的合作领域和增长点、维护可持续性努力的方向之一。

人文交流不仅具有助力政治、经贸、外交合作的工具性作用，本身也是更高境界、更深层次的交往和互动，可以视为新时期推进中拉整体合作的一条进路，其目标是中国新近推出的"命运共同体"等理念最为核心的内容。21 世纪第二个十年，中拉文明对话和文化交流较之此前的历史时期已经跨上了一个新的台阶，语言、文化、学术、媒体等方面的交流互动日渐频繁，呈方兴未艾之势。这是历史上虽不够密切但仍延续不断的跨区域交往日积月累的结果，当然也是借力于中拉双方政治、经济关系的迅速升温，同时也有赖于官、民、学各界人士的不懈坚持和努力。而业已提上议事日程的工作任务和目标至少包括构建人文交流的机制和推动文化产业的合作。这是一个十分可喜的局面，但仅仅是人文交流进程的初步成果。借助于中国人自 19 世纪以来睁眼看世界并逐步打开国门过程中的一个简单化的认知公式，即器物、制度、文化三层次模式，我们也可以说中拉关系正在从浅层的交往向深层的交流迈进。这种深层次的互动弥漫、渗透于中拉关系现存的所有合作领域和机制架构，无论是权力、利益的考虑和计算，还是制度、机制的安排和设计，其背后的理念和价值底色将愈来愈突显其支撑和建构作用，它将决定双方合作乃至整个关系发展走向何方。

第二，拉美区域合作和一体化的发展进程。区域性的团结合作是自独立战争以来，部分拉美精英的梦想。第二次世界大战后，拉美曾是继欧洲一体化后第二个区域合作与整合的典范。从 20 世纪 50 年代至 70 年代，伴随着进口替代工业化进程，拉美主要国家均卷入了当时高涨的区域主义浪潮，20 世纪 90 年代，拉美国家也是所谓"开放区域主义"的主要践行者，已有的区域次区域性组织重启、改造，新的组织不断涌现。21 世纪初，伴随着中左翼政治势力在拉美多数国家上台执政，拉美的区域合作和一体化运动经历了一个"后新自由区域主义"的时期，强调政治与社会议程和独立自主倾向。21 世纪第二个十年，拉美的区域建设来到了一个重要的时间节点，此前呈浪潮式循环的一体化运动处于间歇期，区域次区域组织或待机重启或低调维持。拉美区域主义的主要特征是组织机构、成员、目标多样且重叠，政治、经济、外交等领域协调跌宕起伏且不确定性大，用"长时段"的历史视角观之，成员国之间最稳定的纽带还是基于历史、文化联系。就拉方而言，寻求最大公约数的努力在社会、人文领域最为现实。值得注意的是，包括拉美所有 33 个国家在内的拉共体为中拉整体合作的拉美对接方，其前身为里约集团（以政治、外交协调为己任）和拉美和加勒比一体化和发展峰会（拉加峰会）。

拉美和加勒比国家共同体于 2011 年 12 月正式成立，其定位是拉美和加勒比地区 33 个国家谋求地区共识的对话和协商机制，并作为促进地区政治、

经济、社会和文化一体化的论坛，实现地区各国"统一性和多样性的均衡"。[A]
拉共体没有建立常设机构，不属于正式的政府间国际组织，运作主要依靠轮
值主席国和"四驾马车"制。[B] 但定期召开国家元首和政府首脑会议（峰会），
以及频繁的各专门领域的部长级会议。峰会以行动计划的形式确定方向，并
为部长级会议和工作小组制定议程。

　　拉共体取代但同时也强化了里约集团和拉加峰会及其运行机制。里约集
团成立于 20 世纪 80 年代，是针对当时中美洲武装冲突和拉美国家债务危机而
形成的政治协商机制，当时包括了拉美地区 24 个国家。这是冷战后期发展中
国家抵制超级大国干涉，为解决自身难题特别是地区热点问题采取集体行动的
一次重要努力。冷战终结之后，里约集团仍维持定期会议机制，但并没有试图
发展成为一个正式的国际组织，而是继续保持松散的国家集团的灵活性，特别
是其成员国与集团外的国家间关系不受共同规则的限制和影响，例如墨西哥在
与美国、加拿大建立北美自由贸易区的过程中并没有受到里约集团成员国身
份的任何约束。因此，里约集团的另一功能定位也可以说是拉美国家在国际
舞台上表达共同政治、经济诉求的一种渠道，其成员国也可以据此表达地区合
作的愿望、目标，并寻求彼此间的合作机会。但上述安排对成员国并没有约
束力，集团没有监督和强制实施政策的机制，合作的具体内容有赖于各工作小
组的磋商。拉加峰会则是拉美国家在 2008 年全球金融危机时成立的促进地区
一体化的机制，这是拉美地区历史上首次建立的将美国排除在外的峰会机制，
其目标和各种倡议基本上被纳入了其后成立的拉共体所提出的多项议程之中。

　　归纳起来，拉共体的主要目标如下：应对内部挑战，包括文盲、种族歧
视、性别不平等、政治腐败、饥饿和贫困；反对外部侵略和干涉内部事务；
对国际组织的代表性和歧视问题表达地区性关切；建立区域性金融体系；提

A　CELAC, *Declaración de Santiago de la I Cumbre CELAC,* Santiago: CELAC, 2013. Quoted from Denis Kennedy and Brian Beaton, "Two Steps Forward? Assessing Latin American Regionalism Through CELAC," *Latin American Policy*, Vol. 7, No. 1, pp. 52–79.

B　Daniela Segovia, "Latin America and the Caribbean: Between the OAS and CELAC," *European Review of Latin American and Caribbean Studies,* No. 95 (Oct. 2013): 103–104.

出改善成员国基础设施的政策；建立地区性优惠贸易区并降低关税；提出覆盖全地区的能源政策；协调召开世界各区域集团和南方国家的贸易峰会；宣布建立拉美无核区和拉美"和平区"等。[A]

由上可知，拉共体既承接了里约集团在国际舞台上为拉美国家"发声"的传统，表达拉美地区对于国际政治、经济、社会议题的诉求，也直接并完整地保持了拉加峰会有关关税、贸易、能源、基础设施等领域的一系列政策安排。与此同时，我们还必须注意到，拉共体的目标覆盖面广，远远超出经济合作的范围，就这些目标而言，其中不乏聚焦于"物质"利益的政策举措，诸如涉及能源、基础设施、金融等发展问题的诉求，但也不可忽视那些"精神"方面的内容。就前者而言，由于拉共体制度化建设的滞后，缺乏形成共识或执行协议的能力，而且成员国间在发展、外交和处理地区热点问题上的立场各异，拉共体在追求经济合作等领域的"物质"成果时会遇到极大的挑战。但拉共体的重要性还体现在另一方面，即塑造基于历史和文化的地区身份认同，包括南方国家和发展中经济体等定位，并在一定程度上能够表达其33个成员国的共同价值和理念，诸如和平、主权，特别是不干涉内政、国际法和多边主义等，这些对于拉美国家来说，其重要性并不亚于经济合作。[B]

第四节　结语

在跨入21世纪第三个十年的时间节点上，与中国对外关系的其他战略方向类似，中国与拉丁美洲的关系也面临着崭新的机遇与挑战。整个世界正开始经历百年未有之大变局，中拉双方均面临着如何应对这一局面的全新历史任务。由于历史遭遇和现实诉求的诸多契合点，中拉双方均有携手合作

A　Denis Kennedy and Brian Beaton, "Two Steps Forward? Assessing Latin American Regionalism Through CELAC," *Latin American Policy*, Vol.7, No.1, pp. 52-79.

B　同上。

的客观需要和主观愿望。中拉全面合作的定位和规划已经绘制了涵盖范围极为广泛的蓝图，但这一蓝图变成现实还需双方脚踏实地地长期耕耘。中拉整体合作作为此前十年间中拉关系发展的一个重要里程碑，在这一重要的历史关头也处在一个关键的十字路口，理应运用自身独特的框架、机制和覆盖范围，为国家、族群、文明间的和谐共处担当起其他途径难以取代的角色和使命。国际关系研究中的跨区域交流视角，特别是其中有关制度和文化的分析，为我们在理论上把握中拉整体合作的性质和意义打下了一定的认知基础。我们完全可以根据实践中总结出来的丰富经验，大大拓展对这一国际关系现象理解的广度和深度。

在以往的有关中拉关系的分析中，距离遥远、交往不多、了解不够被视为双方关系的重要障碍。在交往的物理和技术障碍逐渐被克服的今天，我们已经认识到双方相互认知需经过本文化棱镜的折射，或经过第三方媒介的传递，加之本方对对方认知的期待等因素的影响，因而可能会带来比距离远、交往少、了解浅更具挑战性的困难。我们还认识到，对于交往对象的认知是要逐步完善的，在具体时间节点上肯定是不完全不充分的；同时与对方交往的其他行为体（如欧美国家）在掌握更为充分信息的条件下，却完全有可能出于自身利益或价值的考虑而发布失真和扭曲的信息。因此人文交流的进一步发展将面临更为严峻的考验。

20 世纪下半叶，中国与拉美曾经是最为"遥远"的两大政治、经济和地理区域，中国与欧洲、北美、亚洲和非洲的互动远较拉美频繁。世纪之交以来，中拉政治、经济关系已日益紧密，几百年间时断时续的物产、人员交往也为中拉双方相互认知打下了初步基础。中华人民共和国成立后，中国国内相继出现了对拉美历史、文化（包括语言、文学）的学习和研究，以及服务于国家对外政策的政治、经济和国际关系研究，加之近年来其他社会科学学科（如考古、人类学）涉拉议题的开展，我们是否面临一个与经贸交往中屡屡提及的"提质升级"类似的问题？两大文明的深入接触是否面临新的机遇（挑战）之窗？

　　我们在这里提出，构建软实力可以成为新时期中拉整体合作的一个发力点。一方面，通过人文交流"对接"拉美国家的历史、文化，这在拉美一方"整体"上具有形成共识的基础，对于拉美国家间的相互协调不具任何挑战性。另一方面，中拉整体合作现有机制中"软性"内容亟待进一步开发。扩大这方面合作在整体合作机制中的比例和权重，中国既有基于历史和文化的丰富资源，也有多年交往和科研、教学所积累的人才储备。充分开发和利用现有手段，并继续推进相关历史、文化、语言等方面的基本建设，中拉整体合作完全有条件在中拉关系进入新的历史阶段后发挥前所未有的突出作用。由此既可使整体合作增加驱动源泉，重新焕发活力，又可助力全面合作其他领域突破瓶颈解决难题，更可在文明对话的层次上提升中拉双方交往的档次和境界，为构建命运共同体寻求一条适宜而有效的途径。

　　这一切需要通过有意识地强调和培育人文交流（或文明对话）中能够产生"吸引力"的元素来达成。作为"五位一体"新格局中拉全面合作的一项内容，人文交流固然是这一构建进程的主渠道。但是，中拉合作的所有方面都有可能成为"软实力"生成的源泉。将"软实力"单独地、突出地表述出来，旨在指出中拉关系中任何领域的交流互动，都会引发双方人员在认知、情感、理念上的接触和碰撞，而其结果却包含着各种可能性：一种可能是通过接触而产生亲近感，进而走向融合；另一种可能则是对双方差异的认知导致的不适感，其结果有可能产生亨廷顿所言的"冲突"；也有可能类似中国传统所倡导的"和而不同"，虽无法亲近、融合，但可以相互尊重、共存。这既关系着物质利益和权力平衡，也越来越成为当代分析家们通过其背后的认同和文化观念加以探讨的问题。拉美区域合作和一体化的曲折历程同时也揭示了具有相同或相近历史文化经历的不同集团、主权国家在联合和分裂两方面的利益纠葛和组织、观念演进。

　　我们希望通过对这一问题的探讨，引发拉美学界进一步关注中国这一全新的"外部角色"深入拉美以后所带来的新感受和新经验，尝试着帮助找到一些有助于双方关系顺利发展的因素。中拉整体合作是新近双方关系发展的一个重要里程碑，将这一平台的功效拓展到所有领域的合作是其使命的应有之义，但整体平台处理事项的性质、范围通过分析加以厘清和明确，有助于政策实践的展开，而在学术上设置议题、深化研究也就有了基本的出发点。软实力议题及其关联的人文交流和文明对话虽适合于各个层次，在整体合作层次上开展，例如可通过现有分论坛并设置新的分论坛的形式，但并非为其他领域"搭台"，而是自己"唱戏"，其意义和价值也许会独擅胜场、别有洞天。

附　录

附录 1　中国的拉美研究机构

序号	机构名称	成立年份	所在省市
1	中国社会科学院拉丁美洲研究所	1961	北京
2	中国现代国际关系研究院拉丁美洲研究所	1980	北京
3	中国社会科学院世界历史研究所拉丁美洲史研究室	1965	北京
4	商务部国际贸易经济合作研究院美洲与大洋洲研究所	2017	北京
5	中国国际问题研究院拉丁美洲与加勒比研究所	2019	北京
6	北京大学巴西文化中心	2004	北京
7	北京大学拉丁美洲研究中心	2003	北京
8	清华大学中国—拉丁美洲管理研究中心	2013	北京
9	中国人民大学拉丁美洲研究中心	2014	北京
10	对外经济贸易大学拉丁美洲研究中心	2009	北京
11	对外经济贸易大学葡语国家研究中心	2012	北京
12	对外经济贸易大学太平洋联盟国家研究中心	2017	北京
13	中国政法大学拉美和加勒比地区法律和公共政策研究中心	2015	北京
14	北京外国语大学拉丁美洲研究中心	2018	北京
15	北京第二外国语学院中国秘鲁文化研究中心	2015	北京
16	北京交通大学乌拉圭研究中心	2017	北京
17	北京语言大学拉丁美洲研究中心	2015	北京
18	首都师范大学中国与拉丁美洲古代文明比较研究所	2014	北京
19	外交学院拉丁美洲研究中心	2009	北京
20	外交学院西班牙语国家研究中心	2019	北京
21	中央民族大学拉丁美洲社会文化研究中心	2018	北京
22	西南财经大学北京研究院拉丁美洲研究中心	2019	北京
23	华东师范大学拉丁美洲与跨文化研究中心	2016	上海
24	复旦大学复旦—蒙特雷科技中国拉美研究中心	2015	上海
25	上海国际问题研究院美洲研究中心	2006	上海
26	上海外国语大学巴西研究中心	2015	上海
27	上海外国语大学墨西哥研究中心	2015	上海
28	上海财经大学中国—拉美法律研究中心	2015	上海
29	上海大学拉丁美洲研究中心	2016	上海
30	南京农业大学美洲研究中心	2017	江苏南京
31	南京大学金陵学院拉丁美洲研究中心	2006	江苏南京
32	江苏师范大学伊比利亚美洲研究中心	2017	江苏徐州

序号	机构名称	成立年份	所在省市
33	江苏师范大学中拉人文交流研究基地	2019	江苏徐州
34	常州大学拉丁美洲研究中心	2017	江苏常州
35	广东外语外贸大学拉丁美洲研究中心	2008	广东广州
36	暨南大学拉丁美洲研究中心	2017	广东广州
37	中山大学拉丁美洲研究中心	2017	广东珠海
38	河北对外经贸职业学院玻利维亚研究中心	2017	河北秦皇岛
39	河北师范大学秘鲁研究中心	2012	河北石家庄
40	河北大学拉丁美洲研究中心	2017	河北保定
41	南开大学拉丁美洲研究中心	1964	天津
42	天津外国语大学拉丁美洲研究中心	2011	天津
43	四川大学拉丁美洲研究所	2015	四川成都
44	西南科技大学拉美研究中心	2010	四川绵阳
45	重庆科技学院墨西哥及拉丁美洲研究中心	2011	重庆
46	四川外国语大学拉丁美洲研究中心	2011	重庆
47	湖北大学拉丁美洲研究院／巴西研究中心	2012	湖北武汉
48	武汉大学—西印度大学加勒比研究中心	2012	湖北武汉
49	吉林大学伊比利亚美洲研究中心	2017	吉林长春
50	大连外国语大学安第斯国家研究中心	2017	辽宁大连
51	福建师范大学美洲史研究院	2011	福建福州
52	浙江外国语学院拉丁美洲研究所	2011	浙江杭州
53	安徽大学拉丁美洲研究所	2013	安徽合肥
54	西安外国语大学拉丁美洲研究中心	2017	陕西西安
55	华北水利水电大学拉丁美洲研究中心	2018	河南郑州
56	青岛大学拉丁美洲中心	2015	山东青岛
57	聊城大学加勒比研究中心	2019	山东聊城
58	湘潭大学西班牙语国家与地区研究中心	2015	湖南湘潭

附录2　拉美的涉华研究机构和团体

序号	国别	名称	成立年份	所在省/州市
1	阿根廷	布宜诺斯艾利斯大学（UBA）东亚研究组（Grupo de Estudios del Este Asiático, GEEA）	2001	布宜诺斯艾利斯市
2	阿根廷	布宜诺斯艾利斯大学（UBA）中国阿根廷研究中心（Centro de Estudios de Argentina–China, CEACh）	2018	布宜诺斯艾利斯市
3	阿根廷	布宜诺斯艾利斯大学（UBA）亚拉研究组（Grupo de Estudios de Asia y América Latina, GrupoESAAL）	2015	布宜诺斯艾利斯市
4	阿根廷	阿根廷天主教大学（UCA）当代中国执行项目（China Programa Ejecutivo）	2019	布宜诺斯艾利斯市
5	阿根廷	拉努斯国立大学（UNLA）中拉联系合作计划（Programa de Cooperación y Vinculación Sino Argentino, ProSA）	2015	布宜诺斯艾利斯省拉努斯市
6	阿根廷	科尔多瓦国立大学（UNC）东亚研究硕士课程（Especialización en Estudios de Asia Oriental）	2008	科尔多瓦省科尔多瓦市
7	阿根廷	萨尔瓦多大学（USAL）东方研究院（Escuela de Estudios Orientales, EEO）	1967	布宜诺斯艾利斯市
8	阿根廷	拉普拉塔国立大学（UNLP）中国研究中心（Centro de Estudios Chinos, CeChino）	1996	布宜诺斯艾利斯省拉普拉塔市
9	阿根廷	二月三日国立大学（UNTREF）亚太和印度研究中心（Centro de Estudios sobre Asia del Pacífico e India, CEAPI）	不详	布宜诺斯艾利斯市
10	阿根廷	罗萨里奥国立大学（UNR）东亚研究中心（Centro de Estudios Asiáticos）	不详	圣菲省罗萨里奥市
11	阿根廷	罗萨里奥国立大学（UNR）中阿研究组（Grupo de Estudio sobre China y Argentina）	2015	圣菲省罗萨里奥市
12	阿根廷	迪特拉大学（UTDT）亚非研究项目（Programa de Estudios de Asia Pacífico, PEAP）	2012	布宜诺斯艾利斯市
13	阿根廷	马德拉普拉塔国立大学（MDP）中韩研究中心（Centro de Estudios de Corea y China, CECCHI）	不详	布宜诺斯艾利斯省马德拉普拉塔市
14	阿根廷	圣马丁国立大学（UNSAM）斯拉夫和中国跨学科研究中心（Centro de Estudios Interdisciplinarios sobre China, CEICH）	不详	布宜诺斯艾利斯省圣马丁市

序号	国别	名称	成立年份	所在省/州市
15	阿根廷	中阿观察站（Observatorio Sino-Argentino）	2019	布宜诺斯艾利斯市
16	阿根廷	拉美中国政治经济研究中心（Centro Latinoamericano de Estudios Políticos y Económicos de China，CLEPEC）	2014	布宜诺斯艾利斯市
17	阿根廷	汉阿文化协会（Asociación Cultural Chino Argentina，ACCA）	2005	布宜诺斯艾利斯市
18	阿根廷	阿中学会（Asociación de ex becarios Argentina China，ADEBAC）	2017	布宜诺斯艾利斯市
19	阿根廷	中阿合作民间协会（Asociación Civil para la Cooperación Argentino-China，ACCACh）	2012	布宜诺斯艾利斯市
20	阿根廷	中阿文化之家（Casa Argentina de la Cultura China）	2019	布宜诺斯艾利斯市
21	阿根廷	国会大学（UCONGRESO）中国文化之家（Casa de la Cultura China）	2105	布宜诺斯艾利斯市
22	巴西	坎皮纳斯州立大学（UNICAMP）巴西中国研究小组（Grupo de Estudos Brasil-China）	2011	圣保罗州坎皮纳斯市
23	巴西	坎皮纳斯州立大学（UNICAMP）中国研究中心（Centro de Estudos sobre a China）	2019	圣保罗州坎皮纳斯市
24	巴西	瓦加斯基金会（FGV）巴中研究中心（Núcleo de Estudos China-Brasil）	2017	里约热内卢州里约热内卢市
25	巴西	米纳斯吉拉斯联邦大学（UFMG）东亚研究中心（Centro de Estudos da Ásia Oriental，CEAO）	不详	米纳斯吉拉斯州贝洛奥里藏特市
26	巴西	弗鲁米嫩塞联邦大学（UFF）亚洲研究中心（Centro de Estudos Asiáticos，CEA）	不详	里约热内卢州弗鲁米嫩塞市
27	巴西	圣保罗天主教大学（PUCSP）亚太研究组中国研究中心（Centro de Estudos Sobre a China，CEC-GEAP）	2006	圣保罗州圣保罗市
28	巴西	巴西利亚大学（UNB）亚洲研究中心（Núcleo de Estudos Asiáticos，NEASIA）	1987	巴西利亚联邦区
29	巴西	巴西利亚大学（UNB）亚拉研究中心（Centro de Ásia e América Latina，ASIALAC）	不详	巴西利亚联邦区
30	巴西	圣卡塔琳娜联邦大学（UFSC）东方研究所（Instituto de Estudos Orientais，IEO）	2000	圣卡塔琳娜州弗洛里亚诺波利斯市
31	巴西	伯南布哥联邦大学（UFPE）亚洲研究所（Instituto de Estudos da Ásia，IEASIA）	2015	伯南布哥省累西腓市

序号	国别	名称	成立年份	所在省/州市
32	巴西	里约热内卢联邦大学（UFRJ）亚洲研究实验室（Laboratório de Estudos Asiáticos，LEA）	2010	里约热内卢州里约热内卢市
33	巴西	里约热内卢联邦大学中国—巴西气候变化与能源技术创新研究中心（Centro China–Brasil de Mudança Climática e Tecnologias Inovadoras para Energia, COPPE）	2009	里约热内卢州里约热内卢市
34	巴西	中国巴西社会文化研究所（Instituto Sociocultural Brasil China，IBRACHINA）	2018	圣保罗州圣保罗市
35	巴西	巴西中国和亚太研究所（Instituto Brasileiro de Estudos da China e Ásia–Pacífico，IBECAP）	2004	里约热内卢州里约热内卢市
36	巴西	中国巴西研究所（Instituto de Estudos Brasil–China，IBRACH）	2011	里约热内卢州里约热内卢市
37	巴西	巴西国际关系研究中心（CEBRI）中国研究组（Grupo China）	不详	里约热内卢州里约热内卢市
38	巴西	巴西商业领袖组织—中国区（LIDE–CHINA）	2013	圣保罗州圣保罗市
39	巴西	库里蒂巴亚洲中心（Centro Ásia）	2008	巴拉那州库里蒂巴市
40	巴西	巴西中国研究网络（Rede Brasileira de Estudos da China，RBCHINA）	2017	圣保罗州坎皮纳斯市
41	智利	智利大学（UCHILE）中国研究项目（Programa de Estudos de China）	2018	圣地亚哥市
42	智利	安德烈斯·贝略大学（UNAB）拉美中国研究中心（Centro de Estudios Latinoamericanos sobre China，CELC）	2011	圣地亚哥市
43	智利	康塞普西翁天主教大学（UCSC）亚太发展和研究中心（Centro de Estudios y Desarrollo Asia Pacífico，CEDAP）	2005	康塞普西翁省康塞普西翁市
44	智利	发展大学（UDD）国际问题研究中心中国研究组（Centro de Estudios de Relaciones Internacionales，CERI）	2016	圣地亚哥市
45	智利	迭戈波塔利斯大学（UDP）亚太研究中心（Centro Asia Pacífico，CEAP）	2010	圣地亚哥市
46	智利	智利天主教大学（UC）亚洲研究中心（Centro de Estudios Asiáticos，CEA）	2012	圣地亚哥市
47	智利	瓦尔帕莱索天主教大学（PUCV）亚太研究项目（Programa Asia Pacífico）	2008	瓦尔帕莱索省瓦尔帕莱索市

序号	国别	名称	成立年份	所在省/州市
48	智利	中拉网络—跨学科聚焦（Red China y América Latina: Enfoques Multidisciplinarios，REDCAEM）	2015	圣地亚哥市
49	智利	跨越太平洋（Cruzando el Pacífico）	2012	圣地亚哥市
50	智利	中华文化中心（Centro Cultural Chino）	2005	圣地亚哥市
51	哥伦比亚	EAFIT 大学亚太研究中心（Centro de Estudios Asia Pacífico）	2006	安蒂奥基亚省麦德林市
52	哥伦比亚	哥伦比亚对外大学（UEXTERNADO）特别项目和研究中心亚洲研究组（Centro de Investigaciones y Proyectos Especiales, CIPE）	不详	波哥大
53	哥伦比亚	哥伦比亚国立大学（UNAL）中国研究组（Grupo de Estudios Chinos, GECH）	2013	波哥大
54	哥伦比亚	塞尔奇奥·阿尔博莱达大学（USERGIOARBOLEDA）亚太研究中心和中国使命计划（Centro de Estudios de Asia-Pacífico y Director del Programa de Misiones a China）	2017	波哥大
55	哥伦比亚	北方大学（UNINORTE）亚太讲堂（Cátedra Asia-Pacífico）	2007	大西洋省巴兰基亚市
56	哥伦比亚	玻利瓦尔科技大学（UTB）亚洲研究中心（Centro de Estudios Asiáticos, CEA）	2006	玻利瓦尔省卡塔赫纳市
57	哥伦比亚	亚洲—拉美研究网络（Red Asia en América Latina，REDASIAAL）	2019	波哥大
58	哥伦比亚	亚太虚拟观察站（OVAP）	2013	波哥大
59	古巴	亚洲和大洋洲研究中心（Centro de Estudios sobre Asia y Oceanía，CEAO）	不详	哈瓦那市
60	厄瓜多尔	国家高等研究院（IAEN）中国研究中心（Centro de Estudios Chinos，CEC）	2017	基多市
61	厄瓜多尔	厄瓜多尔滨海高等理工学院（ESPL）亚太研究中心（Centro de Estudios Asia-Pacífico）	2011	瓜亚斯省瓜亚基尔市
62	墨西哥	墨西哥学院（COLMEX）亚非研究中心（Centro de Estudios de Asia y África，CEAA）	1967	墨西哥城
63	墨西哥	墨西哥国立自治大学（UNAM）中墨研究中心（Centro de Estudios China-México，CECHIMEX）	2006	墨西哥城

续表

序号	国别	名称	成立年份	所在省/州市
64	墨西哥	墨西哥国立自治大学（UNAM）亚非研究项目（Programa Universitario de Estudios de Asia y África，PUEAA）	2013	墨西哥城
65	墨西哥	维拉克鲁斯大学（UV）中国—维拉克鲁斯研究中心（Centro de Estudios China-Veracruz，Cechiver）	2008	维拉克鲁斯州哈拉帕市
66	墨西哥	新莱昂自治大学（UANL）亚洲研究中心（Centro de Estudios Asiáticos，CEA）	2006	新莱昂州蒙特雷市
67	墨西哥	墨西哥自治技术学院（ITAM）亚太研究项目（Programa de Estudios Asia Pacífico，PEAP）	不详	墨西哥城
68	墨西哥	科利马大学（UCOL）环太平洋研究中心（Centro de Estudios e Investigaciones sobre la Cuenca del Pacífico，CUEICP）	1989	科利马州科利马市
69	墨西哥	拉美亚非研究协会（Asociación Latinoamericana de Estudios de Asia y África，ALADAA）	1976	墨西哥城
70	墨西哥	拉丁美洲与加勒比地区中国学术网（RED ALC-CHINA）	2012	墨西哥城
71	巴拉圭	中国—巴拉圭研究小组（Grupo de Estudios: Paraguay y China Popular）	2018	亚松森市
72	秘鲁	太平洋大学（UP）中国和亚太研究中心（Centro de Estudios sobre China y Asia-Pacífico，CECHAP）	2013	利马市
73	秘鲁	秘鲁天主教大学（PUCP）东方研究中心（Centro de Estudios Orientales，CEO）	1987	利马市
74	秘鲁	圣马科斯国立大学（UNMSM）亚洲研究中心（Centro de Estudios Asiáticos，CEAS）	2018	利马市
75	秘鲁	里卡多·帕尔马大学（URP）东西方经典研究所（Instituto de Estudios Clásicos Occidentales y Orientales，IECOO）	不详	利马市
76	秘鲁	秘中学会（Asociación de Ex Becarios Peruanos de China，ADEPEC）	2018	利马市
77	乌拉圭	蒙得维的亚大学（UM）中拉贸易创业研究中心（Centro de Estudios China-América Latina para el Comercio y la Empresa，CECALCE）	2019	蒙得维的亚市
78	乌拉圭	中乌门户（Portal China Uruguay）	2015	蒙得维的亚市

序号	国别	名称	成立年份	所在省 / 州市
79	委内瑞拉	洛斯安第斯大学（ULA）亚洲经济问题组（Grupo de Estudios Económicos sobre Asia，GEEA）	2017	梅里达州梅里达市
80	委内瑞拉	洛斯安第斯大学（ULA）亚非研究中心（Centro de Estudios de África, Asia y Diásporas Latinoamericanas y Caribeñas "José Manuel Briceño Monzillo"）	不详	梅里达州梅里达市
81	委内瑞拉	委内瑞拉中国问题研究中心（Centro Venezolano de Estudios sobre China，CVEC）	2012	加拉加斯市
82	委内瑞拉	委内瑞拉中国研究会（Asociación Venezolana de Estudios sobre China，AVECH）	2018	梅里达州梅里达市

后记

Epilogue

　　本项研究的酝酿、展开过程，也是我们亲眼见证和亲身经历中国对外关系发展新阶段的过程。伴随着世界舞台的风云变幻，我们关注着中国外交的一个特定领域和一个特定战略方向：人文交流和软实力构建，以及拉丁美洲。其间，我们通过一系列学术活动和阶段性成果，包括共同倡议并发起中拉文明对话国际会议、参与官方和民间交流机制建设、赶赴国内外现场调研、发表学术研究成果等，力图为相关议题的研究和政策实践提供若干有价值的资料、意见和思考。我们将其中一些片段汇聚于此，作为这一时期相关领域认知的一种呈现。

　　2020年，新冠肺炎病毒肆虐，国际形势愈益复杂多变。本书成稿于2020年5月，未及对疫情下的中拉关系做细致的思考。但是，国际变局凸显了本书强调的主题，即软实力在当前和未来国际交往中的关键地位和作用。对于中国的抗疫斗争，无论是挺华的正义之声还是反华的奇谈怪论，无不反映出发声者对中国的基本认知和情感，并折射出其文化和价值观的基本取向。而我们对拉美国家和人民抗疫实践的认知和评价，也必然基于我们对这一地区情况的认知和情感之上。有关这一问题的分析及其思想、文化和精神意义，无疑是下一步研究的一个重要方向。

　　本书就截至21世纪第二个十年的中拉人文交流几个主要方面的状况做了归纳、梳理和分析。我们关注的是中拉双方在这些方面交往的总体状况和主要政策举措，并且提出我们对于这些交往状况及其伴随的各种文化现象的认知框架。与政治、经济、外交等领域体现的精神内容有所区别，我们的研究专注于社会文化方面的互动、碰撞和融合，并将这种交往的过程称为构建软实力的人文进路。在21世纪初，这种交往之所以日益成为"显学"，恰恰是因为中国的发展进程已经将国际形象等在世界舞台上的"软性"因素和要求，推到了国家对外关系议事日程的前列。我们的研究就是要呈现拉丁美洲这一与中国较少地缘政治张力，而较多经济合作契机的地区，对于中国国际形象建设所具有的特殊价值和意义。基于所选择的相关议题的分析，我们认为拉丁美洲在中国对外人文交流中具有得天独厚的条件，对于中国与其他文明的对话，以及构筑人类命运共同体的历史性工程，是一个大有可为的舞台。

我们的研究照顾了实证性和规范性两方面的要求，即同时考察了中拉人文交流的实然和应然状况，但在这两个方面都还存在明显的局限性。就软实力问题的研究而言，伴随着就其概念、理论和政策实践的阐述和总结，始终存在着对软实力进行量化的努力。这种努力包括对于软实力资源的量化和对于软实力效果的量化。具体的实证研究主要采取指数化的方法，设计一组"客观指标"和"主观指标"，前者系针对软实力资源的统计数据，后者指国际范围针对软实力效果的问卷调查。显然，对软实力资源和效果有一个基本的把握，是讨论软实力问题并将其推向深层次分析的前提。与此同时，由于软实力特别是其效果的主观性质，以及国际关系演变进程所涉及的复杂动力机制，软实力的量化研究也必然存在自身的盲点和误区。问卷调查的样本、范围及各项指标的权重分配也都会随时间推移不断变化、改进。我们在研究中力图纳入上述思考和方法，采用了国内外多种机构的调查数据，但由于各种条件的制约，一些设计思想还无法付诸实施，而能够尝试的一些调查在操作中也只能浅尝辄止。

我们的立足点在于，针对同一主题，从不同角度出发，尽可能忠实地呈现中拉人文交流的状况，同时将我们对相关问题的认识和思考归纳出一个基本的框架。我们将中拉人文交流视为自然历史过程和人为举措助推合力而成的现象，其较为理想的结局或称人文交流的目标应该是和谐共处、"美美与共"。这需要长期交往的磨合且需历史的检验。包括量化研究在内的诸多努力实质上均为特定历史时期对于这一状况的"即时描述"，属于认知过程的"要件"而非最终的标准答案或结论。中拉交往的历史和现实告诉我们，讲好中国故事，建设"命运共同体"，多会涉及提出、塑造和改进"共享共有"或至少"相似相容"的国际规范、原则和价值，并最终赢得外部世界的民心和尊重，这是一项需要全方位努力的系统工程，软实力是其中愈益重要的一个要素。但软实力的构建要立足于彼此间真诚而又互应的交往，并需要质性与量化研究的助力。希望本研究探讨的几个方面能够成为这一建筑中的一砖一瓦。

本书的出版得益于众多启发我们思考或和我们共同实践对拉人文交流、增加中拉相互认知的机构。其中包括共同倡导"中拉文明对话研讨会"的江苏省人民政府外事办公室、中国外文局朝华出版社，以及参与倡议并承办第一届"中拉文明对话研讨会"的常州大学拉丁美洲研究中心，外交部新闻司、中国知网全球中国学事业部、中国外文局当代中国与世界研究院、中国公共外交协会中拉新闻交流中心等机构，彼此的互动大大丰富了我们对中拉软实力构建的研究和实践。

我们还要特别感谢在本书撰写和出版过程中给予特别帮助的个人。其中包括北京外国语大学郑书九教授和常福良教授、对外经济贸易大学朱凯教授，以及中国社会科学院大学研究生周义元和孙彦超等。

2020 年 5 月

北京张自忠路 3 号

图书在版编目（CIP）数据

中国与拉美：软实力视域下的人文交流 / 张凡等著
. -- 北京：朝华出版社，2024.5
ISBN 978-7-5054-5469-9

Ⅰ.①中… Ⅱ.①张… Ⅲ.①中外关系 – 文化交流 –
研究 – 中国、拉丁美洲 Ⅳ.① G125 ② G173.05

中国国家版本馆 CIP 数据核字 (2024) 第 095193 号

中国与拉美：软实力视域下的人文交流

作　　者　张　凡　等

责任编辑　张　璇
执行编辑　范佳铖　沈羿臻
责任印制　陆竞赢　崔　航

出版发行　朝华出版社
社　　址　北京市西城区百万庄大街 24 号　　　　　　邮政编码　100037
订购电话　(010) 68996522
传　　真　(010) 88415258（发行部）
联系版权　zhbq@cicg.org.cn
网　　址　http://zhcb.cicg.org.cn
印　　刷　廊坊市印艺阁数字科技有限公司
经　　销　全国新华书店
开　　本　710 mm × 1000 mm　1/16　　　　　　字　　数　250 千
印　　张　16
版　　次　2024 年 5 月第 1 版　2024 年 5 月第 1 次印刷
装　　别　平
书　　号　ISBN 978-7-5054-5469-9
定　　价　98.00 元